Rechtliche Entwicklung der grenzüberschreitenden Zusammenarbeit von europäischen Regionen im Zeitalter der Globalisierung

Europäische Hochschulschriften
Publications Universitaires Européennes
European University Studies

Reihe II
Rechtswissenschaft

Série II Series II
Droit
Law

Bd./Vol. 3820

PETER LANG
Frankfurt am Main · Berlin · Bern · Bruxelles · New York · Oxford · Wien

Christine Marie Conrad

Rechtliche Entwicklung der grenzüberschreitenden Zusammenarbeit von europäischen Regionen im Zeitalter der Globalisierung

Ausdruck von Denationalisierung und Neuorganisation

PETER LANG
Europäischer Verlag der Wissenschaften

Bibliografische Information Der Deutschen Bibliothek
Die Deutsche Bibliothek verzeichnet diese Publikation in der Deutschen Nationalbibliografie; detaillierte bibliografische Daten sind im Internet über <http://dnb.ddb.de> abrufbar.

Zugl.: Kiel, Univ., Diss., 2003

D 8
ISSN 0531-7312
ISBN 3-631-51880-3

www.peterlang.de

Meinen lieben Eltern

Vorwort

Die vorliegende Arbeit wurde im Sommersemester 2002 abgeschlossen und berücksichtigt Entwicklungen und Literatur bis zu diesem Zeitpunkt.

Mein herzlicher Dank gilt meinem Doktorvater, Herrn Prof. Dr. Jost Delbrück, für die fachlich kritische und persönlich stets zugetane Betreuung der Arbeit sowie die vielfältigen Anregungen. Herrn Prof. Dr. Dr. Rainer Hofmann danke ich für die zügige Erstellung des Zweitgutachtens.

Ganz besonders danke ich meinen Eltern und meinen Freunden, die mich während der ganzen Doktorandenzeit mit großer Geduld unterstützt haben.

Kiel, im August 2003 Christine Marie Conrad

INHALTSVERZEICHNIS

Einleitung

Seit einigen Jahren schon wird die Globalisierung besonders in der Wirtschaft und den Medien als die Bedrohung und gleichzeitig als die Chance unseres Jahrhunderts diskutiert. Wissenschaftliche Untersuchungen sind vielfältig vorhanden. Auch die Rechtswissenschaften haben sich nach einiger Zurückhaltung mit diesem Phänomen auseinandergesetzt. Die rechtliche Definition der Globalisierung und der hierzu vertretene Meinungsstand sollen im ersten Kapitel im Überblick dargestellt werden. Hierbei wird zunächst das Augenmerk auf den Einfluß der Globalisierung auf den Staat und die sich daraus ergebenden Entwicklungstendenzen gelegt. Vorherrschend wird davon ausgegangen, daß sich die Globalisierung entstaatlichend auswirkt. Man spricht daher auch von Denationalisierung und Transnationalisierung. Bleibt es bei einer Staatenwelt oder verschwindet diese Erscheinungsform allmählich zugunsten einer transnationalen Weltordnung? Wie könnte diese organisiert sein?

Der traditionelle Nationalstaat des 19. Jahrhunderts kann nicht das künftige Modell Europas und eventuell auch der gesamten Welt sein. Am Beispiel der Europäischen Union und ihrer Struktur zeigt sich, daß die Bedeutung der Regionen als dritte Ebene zunehmen wird, ohne daß die Nationalstaaten endgültig verdrängt werden. Ist ein mehrstufiger Föderalismus das Zukunftskonzept für Europa und die Welt? In diesem Zusammenhang soll auch untersucht werden, welche Auswirkungen die Globalisierung und damit die Denationalisierung auf das Recht haben. Hier ist die Frage neu zu stellen, warum Recht gilt und von wem es gesetzt wird. Das Recht war in dem in der Neuzeit vorherrschenden westfälischen Staatensystem stets auf den Staat rückführbar. Dieses Monopol scheint zugunsten eines transnationalen Rechts zu schwinden.

Der europäische Integrationsprozeß ist ein Sonderfall in der Welt und daher von besonderem Interesse im wissenschaftlichen Diskurs. Die Europäische Union könnte eine historisch neue Alternative sein, die es zu ergreifen und nach ihrer Eigenlogik zu einer neuen Form politischer und rechtlicher Herrschaft auszubauen gilt.[1] Für die vorliegende Arbeit ist diese Entwicklung ein erstes praktisches Beispiel für die Untersuchung der Denationalisierung des Staates und des Rechts. Der Staat ist nicht mehr ausschließlich Urheber des Rechts. Davon zeugen Fragmentierung und Europäisierung des nationalen Rechts sowie insbesondere die Eigendynamik des Integrationsprozesses, der sog. „Spill-over-Effekt"[2]. Als Beispiele hierfür sollen das Weißbuch der Kommission zur „European Governance"[3] und ihre Mitteilung zu den Leistungen der Daseinsvorsorge untersucht werden.

---

[1] So von Bogdandy in: Loth/Wessels, Theorien europäischer Integration, S. 113.
[2] Vgl. hierzu statt vieler Streinz, S. 9.
[3] KOM (2001) 428 endgültig vom 25.7.2001.

Auch für die Frage nach dem Geltungsgrund des Rechts sind bei Untersuchung des europäischen Beispiels weitergehende Erkenntnisse zu gewinnen, denn das Recht der Europäischen Union ist das Recht eines Verbandes ohne Zwangsgewalt.[4] Denationalisierung bedeutet daher nicht nur Verlust von Staatlichkeit, sondern auch die Entstehung von neuen Formen des Regierens. Einen deutlichen Schritt in diese Richtung initiiert die Europäische Union mit ihrem Weißbuch „Europäisches Regieren".

Im zweiten Kapitel soll untersucht werden, ob die Denationalisierungstendenzen auch substaatliche Einheiten, die Regionen, erfassen. Die These ist hierbei, daß, wenn die Staaten von der Globalisierung betroffen sind, dies auch für die Regionen als Teile des Staates gelten muß. Um so mehr gilt dies, da die hier zu untersuchenden Regionen auch mittelbar Teil der Europäischen Union und somit Teil eines supranationalen Systems sind. Zunächst wird der Begriff der Region definiert. Am Beispiel Deutschlands soll die Position der Regionen im Staatengefüge und der EU näher beleuchtet werden. Zur Überprüfung der These ist von besonderem Interesse, welche Kompetenzen die Regionen hatten und heute haben. Einhergehend mit der Europäisierung ist ein Verlust an Kompetenzen festzustellen. Dieser Verlust wird nicht ausgeglichen.

Die Entwicklung der grenzüberschreitenden Kooperation wird nunmehr unter zwei Gesichtspunkten für die vorliegende Arbeit interessant: Haben die Regionen hierfür die Kompetenz und welcher Rechtsform bedienen sie sich? Es ist festzustellen, daß die Regionen aufgrund der Notwendigkeit aus eigenem Antrieb tätig werden und sich hierbei des Rechts in kreativer Weise bedienen. Hierbei treten die nationalen Ausgestaltungen des Rechts zugunsten eines transnationalen Rechts zurück.

Die Frage nach der Einwirkung der Globalisierung auf die Regionen zieht zugleich die Frage nach dem Schicksal der originären Aufgabe der Daseinsvorsorge nach sich. Hier ist wiederum dem europäischen Einfluß, namentlich dem der Europäischen Kommission, Beachtung zu schenken. Globalisierung und Denationalisierung machen auch vor den Regionen nicht halt. Die Regionen als Teile des Staates können sich dieser Entwicklung nicht entziehen oder gegenansteuern, sondern zum eigenen Besten daran partizipieren.

---

[4] Von Bogdandy in: Loth/Wessels, Theorien europäischer Integration, S. 124.

Kapitel 1 Globalisierung: Denationalisierung, Transnationalisierung und die Auswirkung auf Staat und Recht

A. Globalisierung aus rechtlicher Sicht

I. Globalisierung und die Staatlichkeit

Auf den tatsächlichen Wortsinn reduziert bedeutet global „auf die gesamte Erdoberfläche bezüglich, weltumspannend, gesamt".[5] Die Endung „-isierung" bezeichnet stets eine Veränderung.[6] Diese Veränderung erstreckt sich zumeist über einen längeren Zeitraum, so daß alle in diesem Zeitraum auftretenden Veränderungen oder Phänomene unter einem Oberbegriff zusammengefaßt werden. Die Schwierigkeit besteht darin, daß der Begriff der Globalisierung einen hohen theoretischen Anspruch erhebt. Ein Prozeß beinhaltet eine Reihe von Veränderungen, die, naturwissenschaftlichen Gesetzen gehorchend, an einem festgelegten Ziel enden. Wendet man den Begriff Prozeß auf einen historischen Wandel an, übersieht man den Unterschied zwischen Transformationen mit ungewissem Ausgang und wiederholbaren, vorhersagbaren Experimenten.[7]

Wie die Wortauslegung zeigt, ist die Globalisierung ihrem Ursprung nach kein rechtlicher Begriff, der juristischen Auslegungsmethoden zugänglich wäre. Will man den Begriff rechtlich eingrenzen, muß man sich mit seiner Entstehungsgeschichte befassen und die unterschiedlichen, nicht-juristischen Definitionsansätze beachten.

Sicher ist, daß der Prozeß der Globalisierung kein festgelegtes Endziel hat, dies ist sein erstes Wesensmerkmal. Davon gehen auch die unterschiedlichen Theorien übereinstimmend aus. Überwiegend wird von einem Prozeß oder sogar von Prozessen gesprochen.[8] Im übrigen wird der Begriff mit unterschiedlichen Ansätzen auf verschiedenste Weise definiert bzw. beschrieben und benutzt.[9] Man kann sogar sagen, daß es um einen amorphen, wenn nicht gar inhaltsleeren Begriff geht, der sich allenfalls in spezifischen Verwendungszusammenhängen

---

[5] Adlerstein, Recht und Politik 1997, S. 95.

[6] Am Beispiel der Urbanisierung dargelegt, Albrow, S. 138.

[7] Albrow, S. 139.

[8] Delbrück, Globalization of Law, IJGLS 1993, S. 9 (11) und SZIER 2001, S. 1 (14).; Aman, Vanderbilt Journal of Transnational Law 1998, S. 769 (780) und IJGLS 1999, S. 397 (404, 408); Waters, S. 3, 8 „social process in economy, polity and culture"; Albrow, S. 139; Baylis/Smith, S. 7; Sur, EJIL 1997, S. 421 (429); U. Beck, Politik der Globalisierung, S. 28 f; vgl. Übersicht bei Hingst, S. 70 ff.; Nahamowitz in: Voigt, S. 143; McGrew, Global Politics, S. 23.

[9] Reinicke, S.5.

erschließen läßt.[10] Vielfach wurde und wird er aufgrund dieser Situation einfach als Schlagwort zur Legitimation unterschiedlichster Vorhaben verwendet, ohne daß eine eindeutige Definition herausfilterbar wäre. Globalisierung ist nur in empirischer Weise umfassend darstellbar.[11] Um diesen mehrdimensionalen Begriff rechtlich zu fassen, sollen zunächst die unterschiedlichen fachlichen Ansätze untersucht werden. Daneben werden Begriffe definiert, die für die weitere Arbeit von Bedeutung sind.

1. Globalisierung verschiedener Bereiche und neue Akteure

a) Wirtschaft, Technik, Umwelt und Politik

In erster Linie wird Globalisierung als ein Prozeß globaler Verflechtung wirtschaftlicher grenzüberschreitender Aktivitäten und eine Vernetzung von Märkten und Gesellschaften definiert.[12] In dem Bereich der Wirtschaft findet der Begriff der Globalisierung seinen Ursprung.[13] Er bedeutet, daß die Länder in der Welt wirtschaftlich zusammenwachsen, die Verflechtung der Märkte enger wird und die Mobilität der Produktionsfaktoren Arbeit und Kapital über nationale Grenzen hinweg zunimmt.[14] Die Abhängigkeit der nationalen Märkte wird immer größer und die Produktion erfolgt zunehmend in multinationalen Märkten durch multinationale Unternehmen.[15] Aus nationalen und regionalen Wirtschaftsräumen werden globale Märkte.[16] Das Neue an dieser Entwicklung ist die Loslösung von territorialen Ordnungsräumen.[17]

Dieser Strukturwandel wird vielfach als Folge des technischen Fortschrittes angesehen.[18] Die technologischen Neuerungen haben die Informationsverarbeitungskapazität und Informationsgeschwindigkeit sowie den Transport von Waren und Diensten und von Kapital erhöht.[19] Andererseits wird aber auch vertreten, die Globalisierung sei ein von der nationalen Politik her beeinflußter und

[10] Albert in: Voigt, S. 116.
[11] In diesem Sinne auch Delbrück, SZIER 2001, S. 1 (14 f.).
[12] Voigt, Globalisierung des Rechts, S. 14; Dicke in: Berichte der Deutschen Gesellschaft für Völkerrecht, Band 39, S. 18; Schirm, Zeitschrift für Internationale Beziehungen 1997, S. 69 (70); Böckenförde, S. 104.
[13] Nahamowitz in; Voigt, S. 142.
[14] „Globalisierung bedeutet globales Wirtschaften", so Dolzer, NJW 2001, S. 2303; Donges, S. 1; Aman, Vanderbilt Journal of Transnational Law 1998, S. 769 (780 f.); Scholte in: Baylis/Smith, S. 15 f.
[15] Ebert/Noll, ZögU 1998, S. 21 (22).
[16] Dolzer, NJW 2001, S. 2303.
[17] Dicke in: Berichte der Deutschen Gesellschaft für Völkerrecht, Band 39, S. 18.
[18] Böckenförde, S. 103 f.; Röndigs, S. 54 m. w. Nachweisen.
[19] Ebert/Noll, ZögU 1998, S. 21 (23); König, S. 661; Lange, Globalisierung, S. 16; Hobe, AVR 37 (1999), S. 252 (254).

beeinflußbarer und somit labiler Prozeß: „Globalization has been shaped and carried forward by the most powerful states and for their own ends“.[20]

Direkte Folge der grenzüberschreitenden Tätigkeit ist ein außenwirtschaftlich bedingter Wettbewerbsdruck, der ein weiteres Wesensmerkmal ist.[21] Hinzu kommt, daß, rascher als der internationale Handel, seit einigen Jahren die ausländischen Direktinvestitionen zunehmen und auf Unternehmensebene beispielsweise Produktionen an andere Standorte verlagert werden.[22] Die weltweite Vernetzung führt tendenziell zur Aufhebung der Standortgebundenheit von Diensten.[23]

Die Vielfalt des Begriffs Globalisierung ist dadurch gekennzeichnet, daß man aus unterschiedlichsten Perspektiven Definitionen herleitet. Diese Vielschichtigkeit erlaubt es, von Globalisierung*en* zu sprechen. Ein Beispiel hierfür ist die ökologische Globalisierung, die die grenzüberschreitenden Umweltschäden und die Tatsache beschreibt, daß die Menschheit den ganzen Globus in ihre Hand genommen hat.[24] Das Bewußtsein für Umweltprobleme ist tatsächlich erst vor kurzer Zeit entstanden, wie sich exemplarisch an der deutschen Umweltschutzgesetzgebung belegen läßt.[25] Daß Probleme wie der Klimaschutz, die Eindämmung des Ozonlochs oder die weltweite Trinkwasserversorgung nicht national lösbar sind, sondern globales Handeln verlangen, ist nahezu ein Gemeinplatz geworden.[26]

b) Neue Akteure

Im Rahmen der Globalisierung treten neue Akteure wie multinationale Unternehmen und Nichtregierungsorganisationen in Erscheinung, die das bisherige staatenorientierte Weltbild verändern.

aa) Multinationale Unternehmen

Nicht alle Unternehmen operieren weltweit, viele operieren auf einem regional begrenzten Spielfeld.[27] Sie sind nicht in jedem Land der Erde tätig, ihre Aktivi-

---

[20] Clark, S. 197 ff.; so auch Nahamowitz in: Voigt, S. 142; Nuscheler in: FS Röhrich, S. 302.
[21] Donges, S. 1.
[22] So auch Hobe, Der Staat 1998, S. 521.
[23] Donges, S. 1; Ebert/Noll, ZögU 1998, S. 21 (23).
[24] Höffe, Globalisierung, S. 16; zur Umwelt ausführlich Rowe in: Voigt, S. 249.
[25] So stammen die einschlägigen Vorschriften des Strafgesetzbuches (§§ 324 bis 330 d) aus den Jahren 1980, vgl. 18. Strafrechtsänderungsgesetz vom 28.3.1980 BGBl Teil I, S. 373, das Bundesnaturschutzgesetz aus dem Jahre 1976, vgl. BGBl. Teil I, S. 3574.
[26] Dicke in: Berichte der Deutschen Gesellschaft für Völkerrecht, Band 39, S. 17.
[27] Voigt, Aus Politik und Zeitgeschichte 1998, Bd. 29-30, S. 6.

täten befinden sich vielmehr im Prozeß der globalen Ausweitung, d. h. der zunehmenden arbeitsteiligen Ausweitung auf immer mehr Länder.[28]

Da diese Unternehmen jeweils über den Raum eines Nationalstaates hinaus tätig werden, nennt man sie Multi-Nationale Unternehmen (MNE) oder auch Trans-Nationale Unternehmen (TNE). Beide Begriffe werden in der Literatur synonym verwendet. Die unterschiedliche Bezeichnung läßt lediglich die verschiedenen Ansatzpunkte erkennen: multinational als noch mit dem Nationalstaat bzw. seinem Territorium als vorherrschende Einheit verbunden; transnational kennzeichnet, daß es sich um über den Raum der Nationalstaaten hinausgehende Unternehmen handelt, daß ein neuer Aktivitätsraum geschaffen wurde. Es wird von der wirtschaftlichen Denationalisierung des Handels, der Finanzen und der Produktion gesprochen.[29]

Multinationale Unternehmen sind somit Gesellschaften oder andere Einheiten, die sich in privatem, staatlichem oder gemischtem Eigentum befinden, in verschiedenen Ländern ansässig und so miteinander verbunden sind, daß ein Unternehmensteil oder mehrere Unternehmensteile in der Lage sind, Einfluß auf die Tätigkeit der anderen Teile auszuüben und insbesondere gemeinsam mit ihnen über Kenntnisse und Ressourcen zu verfügen.[30] Es handelt sich dabei um Unternehmen von einer bestimmten Mindestgrößenordnung, die nicht bloß über Exportverträge o. ä. Kontakte zu anderen Staaten als ihrem Heimatstaat haben, sondern die auch Niederlassungen im Ausland haben. Alle Teile des Unternehmens sind dabei organisatorisch zusammengefaßt.[31] Hierunter fallen insbesondere die großen Erdölproduktionsgesellschaften, die auch der Ursprung dieser Unternehmensform sind. Die MNEs schließen selbst Verträge mit Staaten, im Falle der Erdölunternehmen sind dies meist Erdölkonzessionsverträge.[32] Die Rechtsnatur dieser Verträge ist umstritten und ebenso die völkerrechtliche Einordnung dieser Unternehmen.[33]

Die global operierenden Wirtschaftskonzerne koppeln ihr Schicksal immer offener von dem Wohl einzelner Nationen ab. Sie haben keine feste Heimatbasis mehr und werden damit transnational.[34] Die nach wie vor in einer primär territorial differenzierten Welt agierenden Staaten stehen vor der Problematik, diese

---

28 Schirm, Globale Märkte, S. 30.

29 Zürn, Regieren, S. 128 f., 157.

30 So die Darstellung in den „OECD Guidelines for Multinational Enterprises“ vom 31.10.2001 DAFFE/IME/WPG/(2000)15/Final, S. 9.

31 Hummer, Berichte der Deutschen Gesellschaft für Völkerrecht, Band 39, S. 59; Wildhaber, Berichte der Deutschen Gesellschaft für Völkerrecht, Band 18, S. 13 f.

32 Vitzthum in: ders. (Hrsg.), Völkerrecht, S. 502, Rdnr. 187.

33 Dahm/Delbrück/Wolfrum, Band I/2, S. 245 ff., S. 256 f., der im Einzelfall von einer beschränkten Völkerrechtssubjektivität ausgeht; Seidl-Hohenveldern, Rdnr. 911, lehnt dies ab.

34 Robejsek in: FS Röhrich, S. 65; Desai in : Messner, S. 337.

neu entstandene Geographie zu regulieren.[35] Das Bedrohliche an dieser Situation wird darin gesehen, daß Akteure an Entscheidungsmacht gewinnen, die sich allenfalls durch eine Rückbindung an ihre Aktionäre und durch das Erreichen des Ziels Gewinnmaximierung, auch als „shareholder-value Prinzip“ bekannt, legitimieren müssen.[36]

Die Macht der MNEs wird nicht zuletzt gefördert durch die Liberalisierungen des internationalen Handels, die zunächst durch das GATT von 1947, dann abgelöst durch die WTO[37] 1995 bewirkt wurden.[38] Eine Besonderheit des WTO-Abkommens ist die Schaffung einer transnationalen Handelsgerichtsbarkeit mit Sanktionsmöglichkeiten.[39] Allerdings handelt es sich hierbei nicht um ein umfassendes unmittelbar anwendbares Weltwirtschaftsrecht.[40]

bb) Nichtregierungsorganisationen

Neben den Multinationalen Unternehmen wächst die Bedeutung der Nichtregierungsorganisationen als nichtstaatliche Akteure in den internationalen Beziehungen.

Nichtstaatliche internationale Organisationen (non-governmental organizations - NGOs) sind private Verbände, die von natürlichen oder privaten juristischen Personen gegründet wurden, damit auf privatrechtlicher, nicht völkerrechtlicher Grundlage beruhen, und auf internationaler Ebene ideelle Interessen verfolgen.[41] Die wichtigsten Beispiele hierfür sind Greenpeace und Amnesty International.[42] Große, globale Konferenzen wie die zu Umwelt und Entwicklung in Rio 1992, zu den Menschenrechten in Wien 1993 oder zu Frauenfragen in Peking 1997 sowie die Konvention gegen Landminen 1999 sind durch die Mitwirkung der Nichtregierungsorganisationen entscheidend beeinflußt worden.[43]

Die Nichtregierungsorganisationen übernehmen somit teils öffentliche Aufgaben, die ursprünglich dem Staat oblagen. Im Bereich der humanitären Hilfe ist die Kooperation von Staaten und nichtstaatlichen Akteuren vielleicht am weite-

---

[35] Wolf, Staatsräson, S. 15.

[36] Wolf, Staatsräson, S. 15.

[37] General Agreement on Tariffs and Trade (GATT), Abkommen zur Errichtung der Welthandelsorganisation, World Trade Organization (WTO), BGBl. 1995 Teil II, S. 456; vgl. hierzu auch Nahamowitz in: Voigt, S. 159 f.

[38] Carl-Christian von Weizsäcker, Globalisierung, S. 125 ff.

[39] Carl-Christian von Weizsäcker, Globalisierung, S. 128; Dolzer, NJW 2001, S. 2303.

[40] Nahamowitz in: Voigt, S. 158 f.

[41] Vgl. Dahm/Delbrück/Wolfrum, Band I/2, S. 231 ff.; Hobe, Verfassungsstaat, S. 309 ff.; Hummer, Berichte der Deutschen Gesellschaft für Völkerrecht, Band 39, S. 58.

[42] Hobe, ebenda und AVR 37 (1999), S. 251 (262 f.).

[43] Hobe, AVR 37 (1999), S. 251 (265); Nuscheler in: FS Röhrich, S. 312.

sten vorangeschritten, das hoheitliche Handeln auf eine weitgehend regulative Funktion zurückgeschnitten.[44]

Gerade die Nichtregierungsorganisationen haben auf ihrem jeweiligen Fachgebiet ein Expertenwissen, an dem es den zuständigen Behörden mangelt und dessen sich letztere gerne bedienen. Oftmals fungieren die Nichtregierungsorganisationen aber auch als Frühwarnsystem, das den politischen Diskurs in eine bestimmte Richtung lenkt.[45]

2. Die Globalisierung des Staates

Untersuchungsgegenstand dieser Arbeit ist nicht die Auswirkung der Globalisierung auf die Wirtschaft oder die Umwelt, sondern die Auswirkungen der Globalisierung auf den Staat.

Eine historische Nachzeichnung der Auswirkungen der Globalisierung auf die Staatlichkeit gestaltet sich schwierig. Denn schon hinsichtlich der Periodisierung des Globalisierungsprozesses ist eine Einigung nicht auszumachen.

Wird einerseits die Globalisierung als lineare Fortsetzung der internationalen Politik des 15. Jahrhunderts bewertet, so siedeln andere Untersuchungen die Vernetzung von Wirtschaft und Politik als neuartiges Phänomen in der zweiten Hälfte des 20. Jahrhunderts an.[46] Es wird auch vertreten, daß Globalisierung ein Prozeß ist, der sich seit Menschengedenken vollzieht.[47] Vergleicht man die Globalisierung mit dem System der Hanse oder ordnet diese als Teil der Globalisierungsprozesses ein, bedeutet dies gleichzeitig die Hervorhebung des wirtschaftlichen Aspekts der Globalisierung. Spätestens jedoch seit Anfang der neunziger Jahre ist von Globalisierung die Rede.[48]

Da der Nationalstaat moderner Ausprägung der Untersuchungsgegenstand ist, kann der Untersuchungszeitraum nur bis zur Entstehung desselben zurückreichen. Es handelt sich hierbei um den sogenannten Westfälischen Staat.[49] Dieser geht zurück auf den Westfälischen Frieden von 1648, in dem als erstes völker-

---

[44] Dicke in: Berichte der Deutschen Gesellschaft für Völkerrecht, Band 39, S. 17.

[45] So die Kommission in ihrem Weißbuch „Europäisches Regieren", KOM (2001) 428 endgültig.

[46] Vgl. Auflistung bei Scholte in: Baylis/Smith, S. 16 f.; Röndigs, S. 55 m. w. Nachweisen; Waters, S. 4, 23; Dolzer, NJW 2001, S. 2303; Robejsek in: FS Röhrich, S. 66 f.; hierzu auch Delbrück, SZIER 2001, S. 1 (14).

[47] Waters, S. 4.

[48] Hobe, AVR 37 (1999), S. 251.

[49] Delbrück, SZIER 2001, S. 1 (2).

rechtliches Dokument der Begriff der Souveränität ausdrücklich bestätigt wird.[50]

Zur Darstellung der unterschiedlichen Theorien über die Auswirkung der Globalisierung auf den Staat, den traditionellen Akteur[51], soll zunächst das Ausgangsmodell aller Theorien dargestellt werden: Der souveräne Staat.

Souveränität als Kennzeichnung der relativ höchsten Willensmacht und Entscheidungsgewalt des Staates ist ein Begriff, dessen theoretische Entwicklung und praktische Entfaltung auf das engste mit der Ausbildung und Konsolidierung des sich seit dem Mittelalter ausbildenden Territorialstaates verknüpft ist. Souveränität ist territorial begrenzt.[52] Souveränität war zunächst eine Eigenschaft der unabhängigen Fürsten, der „Souveräne".[53] Souveränität nach innen bedeutete, das Nebeneinander verschiedener rivalisierender Gewalten (Monarch, Stände etc.) im Interesse der innerstaatlichen Befriedigung zu beenden. Souveränität nach außen bezeichnete den Anspruch der sich zu Staaten im modernen Sinne entwickelnden politischen Herrschaftsverbände, auf ihrem Territorium ausschließliche Hoheitsgewalt auszuüben, also unabhängig von äußeren Einflußnahmen (Papst, Kaiser, fremde Mächte) ihr politisches Handeln zu bestimmen.[54] Seit der französischen Revolution ist nicht mehr der Monarch, sondern das Volk die Quelle der Souveränität.[55] Der Staat ist Repräsentant der Gesellschaft und notwendig zur Erhaltung gesellschaftlicher Ordnung.[56]

Äußere Souveränität als Rechtsinstitut des klassischen Völkerrechts bedeutet die rechtliche Unabhängigkeit des Staates in seiner politischen Willensentscheidung, also den rechtlich anerkannten Ausschluß der Existenz einer dem Staat übergeordneten Macht.[57] Als eine rechtliche, d. h. von der Völkerrechtsordnung konstituierte Erscheinung bedeutet äußere Souveränität jedoch keine absolute Unabhängigkeit. Ausgehend von der Lehre Bodins, wonach Souveränität ihre Schranken im *jus*, also in einem überpositiven (göttlichen) Recht (im Gegensatz zu den vom Monarchen gesetzten *leges*) findet, ist auch die äußere Souveränität im Sinne des Völkerrechts in die - nunmehr positiv verstandene - Gesamtrechtsordnung der Staatengemeinschaft eingebunden. Die äußere Souve-

---

[50] Der Begriff der Souveränität ist wesentlich älter, vgl. hierzu insgesamt Kimminich/Hobe, Völkerrecht, S. 40 ff.; gleichzeitig beginnt 1648 auch die Epoche des klassischen Völkerrechts.

[51] Hobe, AVR 37 (1999), S. 251 (257).

[52] Kirchhof, DVBl. 1999, S. 637 (640).

[53] Kimminich/Hobe, Völkerrecht, S. 41.

[54] Delbrück, Frieden als Rechtsordnung, S. 192.

[55] So Bodin, Les Six Livres de la République, S. 122; eingehend zu Bodin vgl. di Fabio, S. 17 f.; Delbrück, SZIER 2001, S. 1 (4).

[56] Di Fabio, S. 22, 27, zu den weiteren Legitimationstheorien.

[57] Delbrück, Frieden als Rechtsordnung, S. 193; Höffe, Globalisierung, S. 166.

ränität eines Staates findet ihre Schranken in dem gleichen Recht der anderen Staaten.[58]

Die konkrete Funktion der äußeren Souveränität drückt sich in einer Reihe von Rechten der Staaten aus. Sie ist das Korrelat bzw. die Absicherung der inneren Souveränität, die völkerrechtlich in dem Anspruch verankert ist, jede Einmischung Dritter in inneren Angelegenheiten ausschließen zu dürfen.[59] Ein Staat ist demnach nur dann souverän, wenn er selbst und einseitig bestimmen kann, ob und wie lange er eine bestimmte Völkerrechtsregel im Verhältnis zu den anderen Staaten anwendet.[60]

Das Staatensystem, das sich auf dieser Grundlage gebildet hat, wird anlehnend an den Westfälischen Frieden auch als Westfälisches System bezeichnet.[61]

Zur Definition des Begriffes Staat wird in der Völkerrechtstheorie anlehnend an die Allgemeine Staatslehre, und hier insbesondere die Staatslehre Georg Jellineks, die sogenannte Dreielementenlehre[62] herangezogen. Danach besteht ein Staat dann, wenn die drei Elemente Volk, Gebiet und Staatsgewalt in einem entsprechenden Zusammengehörigkeitsverhältnis vorhanden sind.

Der Staat war im klassischen Völkerrecht der alleinige Akteur und hatte lange Zeit auf diesem Gebiet keine Konkurrenz zu fürchten.

a) Der Nationalstaat, seine Grenzen und die Öffnung: Internationalisierung, Supranationalisierung und Transnationalisierung

Die Epoche des klassischen Völkerrechts endet 1919, seitdem befindet es sich im „Umbruch“.[63] Die wirtschaftliche Globalisierung entfaltet sich in einer Völkerrechtsgemeinschaft von heute 191 Staaten, die jeweils im Grundsatz innerhalb ihrer Grenzen nationale Hoheit beanspruchen und ihre Souveränitätsrechte in Anspruch nehmen.[64]

Im Laufe der Internationalisierung der Staatenwelt, d. h. der verstärkten Kooperation von Staaten,[65] setzte sich gegen Ende des 19. und zu Beginn des 20. Jahrhunderts die Anerkennung internationaler Organisationen als Völkerrechtssubjekte durch.[66] Diese Anerkennung bedeutete die Durchbrechung der Exklusivität

---

[58] Delbrück, Frieden als Rechtsordnung, S. 193.
[59] Delbrück, Frieden als Rechtsordnung, S. 193.
[60] Seidl-Hohenveldern, Rdnr. 5.
[61] Scholte in: Baylis/Smith, S. 19; von Bredow in: FS Röhrich, S. 161.
[62] Ausführlich hierzu Kimminich/Hobe, Völkerrecht, S. 74.
[63] Zur genauen Epocheneinteilung Kimminich/Hobe, Völkerrecht, S. 30.
[64] Dolzer, NJW 2001, S. 2303.
[65] Vgl. hierzu Ausführungen unten Kapitel 1 A. I. 3.
[66] Delbrück in: Bartosch/Wagner, Weltinnenpolitik, S. 57 f.

der Rolle souveräner Staaten.[67] Beispiele für den Bereich der Friedenssicherung sind die Haager Friedenskonferenzen, die Gründung des Völkerbundes und der Vereinten Nationen.[68] Die Durchbrechung dieser Strukturen zeigt, daß der Staat in seiner klassischen Funktionsweise für Probleme im transnationalen Bereich schlecht ausgerüstet ist.[69] Er ist zu groß, um sich der Probleme auf lokaler Ebene annehmen zu können und zu klein für die internationalen.[70]

Grenzen waren früher durch Schlagbäume gekennzeichnet und das sichtbare Zeichen der territorialen Ausmaße des Staates. Galten sie noch in Zeiten des Kalten Krieges - gerade auch innerhalb Deutschlands im Hinblick auf die westliche Abgrenzung der ehemaligen DDR - als undurchdringbare und starre Linien, werden sie heute durchlässiger.

Der Abbau nationaler Grenzen ist Voraussetzung für transnationales Wirtschaften. In der zweiten Hälfte des 19. Jahrhunderts wurde die Öffnung nationaler Grenzen durch jeweils einseitige Akte der Staaten vielfach ohne zwischenstaatliche Vereinbarungen, dann durch Gründung Internationaler Organisationen erreicht. Beispiele hierfür sind die Verträge zur Liberalisierung der Schiffahrt auf den Flüssen, des Eisenbahnverkehr und des Post- und Fernmeldewesens.[71]

In den Grenzgebieten hat der Abbau der Grenzen besondere Auswirkungen zur Folge, insbesondere durch vermehrte Grenzüberschreitung der Bevölkerung, beispielsweise durch Arbeitnehmer im deutsch-französischem Grenzraum im Saarland. Ein entscheidender Schritt zum grenzenlosen Verkehr war das Schengener Abkommen von 1985, in Kraft getreten am 1.9.1993,[72] zwischen Deutschland, Belgien, Frankreich, Luxemburg und den Niederlanden[73], das die Grenzkontrollen zwischen den Vertragsstaaten insgesamt abschaffte.

Weitere teilweise Aufhebung von Grenzfunktionen seitens des Nationalstaates bewirkten vor allem das Freizügigkeitsregime der EG und nunmehr die supranationale Ordnung der Europäischen Union. Sie gingen aber auch mit der Freihandelszone[74] NAFTA im US-mexikanischen Grenzraum einher.[75] Nach einer

---

[67] Delbrück in: Bartosch/Wagner, Weltinnenpolitik, S. 58.

[68] Hierzu Hobe, AVR 37 (1999), S. 251 (259 f.).

[69] Sur, EJIL 1997, 421(422).

[70] Sur, EJIL 1997, 421(422).

[71] Rheinschiffahrtsakte, Gründung der UPU, weitere Beispiele bei Dahm/Delbrück/Wolfrum, Band I/2, S. 209 ff, 213 f.; Tietje, S. 74, 80, 124 f.; Hobe, AVR 37 (1999), S. 251 (259); Dolzer, NJW 2001, S. 2303.

[72] BGBl. 1994, Teil II, S. 631; mittlerweile ist der „Schengen-Besitzstand" durch den Amsterdamer Vertrag in den Rahmen der EU einbezogen, hierzu Streinz, S. 266 f.

[73] Seit 1994 sind Portugal und Spanien, seit 1997 Italien, Griechenland und Österreich sowie nunmehr Schweden, Finnland und Island Mitglied.

[74] Freihandelszonen spielen in allen Teilen der Erde eine wichtige wirtschaftliche und politische Rolle. Somit bestimmen sie nicht nur die Außenhandelswirtschaft der Länder Europas

Studie der Welthandelsorganisation WTO wurden allein zwischen 1990 und 1995 über 30 neue Integrationsräume etabliert.[76] Im Rahmen der NAFTA ist beispielsweise die Gründung der FTAA, der *Free Trade Area of Americas*, bis zum Jahr 2005 geplant, die 34 Staaten Nord- und Südamerikas umfassen soll. Diese vielfältigen Organisationen heben das Prinzip der territorialen Organisation nicht auf, stellen es jedoch in Frage.

Es gibt keine allgemein anerkannte juristische Definition des Begriffes der Supranationalität. Für die Europäische Gemeinschaft wird er verbreitet verwendet, um diejenigen Merkmale zusammenzufassen, die in ihrer Intensität und Kumulation ihrer Besonderheit gegenüber „herkömmlichen" internationalen Organisationen auszumachen.[77] Supranationalität bedeutet, daß die Mitgliedstaaten der supranationalen Organisation teilweise Souveränitätsrechte übertragen und diese dann Recht setzen kann, daß unmittelbar in den Staaten und gegenüber dem Bürger wirkt.[78] Diese Organisation überwölbt die Gesamtheit der Mitgliedstaaten. Das von ihr geschaffene Recht wird also nicht nur von Staaten aufgrund einer völkerrechtlichen Verpflichtung in ihrem Inneren durchgesetzt. Es durchbricht den klassischen Filter der souveränen Staatsgewalt. Die Entscheidungen beruhen überwiegend auf dem Mehrheitsprinzip, d. h. sie bedürfen nicht in allen Fällen der Zustimmung sämtlicher Mitgliedstaaten.[79] Einziges Beispiel für eine supranationale Organisation ist bisher die Europäische Union.[80]

Unter den Begriff der Transnationalisierung faßt man Interaktionen, die über den nationalen Rahmen hinausgehen und nicht durch spezifische nationale

---

und Nordamerikas, sondern auch der Südamerikas und Asiens. Während allerdings die Organisationen APEC und ASEAN nur Ansätze zu einer Freihandelszone vereinbarten, haben sich mit der EFTA, Europäische Union, MERCOSUR und NAFTA feste Handels- und Wirtschaftsräumen etabliert; ausführlich zur Freihandelszone Oppermann, Rdnr. 135 ff; Schirm, Globale Märkte, S. 123 ff., 162 ff.

[75] Die Öffnung der Grenzen beschränkt sich jedoch auf den Warenverkehr, der Personenverkehr wird gerade an der Grenze der USA zu Mexico sehr restriktiv gehandhabt. *North American Free Trade* Agreement, Abkommen vom 1.1.1994 zwischen den USA, Kanada und Mexico zur Schaffung einer Freihandelszone, nach dem *Europäischen Wirtschaftsraum* (EWR) ist die NAFTA die zweitgrößte Freihandelszone. Ziel ist die Förderung des Handels und Erleichterung von Investitionen.

[76] World Trade Organisation (WTO), Regionalism in the World Trading System, Genf 1995, S. 1.

[77] Streinz, S. 48.

[78] Vgl. Kimminich/Hobe, Völkerrecht, S. 141 f.

[79] Streinz, S. 9 ff.; Kimminich/Hobe, Völkerrecht, S. 141 f.; Delbrück, Regionale Zusammenschlüsse, S. 480 f. m. w. Nachw.; Nahamowitz in: Voigt, S. 163.

[80] Andere regionale Zusammenschlüsse sind meist intergouvernementaler Art, jedoch wird z. B. die NAFTA neben der EU als Prototyp regionaler Integration bezeichnet, vgl. hierzu Kaiser, S. 7.

Grenzen, Normen und Interessen determiniert sind.[81] Im Gegensatz zur Supranationalisierung werden die Nationalstaaten nicht durch eine von Ihnen geschaffene Organisation überdacht. Die Nationalstaaten spielen - wenn überhaupt - nur eine untergeordnete Rolle. Sie sind meist auch nicht die Initiatoren dieser Interaktionen. Durch das Präfix „trans“ wird eben deutlich, daß es sich um Geschehen handelt, die jenseits des Nationalstaates stattfinden. Vielfach wird „transnational“ aber auch mit „global“ gleichgesetzt.[82]

b) „Glokalisierung“

Der territoriale Ansatz ist in diesem Zusammenhang nicht erschöpfend. Er vermag weder die Transnationalisierungsprozesse im wirtschaftlichen Bereich noch beispielsweise die örtliche Koexistenz von ethnisch-kulturellen Gruppen, die sich in höchst unterschiedlichen Bezugsräumen bewegen, begrifflich zu fassen. Es entstehen überlappende Räume, die nicht nur global sind. Auch auf lokaler Ebene finden Zusammenschlüsse und Interaktionen statt. Mit anderen Worten gibt es einerseits globale Themen, die für gesamte Welt gleich oder gleich bedeutend sind und auf der anderen Seite unzählig viele lokale Ausdifferenzierungen. Diese Gleichzeitigkeit von Globalisierung und Lokalisierung wird als „Glokalisierung“ bezeichnet.[83]

c) Ergebnis

Die Souveränität garantiert dem Staat nicht mehr die ausschließliche Kontrolle über die Handlungen auf seinem Territorium und stellt keine absolute Barriere gegen Interventionen dar.[84] Verschiedenste Faktoren wirken auf den Staat beziehungsweise die drei Elemente, die ihn ausmachen, ein. Das Staatsgebiet, das Staatsvolk und auch die Staatsgewalt sind betroffen. Hierbei ist eine Verlagerung von Aufgaben nach „oben“ und nach „außen“ festzustellen. In welcher Form sich dies auf den Staat auswirkt, soll anhand der folgenden drei Ansätze diskutiert werden.

3. Der offene Staat oder die Kooperationsthese

Die Kooperationsthese ist die erste von drei Thesen, die in der Diskussion über das Schicksal des Staates in der Globalisierung vertreten wird. Genauer gesagt sind diese Thesen eine systematische Zusammenstellung von Deutungen der

---

[81] Schirm, Zeitschrift für Internationale Beziehungen 1997, S. 69 (78); Jessup zit. nach Steiner/Vagts, S. XV.; Kaufmann, Aus Politik und Zeitgeschichte 1998, B-18-3 (6).
[82] So bei Robejsek in: FS Röhrich, S. 79.
[83] Albert in: Voigt, S. 116 f.
[84] So auch Robejsek in: FS Röhrich, S. 77.

Entwicklungen, die über die Jahrzehnte vertreten wurden. Diese längerfristige Betrachtung ist erforderlich, um die Entwicklung nachzuzeichnen.

Dieser erste Ansatz geht davon aus, daß der Staat sich in eine pluralistische Gemeinschaft einordnet, indem er an der Problemlösung mit eindeutiger Bindung an die Rechtsordnung der Staatengemeinschaft teilnimmt.[85]

Der Begriff der offenen Staatlichkeit geht in der deutschen Staatstheorie auf Vogel zurück. Art. 24 bis 26 GG werden in dem Sinne interpretiert, daß die Summe dieser Normen eine umfassende Verfassungsentscheidung für eine offene Staatlichkeit erkennen läßt, d. h für eine grundsätzliche Bereitschaft der Bundesrepublik Deutschland zu einer Zusammenarbeit mit anderen Staaten sowie für deren gliedschaftliche Einordnung in eine organisch gefügte internationale Gemeinschaft der Staaten.[86]

Die Institutionen des offenen Staates[87] geben zwar teilweise nationalstaatliche Autonomie auf, gewinnen aber dafür an zwischenstaatlichen Beteiligungsmöglichkeiten, die den Einsatz staatlicher Steuerungsinstrumente aus der Sicht der beteiligten Akteure verbessern können.[88] Er wird damit zum kooperativen Staat.[89]

Die Souveränität ist vorherrschend, wobei dem Staat allerdings auch die Begrenztheit des eigenen Systems vor Augen geführt wird.[90] Er muß sich den Einwirkungen des internationalen Handelns öffnen und kann im institutionalisierten Kooperationsverbund nicht mehr ausschließlich seine nationalen Interessen wahren.[91]

Internationalisierung[92] bezeichnet die im Laufe des 20. Jahrhunderts institutionalisierte Kooperation von Staaten.[93] Sie ist getragen vom staatlichen und öf-

---

85 Wessels, S. 70, der diese Thesen und die folgenden bezüglich der grenzüberschreitenden Verwaltung erstmals auf- bzw. zusammengestellt hat; Vogel, S. 28; Simma/Paulus, EJIL 1998, S. 266 (272, 276 f.).

86 Ipsen, Europäisches Gemeinschaftsrecht, S. 52; Hobe, Verfassungsstaat, S. 137 ff., 162; Vogel, S. 42; Beyerlin, Rechtsprobleme, S. 209.

87 Siehe auch di Fabio, S. 105, 145, der allerdings in Richtung Fusionsthese, siehe unten 5., argumentiert.

88;Wessels, S. 70 f.; Hobe, Verfassungsstaat, S. 409 f., 422; Kirchhof, DVBl. 1999, S. 637 (646 f.).

89 Morass, S. 34; Speiser, S. 250 mit w. Nachw. und Hinweis auf Häberle, auf den dieser Begriff zurückgeht.

90 Hobe, Verfassungsstaat, S.27 f.; Kohler-Koch, Weltregierung, S. 118.

91 Hobe, Verfassungsstaat, S.28; Delbrück in: Bartosch/Wagner, Weltinnenpolitik, S. 57.

92 Vgl. auch oben Kapitel 1 A. I. 2. a); vielfach wird in den Politikwissenschaften Internationalisierung synonym für Globalisierung verwendet, vgl. Delbrück in: Bartosch/Wagner, Weltinnenpolitik, S. 62.

93 Delbrück, SZIER 2001, S. 1 (12).

fentlichen Interesse an dauerhaft grenzüberschreitender Problemlösung.[94] Der Bedarf an einer solchen Problemlösung hat angesichts globaler Herausforderungen wie Bevölkerungswachstum, Armut, Migration und Umweltschutz etc. in der zweiten Hälfte des 20. Jahrhunderts rasch zugenommen. Die Aufgabenerledigung ist im internationalen System trotz wachsender Bedeutung internationaler Organisationen traditionell auf den Staat als Handlungseinheit ausgerichtet.[95]

Die MNEs nehmen dieser Meinung zufolge nicht die wichtigste Rolle im Prozeß der Globalisierung ein. Sie sind vielleicht fähig, die Wirtschaftspolitik der Regierungen zu untergraben; tatsächlich passen sie sich eher der Regierungspolitik an. Auch wenn sie ständig drohen, sich aus einem bestimmten Land zurückzuziehen, geschieht dies nur ungern, denn sie sind in den nationalen Märken verankert. Im übrigen darf man nicht vergessen, daß Staaten in Bereichen wie der Wirtschaft immer nur eine Teilverantwortung tragen. Was sie angeblich durch die Globalisierung verloren haben, kam ihnen nie zu, so die Vertreter dieser These: die Fähigkeit zum souveränen Regulieren der Wirtschaft.[96]

Unter diesen Gesichtspunkten bedeutet die Einordnung des Staates in eine internationale Gemeinschaft keineswegs einen Rückzug des Staates aus seiner Verantwortlichkeit für die politischen und wirtschaftlichen Verhältnisse seines Landes und seiner Bürger. Der Staat verzichtet hier nicht, sondern er gibt seiner Tätigkeit lediglich eine andere Richtung.[97] Abschied nehmen heißt es jedoch von dem Vorstellungsbild des allmächtig gedachten, souveränen Nationalstaates.[98]

Im Hinblick auf die europäische Zusammenarbeit ziehen die Vertreter dieser Ansicht den vom Bundesverfassungsgericht benutzten Begriff des Staatenverbundes als Erweiterung für dieses Bild heran.[99] Die Mitgliedstaaten haben die Europäische Gemeinschaft gegründet, um einen Teil ihrer Aufgaben gemeinsam wahrzunehmen und insoweit ihre Souveränität gemeinsam auszuüben.[100] Die Wahrnehmung von Hoheitsgewalt durch den Staatenverbund gründet sich auf Ermächtigungen souverän bleibender Staaten, die im zwischenstaatlichen Bereich regelmäßig durch ihre Regierungen handeln und dadurch die Integration steuern. Sie ist nach dieser Ansicht daher primär intergouvernemental.[101]

---

[94] Hobe, Verfassungsstaat, S.25.
[95] Hobe, Verfassungsstaat, S.25.
[96] Ausführlich hierzu Höffe, Globalisierung, S. 171.
[97] Vogel, S. 31; in diesem Sinne auch Hobe, AVR 37 (1999), S. 251 (275); Kohler-Koch, Weltregierung, S. 118, spricht von zwischenstaatlichen Zweckverbänden.
[98] Wessels, S. 134 m. w. Nachw.
[99] Vgl. BVerfGE 89, S. 156.
[100] BVerfGE 89, S. 188f.
[101] BVerfGE 89, S. 190.

Aufgrund der Globalisierung, so wird argumentiert, seien Formen der regionalen Kooperation bzw. Integration geschaffen worden, nicht mit dem Ziel einen neuen Staat zu schaffen, sondern um Instrumente zu gewinnen, mit denen spezifische staatliche Aufgaben besser bewältigt werden können, als dies vorher einzelstaatlich möglich war. Supranationale Institutionen verkörperten nur eine andere, neue Form und Ebene staatlichen Handelns.[102]

Der zwischenstaatliche Bereich ist geprägt von einer Vielzahl von Netzwerken und Vernetzungen von Regierungsebenen. Dies bedeutet allerdings nach Ansicht der Kooperationsthese nicht, daß der Staat bereits entstaatlicht ist.[103] Der Staat wird weiterhin als bedeutsamster Ort der Auseinandersetzung zwischen konkurrierenden globalen, supranationalen, nationalen, regionalen und lokalen Kräften verstanden.[104]

Analysen, die infolge der Globalisierung nur die Erosion des Staates[105] betonen, übersehen, folgt man der Kooperationsthese, die ständig angepaßte Fähigkeit des Staatsapparates, auch weiterhin die Richtung der nationalen und internationalen Politik zu beeinflussen.[106] Trotz eines dichten Geflechts innergesellschaftlicher und transnationaler Verhandlungsbeziehungen ist der Staat am erfolgreichsten bei der Problemverarbeitung, wobei er ständig zwischen Differenzierung und Integration ein neues Gleichgewicht auf einer höheren Stufe erreicht. Zwischenstaatliche Aktivitäten wie auch grenzüberschreitende Kontakte werden als Dienst am Staat angesehen.[107]

4. Entstaatlichung, Entgrenzung oder die Erosionsthese

Ganz anders die Vertreter der Erosionsthese, wonach sich der Staat zwischen nationalem und internationalem Recht in einem gravierenden Prozeß der Veränderung befindet: Globalisierung bewirkt Denationalisierung und damit die Erosion[108] des Staates.

---

[102] Schirm, Zeitschrift für Internationale Beziehungen 1997, S. 69 (99), ähnlich Link, S. 156.
[103] Wessels, S. 75 m. w. Nachw.
[104] Wessels, S. 81.
[105] Siehe unten Kapitel 1 A. I. 4.
[106] Held, Democracy, S. 212.
[107] Wessels, S. 81 ff. m. zahlreichen Nachw.
[108] König, S. 533; Wessels, S. 91 Fn. 259 m. w. Nachw.; Held, Democracy, S. 212; Voß, S. 430; a. A. Höffe, Globalisierung, S.165 f., er differenziert zwischen Metamorphosen im Inneren, die nicht gegeben ist und Erosion von außen, die vorliegt.

a) Entstaatlichung

Denationalisierung[109] oder Entstaatlichung[110] werden als Auswirkungen der wirtschaftlichen Globalisierung[111], Transnationalisierung und Europäisierung[112] betrachtet. Der Staat verliert seine territoriale Radizierung.[113] Anders kann diese Entwicklung auch als Erosion des Staates bezeichnet werden, als faktische Auflösung derjenigen Wesensmerkmale, die den Staat ausmachen: Staatsvolk, Gebiet und Staatsgewalt.[114] Das Westfälische System existiert nicht mehr.[115]

Globalisierung ist jedoch kein universeller Prozeß und auch kein Konzept, das universell Anwendung findet. Auch sind nicht alle Staaten und Regionen gleichermaßen betroffen.[116]

Setzt man dies voraus, sind zwei gegenläufige Tendenzen erkennbar: Einerseits versucht der Nationalstaat, seine Souveränität zu erhalten, die jedoch zunehmend als ineffektiv gilt. Andererseits werden die Steuerungsmöglichkeiten des Staates zunehmend durch eine Verlagerung seiner Instrumente „upward, downward and outward" begrenzt.[117] Durch die Auslagerung von Problemen in den zwischenstaatlichen Handlungsraum werden nationalen Steuerungszentren zusätzliche Ressourcen entzogen. Durch die zunehmende Verwebung zwischen staatlichen und privaten Akteuren und nationaler und internationaler Ebene entsteht eine Organ- und Gremienhypertrophie,[118] was den Verlust der Identität des Staates zur Folge hat.[119]

Während gesellschaftliche Denationalisierung[120], verstanden als die Ausweitung wirtschaftlicher ökologischer, kultureller und militärischer Handlungs- und Wirkungszusammenhänge, in Windeseile voranschreitet, erweist sich die Schaf-

---

[109] Delbrück, Globalization of Law, IJGLS 1993, S. 9 (11); Aman, IJGLS 1999, S. 397 (407 f.); Zürn/Wolf, European Law Journal 1999, S. 272; Zürn, Zeitschrift für Internationale Beziehungen 1997, S. 41 (42); Lange, Globalisierung, S. 13 ff., verwendet Globalisierung und Denationalisierung synonym, S. 15 Fn. 2; Robejsek in: FS Röhrich, S. 76; Sassen, Losing Control, S. 28; Voigt, Globalisierung des Rechts, S. 15.

[110] Zustimmend Hobe, AVR 37 (1999), S. 251 (257); Lamarche in: Crépeau, S. 244; Kohler-Koch, Handlungseinheiten, S. 15; Waters, S. 100.

[111] Siehe oben Kapitel 1 A. I. 1. a) und Friedrichs, Aus Politik und Zeitgeschichte, B 33-34/1997, S. 3 (8).

[112] Hierzu siehe unten Kapitel 1 B.

[113] Di Fabio, S. 97 ff.

[114] Kohler-Koch, Handlungseinheiten, S 15.

[115] Scholte in: Baylis/Smith, S. 21.

[116] Delbrück, Globalization of Law, IJGLS 1993, S. 9 (11).

[117] Wessels, S, 92 f.

[118] Delbrück, Internationale Verwaltung, S. 398.

[119] Wessels, S. 93 f.; der Staat könnte obsolet werden, formuliert Delbrück, Regionale Zusammenschlüsse, S. 470.

[120] Zürn, Regieren, S. 16.

fung von politischen Instanzen jenseits des Nationalstaates als ein langsamer und zäher Prozeß.[121]

Der Globalisierungsprozeß wird für die nationale Wirtschaft und Politik zum Globalisierungsproblem und sorgt für Anpassungszwänge. Die Zunahme der Wettbewerbsdynamik hat Konsequenzen für die inländische Wirtschaftsentwicklung und -struktur. Ein Verlust nationalstaatlicher Steuerungsautonomie in der Wirtschaftspolitik bzw. die Verstärkung eines politischen Standortwettbewerbs stellt die wohlfahrtstaatlichen Regelungsmechanismen zur Disposition und zeitigt soziale Langzeitfolgen.[122]

Das internationale System der Gegenwart ist global, es gibt kein Territorium auf der Erde, das nicht in das Netz inter- und transnationaler Beziehungen einbezogen wäre und sich daraus lösen könnte. Die Komplexität bedeutet die Auflösung des staatlichen Handlungsmonopols.[123] Denn transnationale und transgouvernementale Netzwerke, als Folge der Globalisierung und Europäisierung, schwächen die Fähigkeit demokratisch gewählter Organe, Prozesse zu kontrollieren.[124] Die Verwaltung kann sich durch ihre grenzüberschreitenden Aktivitäten der Kontrolle und Einflußnahme der gewählten Vertretungen entziehen und höhlt damit in einigen Bereichen sogar Verfassungsnormen aus.[125]

Die Vertreter der Entstaatlichungsansicht gehen von der Entstehung des postmodernen bzw. postnationalen Staates aus, denn Einigkeit besteht dahingehend, daß die Steuerungsverluste nicht durch eine Re-Nationalisierung ausgeglichen oder aufgehoben werden können.[126]

b) Entgrenzung oder Entterritorialisierung

Der Umbruch in der Staatlichkeit, die Denationalisierung, wird auch an der Entgrenzung festgemacht.[127] Entgrenzung bedeutet in diesem Zusammenhang, daß sich faktisch die relative Bedeutung zwischen dem territorial definierten Raum der Staatenwelt und dem funktional definierten Raum des Weltmarktes, an dem die MNEs teilhaben, zugunsten des letzteren verschiebt.[128]

---

[121] Raiser, S. 6.
[122] Voigt, Globalisierung des Rechts, S. 14.
[123] Wessels, S. 95 m. w. Nachw.
[124] Wessels, S. 99; Hobe, AVR 37 (1999), S. 251 (270), die Abnahme der Bedeutung des modernen souveränen Staats korrespondiert mit der Zunahme und Bedeutung der Akteure der Zivilgesellschaft.
[125] Zur demokratischen Legitimation internationalen Verwaltungshandelns, Tietje, S.657 ff.
[126] Raiser, S. 6.
[127] Voigt, Globalisierung des Rechts, S. 18.
[128] Vgl. oben Kapitel 1 A. I. 1. a) und 2 a); Albert in: Voigt, S. 116; Lange, Regionalismus, S. 110.

Die Entgrenzung der Wirtschaft und der Technologie, die längst stattgefunden hat, wirkt auch auf die Gesellschaft und Politik ein, die immer noch staatlichen Grenzen verhaftet sind.[129] Dadurch und durch die eigenen Aktivitäten der Staaten im Rahmen von internationaler und supranationaler Kooperation sowie die damit verbundene Lockerung der Grenzkontrollen[130], findet eine Entgrenzung des Staates statt. Die Grenzen verlieren an Bedeutung hinsichtlich ihrer Funktion als Indikator der Trennung und der nationalen Souveränität.[131]

Mit dem Begriff „entgrenzte Räume" soll die Aufmerksamkeit darauf gelenkt werden, daß Territorialität und das Zusammenfallen gesellschaftlicher Funktionsräume im Staat distinkte Merkmale des westfälischen Staatenmodells sind, die durch politisches und unternehmerisches Handeln in erheblichem Ausmaß verlorengegangen sind.[132] Entgrenzte Räume sind durch fortgesetzte Expansion und Verschiebung gekennzeichnet. Sie können nicht lediglich mit den Begriffen von Öffnung und Schließung gekennzeichnet werden, weil vielschichtige Prozesse ablaufen, die sich dem planenden Zugriff einer einzelnen Instanz entziehen.[133].

Die Ausdifferenzierung von Zuständigkeiten auf unterschiedliche Ebenen beinhaltet einen Bedeutungsverlust für den Nationalstaat und eine Zerteilung und Überlagerung von Kompetenzen von Staaten, internationalen und supranationalen Organisationen. Diese Überlagerung birgt Probleme im Bereich der funktionalen Koordination und der demokratischen Legitimation.[134]

c) Regieren jenseits des Nationalstaates oder governing without government: Die Idee der global governance

Geht man davon aus, daß die Globalisierung zu einer teilweisen Aushöhlung der Souveränität der Staaten führt, so ist die Frage nach den neuen Formen demokratisch legitimierten Regierens von besonderem Interesse.[135]

Als Möglichkeit, der Denationalisierung zu begegnen, wird die Idee der „global oder post-sovereign governance" diskutiert.[136] Es wird zumeist davon ausgegangen, daß governance nicht gleich Regierung ist und nicht das Ideal einer

---

[129] Kohler-Koch, Weltregierung, S. 129.
[130] Siehe oben Kapitel 1 A. I. 2. a) Beispiel Schengen oder Grundfreiheiten der EU.
[131] Ratti in: Pernthaler, S. 55.
[132] Kohler-Koch (Hrsg.), S. 11.
[133] Kohler-Koch (Hrsg.), S. 12.
[134] Kohler-Koch (Hrsg.), S. 13.
[135] Hierzu auch Robejsek in: FS Röhrich, S. 78.
[136] McGrew, Democracy, S. 408; Waters, S. 97; Scholte in: Baylis/Smith, S. 23; Nuscheler in: FS Röhrich, S. 310.

Weltregierung wiederbelebt werden soll.[137] Governance hat vielmehr die Aufgabe, ein Grundgerüst an Regeln bereitzustellen und deren Befolgung durch alle beteiligten Parteien im Gemeinwesen zu sichern. Es handelt sich mithin um ein globales Regelungsregime, bei dem ein symmetrischer Rahmen die Herrschaft des Rechts gewährleisten und die Schwachen wie die Starken denselben Regeln unterwerfen soll.[138] So soll auch ein Zusammenwirken von staatlichen und nichtstaatlichen Akteuren von der lokalen bis zur globalen Ebene beispielsweise in „public-private-partnerships" erfolgen.[139]

Dabei ist insbesondere die Forschung zur europäischen Integration zu Diagnosen eines durchgreifenden Wandels von Staatlichkeit gelangt, in welcher die Entstehung eines neuen Herrschaftstypus zu sehen ist.[140] Jenseits von Versuchen, den Bedeutungswandel von „Regieren" in der Europäischen Union und den Mitgliedsstaaten durch Rückgriff auf etablierte Begrifflichkeiten, etwa als Wiedererstarken konföderaler Muster, zu interpretieren, wurde vor allem versucht, Ansätze aus den internationalen Beziehungen, der politischen Theorie, sowie der Netzwerk- und policy-Analyse zusammenzuführen. Ausgehend von der in den internationalen Beziehungen im Gefolge der Regimeforschung entwickelten Einsicht, daß im internationalen politischen System zwar von „Regieren", kaum aber von einer Regierung gesprochen werden kann („governance without government"[141]), führt insbesondere die Anwendung des Netzwerkbegriffs zu der Überzeugung, daß es sich bei der Europäischen Union nicht um einen Nationalstaat im Werden, sondern um ein dynamisches Mehrebenensystem handelt, das nach einer eigenen Form der konzeptionellen Aufbereitung verlangt. Dabei geht es zu allererst darum, die Debatte von national- bzw. territorialstaatlich gebundenen Ordnungsmodellen und Semantiken zu lösen.[142] Erst verspätet setzte sich dabei in der deutschsprachigen Diskussion die Einsicht durch, daß sich der Abschied einer von nationalstaatlichen Begrifflichkeiten geprägten Semantik nicht auf Probleme des Regierens bzw. der politischen Steuerung beschränken läßt. Mit anderen Worten: Die Zukunft des Regierens

---

137 So auch 1995 die Commission on Global Governance, ausführlich hierzu Tietje, S. 166 ff; Desai in: Messner, S. 325; Delbrück, SZIER 2001, S. 1 (17).

138 Delbrück in: Bartosch/Wagner, Weltinnenpolitik, S. 62; Zürn, Regieren, S. 175.

139 Aman, Vanderbilt Journal of Transnational Law 1998, S. 769 (812 ff.); Nuscheler in: FS Röhrich, S. 309.

140 Eine Übersicht zum Meinungsstand bei von Bogdandy in: Loth/Wessels, Theorien europäischer Integration, S. 128 ff.

141 Im Gegensatz hierzu „governance by government", Zürn, Regieren, S. 170 und ZIB 1997, S. 41 (43); Raiser, S. 9: Reinicke, S. 219; Höffe, Globalisierung, S. 279; Sassen, Losing Control, S. 16 f.

142 Jachtenfuchs in: Kohler-Koch, S. ; Albert in: Voigt, S. 117.

und damit der Demokratie ist nicht mehr in traditionelle Kategorien zu fassen.[143] Regieren ist ohne Nationalstaat möglich.[144]

Exkurs: Weltinnenpolitik

Vielfach wird in diesem Zusammenhang auf den Begriff der Weltinnenpolitik zurückgegriffen.

Hierzu ist auf die Entstehung des Begriffs der Weltinnenpolitik einzugehen. Das Bewußtsein für die Notwendigkeit, über Formen politischer Gestaltung jenseits des Nationalstaates nachzudenken, hat sich nicht erst in den letzten Jahren entwickelt. So dachte beispielsweise Immanuel Kant in seiner Schrift „Vom Ewigen Frieden" bereits über die Idee des Weltbürgertums nach.[145] Der Urheber des Begriffs „Weltinnenpolitik" ist Carl Friedrich von Weizsäcker. Er verstand darunter eine allmähliche Verwandlung der bisherigen Außenpolitik in „Weltinnenpolitik".[146] Weltinnenpolitik sollte eine Bedingung der Möglichkeit des Überlebens der Menschheit im Zeitalter existentieller Bedrohung sein.[147] Der Begriff war allerdings nicht als Deskription der zu Beginn der sechziger Jahre herrschenden Wirklichkeit gemeint, sondern als Perspektive für die Zukunft.

Weltinnenpolitik sollte sich sowohl in einer gerechteren Güterverteilung auf der Erde als auch in einem ethisch verantwortbaren Umgang mit (Militär-) Technik zeigen. Von Weizsäcker sah vor allem zwei Aspekte einer derart gewandelten Perspektive, in der er die Grundlage für einen dauerhaften Weltfrieden erblickte: Die Entstehung übernationaler Institutionen und die Beurteilung weltpolitischer Probleme mit innenpolitischen Kategorien[148]. Als Nachweis hierfür dienen ihm eine Phase in der Geschichte, die Überwindung der deutschen Kleinstaaterei und die Einigung auf Verfassungsprinzipien für einen friedlichen Konfliktaustrag. Dieses Prinzip politischer Konfliktregulierung will von Weizsäcker auf die internationale Ebene verlängern, denn nur die Herausbildung überstaatlicher Institutionen bietet ihm echte Gewähr für den Weltfrieden. In diesem Sinne sieht er eines Tages die Übertragung des Polizeimonopols an eine internationale Behörde und führt diese Idee bis hin zu einem föderativen Weltstaat fort.[149] Diesen Ansatz hat von Weizsäcker später nur noch als deskriptiven Ansatz dargestellt. Die dafür notwendige Qualität der internationalen Beziehungen scheitert an der Realität des internationalen Systems, so daß die weltinnenpolitische Denkweise sich an der fortdauernden Existenz der souveränen Staaten bricht.

---

[143] Kohler-Koch (Hrsg.), S. 12; di Fabio, S. 130.
[144] Zürn, Zeitschrift für Internationale Beziehungen 1997, S. 41 (43).
[145] Kant, Zum ewigen Frieden, S. 92 f.; vgl. hierzu Meyer-Bruns, S. 30 ff.
[146] Meyer-Bruns, S. 8.
[147] Delbrück in: Bartosch/Wagner, Weltinnenpolitik, S. 55.
[148] Carl-Friedrich von Weizsäcker, S. 13.
[149] Carl-Friedrich von Weizsäcker, S. 9.

Von Weizsäcker hat die Ansätze der Entstehung übernationaler Institutionen und der Beurteilung weltpolitischer Probleme mit innenpolitischen Kategorien somit nicht in ein stimmiges Konzept überführen können.

Es bleibt jedoch festzustellen, daß der Begriff der Weltinnenpolitik in der Zeit vor dem weltpolitischen Umbruch im Jahre 1989 keine große Resonanz aufweisen konnte, obwohl er gerade die Überwindung des Bedrohungsgefühls der Zeit des kalten Krieges die eigentliche Keimzelle des Gedankens dargestellt hatte. Eine ausführlichere Beschäftigung mit der Idee ist erst nach Auflösung des Ost-West-Konflikts zu verzeichnen. Charakteristisch für die Wiederbelebung ist die Ablösung des ursprünglichen Gedankens vom Entstehungskontext. Die friedenspolitische Vision rückt in den Hintergrund. Seit 1989 erfährt sie einen grundlegenden Bedeutungswandel und erweitert sich zu einem Schlagwort, mit dem die komplexen Entwicklungstendenzen der internationalen Politik zu fassen gesucht werden.[150] So wird Weltinnenpolitik als Konzept zur Lösung der mit der Globalisierung und der wachsenden internationalen Verflechtung entstehenden Probleme angeführt.[151] Unter Weltinnenpolitik wird nunmehr u. a. ein die Nationen übergreifender Raum einer Weltgesellschaft verstanden, in dem die Bürger über Werte und Ziele diskutieren und das gesellschaftliche Interesse formulieren.[152] Neben den politikwissenschaftlich ausgerichteten Verwendungen hat der Begriff Weltinnenpolitik auch Eingang in die völkerrechtliche Theoriebildung gefunden. Hier wird mit dem Begriff die Verdichtung grundlegender Normen des Völkerrechts zu einem Weltinnenrecht oder transnationalen Recht beschrieben.[153]

d) Verlust von Souveränität oder Auflösung von außen und von innen

Die fortschreitende Entterritorialisierung und die Entstehung von Regelungsregimes jenseits des Nationalstaates haben Effekte, die auch dem einzelnen Staatsbürger nicht verborgen bleiben. Er sieht sich nicht mehr seinem Staat gegenüber, sondern - von der kommunalen bis zur internationalen Ebene - von mehreren Schichten funktional ausgerichteter Verwaltungseinheiten überzogen, die nicht - wie der Nationalstaat - identifikationsfähig und nicht zur Begründung eines gegenseitigen Schutz- und Loyalitätsverhältnisses in der Lage sind.[154]

---

150 Meyer-Bruns, S. 12.

151 Delbrück in: Bartosch/Wagner, Weltinnenpolitik, S. 55.

152 Meyer-Bruns, S. 11 ff.; Voigt, Aus Politik und Zeitgeschichte, 1998, Bd. 29-30, S. 8.

153 Delbrück, Weltinnenrecht, S. 318 und in: Bartosch/Wagner, Weltinnenpolitik, S. 65; Hobe, AVR 37 (1999), S. 251 (281).

154 Delbrück, Internationale Verwaltung, S. 398.

Diese Situation resultiert aus der Delegierung von Kompetenzen an die Europäische Union und an Internationale Organisationen wie beispielsweise die UNO.[155]

Tatsächlich ist in der Literatur[156] schon seit längerem auf diesen Prozeß hingewiesen worden. Fazit dieser Untersuchungen ist, daß die Bedeutung der Nationalstaaten immer mehr schwindet. Dies wird aus der zunehmenden Entgrenzung gefolgert, aus dem enormen Einfluß der Nichtregierungsorganisationen und der multinationalen Unternehmen, der governance without government sowie der Entstehung eines transnationalen Rechts.

Nicht nur das Staatsgebiet, das durch seine Grenzen bestimmt wird, scheint weniger deutlich definierbar. Auch die Kongruenz von Staat und Gesellschaft schwindet durch Verschiebung sozialer Handlungskomplexe über die nationalstaatlichen Grenzen.[157] Und die Entstehung von Formen des Regierens jenseits des Nationalstaats, so argumentieren die Anhänger der Erosionsthese, zeugen von der abnehmenden Effektivität der Staatsgewalt. Das Auftreten neuer, nichtstaatlicher Akteure bewirkt, das klassische Staatenverständnis zu Grunde gelegt, Entstaatlichung.

5. *Fusionierter Mehrebenenstaat und Transnationalstaat oder die Fusionsthese*

Die Vertreter dieser These nehmen das Mehrebenensystem, das ein europaspezifisches Modell ist, als Ausgangspunkt. Es ist dadurch gekennzeichnet, daß im Zusammenspiel mit dem Subsidiaritätsprinzip gemäß Art. 5 EG die europäische, staatliche und substaatliche Ebene jeweils für die Aufgabenerfüllung zuständig ist, für die sie am besten geeignet ist.[158] Dieses Schichtenmodell wird ergänzt durch ein Modell der Netzwerkstrukturen.[159] Fusion soll hier einen Prozeß charakterisieren, bei dem Regierungen und Verwaltungen mehrerer Ebenen staatliche und andere Handlungs-, Steuerungs- und Regelungsinstrumente gemeinsam nutzen.[160] Der Begriff der Fusion soll gleichzeitig darauf hinweisen, daß dieser Prozeß kaum noch reversibel ist und zunehmend zu einem Zusammenwachsen der verschiedenen Ebenen führt.[161]

---

[155] Vgl. oben Kapitel 1 A. I. 2 a) und unten Kapitel 1 B. und Kapitel 2 A. I. 2 b).

[156] Vorwiegend in der politik- und sozialwissenschaftlichen Literatur, vgl. Albrow, S. 311 f.; Tanzi, S. 293.

[157] So Hingst, S. 97.

[158] Insgesamt zustimmend Sinewe, S. 56; in diesem Sinne, Hobe, Verfassungsstaat, S. 390 ff.; Albert in: Voigt, S. 116 f.

[159] Delfs, DVBl. 1999, S. 87 (91); Albert in: Voigt, S. 117.

[160] In diesem Sinne auch, di Fabio, S. 139 f.

[161] Wessels, S. 123.

Die Staaten verzichten auf einen Teil ihrer Souveränität, aber in dem Sinne, daß sie einen Teil davon zusammenlegen. Sie verschmelzen ihn und unterstellen ihn gemeinschaftlichen, nichtstaatlichen Organen, in denen sie selbst an der Entscheidungsfindung beteiligt sind. Die Souveränität befindet sich in der Schwebe oder man verzichtet sogar ganz auf sie.[162] Entgrenzung bedeutet hier, daß territoriale Grenzen zwar signifikant an Bedeutung verlieren und sich ihre Funktion wandelt, daß aber keinesfalls von einem Wegfall des territorialen Differenzierungsmodus auszugehen ist.[163]

Für das Beispiel Europa und damit die Europäische Union bedeutet dies die gemeinschaftliche Ausübung von Hoheitsrechten durch die beteiligten Staaten.[164] Allerdings sind Entscheidungen so zu treffen, daß die Verbindlichkeit für die beteiligten nationalen Instanzen erzwungen werden kann.[165] Hierin ist der Unterschied zum oben beschriebenen souveränen Staat zu sehen. Es ist außerdem nicht zu erwarten, daß die bestehenden Nationalstaaten in einer neuen staatlichen Einheit aufgehen oder von ihr gänzlich überlagert werden.[166]

Der Fusionsprozeß führt so nicht zu einer eindeutigen Aufgabentrennung zwischen mehreren Ebenen, sondern zu „overlapping areas of institutional authorities".[167]

Globalisierung und die daraus resultierende Interdependenz der Staaten und anderer Institutionen lassen neue Formen zwischenstaatlicher Aktivitäten entstehen. Diese haben aber nicht das Ziel, einen neuen Staat zu schaffen oder die bestehenden Staaten abzuschaffen,[168] sondern es sollen neue Instrumente gewonnen werden, mit denen spezifische Aufgeben besser bewältigt werden können.[169]

Ihr Schicksal legen die Nationalstaaten nicht einfach in den autonomen Handlungsraum unabhängiger Institutionen zwischenstaatlicher Organisationen. Eine weitgehende Selbstaufgabe liegt nicht im institutionellen Eigeninteresse nationaler Regierungen. Die staatliche Selbstüberlistung durch Selbstentäußerung findet demnach nicht statt.[170] Das Ergebnis ist kein schwacher Staat, sondern ein

---

[162] König, S. 534 m. w. Nachw; di Fabio, S. 94.
[163] Albert in: Voigt, S. 121.
[164] Dahrendorf, S. 33.
[165] Dahrendorf, S. 82 ff.
[166] Zustimmend Sinewe, S. 55.
[167] Wallace, S. 41; nach Wessels, S. 123.
[168] Krämer, S. 15.
[169] Schirm, Zeitschrift für Internationale Beziehungen 1997, S. 69 (99).
[170] Wessels, S. 128.

auf das Wesentliche konzentrierter Staat.[171] Dieses Modell kann somit auch „governance including government" genannt werden.[172]

Zwischenstaatliche Interaktion ist aus dieser Sicht nicht als Auslöser oder Verstärker staatlicher Fehlentwicklungen zu verstehen, sondern als ein Versuch, problemangemessene Strategien zu verfolgen, ohne den bestehenden Nationalstaat aufzulösen oder eine weitere Möglichkeit bestehende Nationalstaaten durch einen zukünftigen westeuropäischen Bundesstaat oder einen Weltstaat[173] zu überlagern. Diese Modelle haben nach wie vor den Staat als Bezugspunkt und entsprechende Verlagerungen liegen im Eigeninteresse des Staates.[174] So entsteht ein Transnationalstaat[175].

Der zunehmende Einfluß der Nichtregierungsorganisationen führt nicht zu einer Verdrängung des Staates, sondern zu einer intensiveren und differenzierteren Kooperation nationaler und teilweise regionaler Regierungen, Verwaltungen und intermediärer Akteure. Die NGOs finden beispielsweise über das Ausschußverfahren der Europäischen Kommission, die „Komitologie", Einbindung in das Entscheidungssystem der Europäischen Union. Hierbei veranstaltet die Kommission Anhörungen, in denen sie den jeweiligen Interessenvertretern Gelegenheit zur Stellungnahme gibt. Die Interessengruppen haben jedoch keinen Anspruch auf Anhörung, auch müssen ihre Stellungnahmen nicht berücksichtigt werden.[176] Nur Grundentscheidungen bleiben in der Hand der Staaten.[177] Im übrigen findet eine gegenseitige Kontrolle statt.[178] Dies bedeutet auch in Hinsicht auf die Rolle der MNEs die gleichzeitige Stärkung von governance without government.[179]

Zusammengefaßt entspricht dieses Modell einer global bzw. multi-level governance.[180]

Das Ende der Staatlichkeit ist anlehnend an das Urteil des Bundesverfassungsgerichts zum Vertrag von Maastricht dann gegeben, wenn die internationale

[171] Höffe, Globalisierung, S. 166; so auch Reinicke, S. 219.
[172] Raiser, S. 9, der von „governance with government" spricht.
[173] Vgl. Wessels, S. 114; diese These wird noch zur Entstaatlichung zuzurechnen sein, da der klassische Nationalstaat hierbei ebenfalls untergeht oder unwichtig wird.
[174] Sinewe, S. 56.
[175] Wessels, S. 126; Raiser, S. 19; U. Beck, Was ist Globalisierung, S. 186.
[176] Di Fabio, S. 141.
[177] Wessels, S. 132 f.
[178] Raiser, S. 9.
[179] Raiser, S. 10.
[180] Raiser, S. 14; Messner (Hrsg.), S. 9, dessen Modell von global governance allerdings nichts zur möglichen Umsetzung sagt, hierzu konkreter Zürn, Regieren, unter dem Stichwort Regieren jenseits des Nationalstaates, S.360; Marks u. a., Regional Mobilization, S. 41.

bzw. supranationale Organisation nach ihrem Belieben die ihr eingeräumten Durchgriffsbefugnisse einseitig zu Lasten ihrer Mitglieder erweitern könnte.[181]

Dieser Punkt ist aber nach der Fusionsthese nicht erreicht. Eine Finalität in staatlichen Begriffen läßt sich nicht erkennen. Etikettierungen wie Bundesstaat, Staatenbund und Staatenverbund sind damit wenig fruchtbar.[182] Der Nationalstaat ist nicht überholt, auch nicht gerettet. Er befindet sich auch nicht in der postmodernen Variante auf dem Weg zur Erosion, sondern er wandelt sich grundlegend: Nationale Regierungen und Verwaltungen werden zu zentralen Mitträgern einer gemeinsamen Mehrebenennutzung gemischter Instrumente. Der Prozeß betrifft nationale Regierungs- und Verwaltungsstrukturen und auch die nationalen und internationalen Rechtsordnungen bleiben hiervon nicht unberührt.[183]

Der fusionierte Mehrebenenstaat bildet damit nach den Stufen des Territorial- und Nationalstaates eine neue Phase in der Entwicklung europäischer Staaten. Die Fusionsthese unterstellt hierbei aber keine deterministischen Entwicklungsgesetze.[184]

6. Bewertung

Richtig ist, daß Globalisierung kein universeller Prozeß und auch kein Konzept ist, das universell Anwendung findet. Es sind nicht alle Staaten und Regionen gleichermaßen betroffen.[185] Solange kein Ziel vor Augen ist und niemand sagen kann, in welchem Umfang sich Globalisierung auswirkt, ist es auch nicht einfach möglich, von Gegentendenzen zu sprechen.

Trotz aller Kritik hat der Staat eine große historische Vitalität bewiesen, sich den meisten politischen, historischen, ökonomischen und sozialen Gegebenheiten anzupassen, ohne seine grundsätzlichen Züge zu verlieren.[186] Diese Argumentation rechtfertigt in letzter Konsequenz, allerdings widersprüchlich, von einem Transnationalstaat zu sprechen. Neutraler und von der staatlichen Terminologie unabhängig formuliert, sollte man von einem transnationalen System von „institutional authorities“ oder öffentlichen Gewalten[187] sprechen.

Tendenzen von Entstaatlichung sind vorhanden. Jedoch ist fraglich, ob angesichts der Gegentendenzen, die z. B. durch die Fusionsthese beschrieben wer-

---

181 BVerfGE 89, 155, 192; herrschende Auffassung, siehe hierzu Hobe, Verfassungsstaat, S. 444 Fn. 226.
182 Müller-Graff, S. 222.
183 Wessels, S. 134; Tietje, S. 662 ff.
184 Wessels, S. 134; Albert in: Voigt, S. 121, bezüglich der Entgrenzung.
185 Delbrück, Globalization of Law, IJGLS 1993, S. 9 (11).
186 Sur, EJIL 1997, 421(423).
187 Diesen Begriff verwendet di Fabio, S. 131.

den, von einer gänzlichen Auflösung der Staaten auszugehen ist. Hilfreich sind deskriptive Ansätze, so etwa die Wiederbelebung des Gedankens der Weltinnenpolitik und die Annahme eines Weltinnenrechts.[188] Hinsichtlich der Kooperationsthese ist festzustellen, daß sie sehr dem traditionellen Staatensystem verhaftet ist und die Entwicklungen damit aus einem zu eingeschränkten Blickwinkel beurteilt. Man könnte sogar so weit gehen, daß die Kooperationsthese mit dem offenen Staat ein Stadium beschreibt, das bereits durchschritten und damit überholt ist.

Die Erosionsthese erfaßt weitestgehend nur einen Aspekt des neuen Systems. Sie beschreibt sie Auswirkung der Globalisierung auf den Staat zutreffend als Denationalisierung, bietet aber kaum konkrete Lösungsansätze. Diese finden sich aber bei den Vertretern der Fusionsthese, wobei darauf geachtet werden muß, daß vielfach noch staatenorientiert argumentiert wird. Aus den beiden Thesen läßt sich demnach die Synthese bilden, daß sich die Globalisierung entstaatlichend auswirkt und ein transnationales oder Mehrebenensystem mit hoheitlichen Funktionen entsteht. Der Staat hat eine duale Rolle inne: Er ist Betroffener der Globalisierung und wirkt zugleich an ihr mit,[189] denn trotz allem steht er in Form der „governance including government" nicht außen vor.

Um die angeführten Theorien weiter zu überprüfen, bietet sich die Analyse der grenzüberschreitenden Tätigkeit von Regionen an, die als substaatliche Ebene Teil des Staates sind. Bevor geklärt werden soll, wie diese von der Globalisierung und dem Wandel der Staatlichkeit betroffen sind und wie sie sich unter diesen Bedingungen verhalten, ob sie gar selbst transnational tätig sind, muß im Rahmen der Begriffsklärung noch auf einen weiteren wichtigen Aspekt der Globalisierung eingegangen werden: Die Auswirkung auf das Recht und das öffentliche Interesse.

II. Globalisiertes Recht und global public interest

Da sich die Staatlichkeit im Zeichen der Globalisierung wandelt, stellt sich die Frage wie sich das Recht verändert. Ursprünglich war das Recht staatenzentriert.[190] Globalisierung bedeutet nicht das Ende des Rechts.[191] Doch wie die Kongruenz von Staat und Gesellschaft wie auch von Staat und Staatsgewalt schwindet, verändert sich auch die Einheit von Recht und Staat. Es entstehen neue Anforderungen an das Recht.[192]

---

[188] Hierzu im folgenden unter Kapitel 1 A. II. 1. a), vgl. auch Exkurs oben Kapitel 1 A I. 4 c).

[189] So auch Aman, Vanderbilt Journal of Transnational Law 1998, S. 769 (802) und IJGLS 1999, S. 397 (411).

[190] Aman, Vanderbilt Journal of Transnational Law 1998, S. 769 (770).

[191] Aman, Vanderbilt Journal of Transnational Law 1998, S. 769 (783).

[192] Zürn/Wolf, European Law Journal 1999, S. 272 (273).

1. Recht, das nicht auf ein klassisch legitimiertes Rechtsetzungsorgan zurückzuführen ist

a) Völkerrecht und Weltinnenrecht

Um die Art dieser Anforderungen zu untersuchen, muß zunächst untersucht werden, warum Recht überhaupt existiert und welche Anforderungen bisher an die Schaffung dieses Rechts gestellt wurden.

Recht gilt, weil es notwendig ist.[193] Ursprünglich, d. h. im Westfälischen System, war der Staat die Quelle des geschriebenen Rechts. Dieses Monopol wurde bereits durch die Internationalisierung der Staatenwelt und die Entstehung der Völkerrechtsordnung in Frage gestellt.[194] Zum Beispiel der internationale Handel bedarf einer rechtlichen Ordnung, will man den beteiligten Wirtschaftssubjekten, also Staaten und insbesondere öffentlichen und privaten Unternehmen eine gewisse, für ihr Wirtschaften erforderliche Handlungssicherheit geben.[195]

Die Zahl der Völkerrechtssubjekte nimmt stetig zu. Zu den Internationalen Organisationen gesellen sich nun Multinationale Unternehmen und Nichtregierungsorganisationen, deren Völkerrechtssubjektivität umstritten ist.[196] Die Tendenz des Wandels des Völkerrechts von einer Staatenordnung zu einer Rechtsordnung der Menschen und Völker ist deutlich erkennbar.[197]

Die dargestellten Auswirkungen der Globalisierung auf die Staaten sind der Staatslehre zuzuordnen. Deutlich wird, daß sich das Recht in der Sicht der Staatslehre wandelt. Die klassische Staatsdefinition ist nicht mehr in der Lage, die dargestellten Entwicklungen zu berücksichtigen.

Recht geht außerdem nicht mehr nur auf Staaten zurück. Das deutlichste Beispiel ist die lex mercatoria.[198] Hiermit bezeichnete man ursprünglich das aus dem Mittelalter stammende, eigenständige, zunächst ungeschriebene Kaufmannsgewohnheitsrecht, das über territoriale Grenzen hinweg galt. Ähnlich wie damals die Kaufleute die partikularen Rechte als unzureichend empfunden hat-

---

[193] Dahm/Delbrück/Wolfrum, Band I/1, S. 41, 34 ff. mit zahlreichen Nachweisen zur Naturrechtstheorie und dem Rechtspositivismus, auf die hier nicht näher eingegangen werden soll.
[194] Ausführlich Delbrück in: Bartosch/Wagner, Weltinnenpolitik, S. 57 ff.
[195] Kimminich/Hobe, Völkerrecht, S. 323.
[196] Vgl. oben Kapitel 1 A. I. 1 b).
[197] Delbrück in: Bartosch/Wagner, Weltinnenpolitik, S. 61.
[198] Zur lex mercatoria und deren Zuordnung, Delbrück in: Bartosch/Wagner, Weltinnenpolitik, S. 62 Fn. 33 m. w. Nachw.; Girsberger, Berichte der Deutschen Gesellschaft für Völkerrecht, Band 39, S. 256 f.; Zuordnung des internationalen Handelsrechts entweder zum einschlägigen nationalen Recht, zum Völkerrecht oder - wohl zutreffend - zu einer Sonderrechtsordnung; Teubner, S. 8, 12.

ten und nach Ersatz hierfür suchten, werden heute wiederum Defizite des nationalstaatlichen Rechts festgestellt. Es gilt als zu schwerfällig und zu wenig kalkulierbar. Vor diesem Hintergrund wird eine neue lex mercatoria gesucht, im Bereich des Handels- und Wirtschaftsrechts sind diese Ansätze weit gediehen.[199] Die Herausbildung und Kodifizierung privater Streitschlichtungsmechanismen im Bereich des internationalen Handels wird als *das* Beispiel, als Prototyp für die Qualität von Globalisierung im Bereich des Rechts, angeführt und als „Dritte Rechtsordnung" neben dem nationalem und Völkerrecht bezeichnet.[200] Hierbei handelt es sich um selbstlegitimiertes Recht[201], das einem supraterritorialen bzw. transnationalen Regime, also global governance, zugeordnet werden kann.[202] Es bricht das Tabu der Einheit von Staat und Recht.[203] Global governance in dieser Form ist bisher nicht als Teil des Völkerrechtes anerkannt.[204]

Auch das Recht, das durch die Europäische Union gesetzt wird, ist zumindest nicht mehr unmittelbar auf einen Staat zurückzuführen.

Globalisierung des Rechts bedeutet somit die Entstehung von neuen sogenannten transnationalen Rechtsordnungen, die nicht auf einen Staat zurückzuführen sind. Neben der neuartigen Urheberschaft ist ein weiteres Charakteristikum dieses Rechts, daß es keine territorialen Grenzen hat[205]. Dieses Recht besteht weitgehend aus Prinzipien, die, auch wenn sie nicht immer im strengeren Sinne rechtlich bindend sind, flexibel und anpassungsfähig sind.[206] Weiterhin ist globales Recht dezentriert und nicht hierarchisch.[207]

Dieser Ansatz von globalem Recht geht ausschließlich von den nichtstaatlichen Akteuren aus und läßt die Staaten oder die Europäische Union als Sonderform aus der Betrachtung heraus.[208]

b) Global legal pluralism: Globales Recht und „glokales" Recht

Ein anderer Ansatz geht von der Existenz eines Rechtspluralismus aus. Um ein umfassendes Bild von diesem „global legal pluralism" zu bekommen, ist es notwendig, regionale Organisation wie die Europäische Union und andere In-

---

[199] Voigt, Globalisierung des Rechts, S. 23.
[200] Delbrück in: Bartosch/Wagner, Weltinnenpolitik, ebenda; Voigt (Hrsg.), S. 23, 31; Albert in: Voigt, S. 125; Sassen, Losing Control, S. 15 f.
[201] Snyder, European Law Journal 1999, S. 334 (341).
[202] Delbrück in: Bartosch/Wagner, Weltinnenpolitik, S. 62.
[203] Albert in: Voigt, S. 127 m. w. Nachw.
[204] Delbrück in: Bartosch/Wagner, Weltinnenpolitik, S. 63.
[205] Teubner, S. 7 f.
[206] Snyder, European Law Journal 1999, S. 340.
[207] Teubner, S. xiv.
[208] Snyder, European Law Journal 1999, S. 341.

ternationale Organisationen wie die WTO, aber auch andere Organisationen und Netzwerke in die Betrachtung miteinzubeziehen.[209] Dem ist zuzustimmen, da der oben dargelegte Ansatz zu puristisch ist und die tatsächlichen Gegebenheiten nicht ausreichend berücksichtigt.

Pluralismus bedeutet Vielgestaltigkeit und klärt damit, daß es nicht wie allgemein angenommen um völlige Vereinheitlichung geht. Denn Globalisierung wird vielfach auch mit Amerikanisierung und Homogenisierung bzw. Homogenität gleichgesetzt.[210] Tatsächlich ist jedoch nicht nur die Intensivierung globaler Transaktionen zu beobachten, sondern eine stärkere Vernetzung lokaler und globaler Ebenen. Dies betrifft eine Unzahl einzelner Interaktionssysteme. Diese Vernetzung, auch unter dem Stichwort Glokalisierung bekannt, stellt gerade das Gegenteil von Vereinheitlichung dar, denn sie bedeutet eine Vielzahl kombinatorischer Möglichkeiten zwischen dem Globalen und Lokalen.[211]

Dies zeigt, daß eine Betrachtungsweise, die nur die globale Ebene berücksichtigt, beschränkt ist und nur auf vordergründigen Erscheinungsbildern basiert. Vielmehr kann man in diesem Zusammenhang feststellen, daß es keine Gesamtbewegungen zur Globalisierung gibt und eine vereinheitlichende analytische Erfassung nicht möglich ist. „Die Globalisierung" gibt es nicht, sie bezeichnet die Entwicklung der Weltgesellschaft gerade in ihrer gesamten Komplexität.

So gibt es auch nicht nur das globale Recht, sondern vielfache Ausgestaltungen globalisierten Rechts und damit den eingangs genannten „legal pluralism".

Ähnlich wie bei der Entstehung neuartiger, überlappender Politikräume ist im Hinblick auf das Recht zunächst die Frage zu stellen, ob einem mehrere Jurisdiktionen überspannenden globalisierten Recht eine neue Qualität zuzusprechen wäre. Das Phänomen eines verschiedene Rechtsräume überspannenden Rechtes ist, wie bereits angeführt, aus föderativ verfaßten Staaten bekannt.[212] Es ist anzumerken, daß eine solche Analogie zu kurz greift und auf einem weitverbreiteten Mißverständnis der Globalisierung beruht. Globalisiertes Recht kann nicht aus der Perspektive nur eines Rechtssystems oder gar eines seiner vielen Subsysteme betrachtet werden. Globalisiertes Recht ist immer auch notwendigerweise „glokalisiertes" Recht: eine auf die gesamte Weltgesellschaft bezogene Rechtsmasse, mit verschiedenen Ausprägungen, verschieden intensiven und umfangreichen wechselseitigen Durchdringungen. Glokalisierung meint dabei vor allem, daß die Extreme in diesem Rechtskontinuum die Ausnahme darstellen. Auf der einen Seite ist das rein lokale Recht, das weder im Hinblick auf Entstehung, Wirkung usw. von Rechtsstrukturen beeinflußt wird, die den eigenen Geltungs-

---

[209] Snyder, European Law Journal 1999, S. 341 f.
[210] Vgl. die Ausführungen bei Aman, IJGLS 1999, S. 397 (406 f.).
[211] Albert in: Voigt, S. 116.
[212] Albert in: Voigt, S. 122.

und Wirkungsraum überschreiten; auf der anderen Seite steht das globale homogene Recht. Letzteres als einziges im Globalisierungsprozeß hervortretendes globalisiertes Recht zu bezeichnen, würde das angesprochene verkürzende Verständnis von Globalisierung zum Ausdruck bringen.[213]

Glokalisiertes Recht soll ein lebendiges Recht sein, das eine *einheitliche* Rechtsmasse einer Vielzahl regionaler und lokaler Ausgestaltungen darstellt.[214] Dies bedeutet außerdem eine Rückbewegung vom „territorial to personal law".[215]

Globalisiertes Recht meint dabei nicht die Vereinheitlichung der verschiedenen Rechtskulturen, sondern die Begründung einheitlicher Rechtsvorschriften trotz unterschiedlicher Rechtssysteme und auf diesen basierend.[216] Als Beispiel für den wirtschaftsrechtlichen Bereich wird ein global übergreifendes Rahmenwerk mit gemeinsamen Grundprinzipien im institutionellen Rahmen der WTO vorgeschlagen.[217] Für die Liberalisierung des Kapitalverkehrs werden ebenfalls verbindliche Regelungen gefordert.[218]

Vorliegend soll anhand der Zusammenarbeit und der Aufgaben der Regionen, die im Gemeinwohlinteresse erfüllt werden, überprüft werden, ob sich ein solches globales Recht bildet.

2. Global public interest

Die Einbindung der Menschen in globale oder transnationale Räume kann ein gemeinsames transnationales bzw. globales Problembewußtsein - ein Bewußtsein kosmopolitischer Zwangssolidarisierung erzeugen, das wiederum global verantwortliches Handeln nahelegt.[219] Die Hoheitsrechte der nationalstaatlichen Moderne werden entkernt und dem Zugriff globaler Verantwortung geöffnet.[220]

In der rechtlichen Einordnung wird unter Globalisierung der Prozeß der Denationalisierung von Märkten, Recht und Politik in der Hinsicht verstanden, daß Völker und Einzelpersonen zum Wohle der „common goods", also Gemein-

---

[213] Albert in: Voigt, S. 122 f.

[214] Albert in: Voigt, S. 123 spricht von regionalen und lokalen Dialekten; Voigt, Globalisierung des Rechts, S. 22.

[215] Albert in: Voigt, S. 125.

[216] Albert in: Voigt, S. 129, Beispiel hierfür ist die EU.

[217] Dolzer, NJW 2001, S. 2303.

[218] Dolzer, ebenda.

[219] Robejsek in: FS Röhrich, S. 79; U. Beck, Was ist Globalisierung?, S. 184; Delbrück, SZIER 2001, S. 1 (16 f.).

[220] So U. Beck, Aus Politik und Zeitgeschichte B 38-39/1998, S. 3 (11).

schaftsgüter, verbunden werden.[221] Im Unterschied hierzu bedeutet Internationalisierung, daß Staaten sich zusammenschließen, weiterhin ihre nationalen Interessen verfolgen, dies aber auf internationale Ebene gemeinsam tun, da sie alleine dazu nicht in der Lage wären.[222] Hier besteht also im Gegensatz zur Globalisierung weiterhin die Polarität von nationalem und internationalem Interesse in der Wahrung des Gemeinwohls.

Globalisierung bedeutet indes, daß dieses Interesse von den Staaten losgelöst ist, also ein global public interest besteht. Die Wahrung des Wohls der Allgemeinheit und der essentiellen Interessen ist nicht mehr (ausschließlich) Aufgabe der Staaten.

Ausgangspunkt für die Erosions- bzw. Denationalisierungstheorie war, daß die multinationalen Unternehmen durch ihre globale Präsenz die Staaten zu ihren Spielbällen machten und weder demokratischen Grundsätzen, noch dem Gemeinwohl verpflichtet seien.[223] Der Satz „Was gut ist für Daimler, ist gut für Daimler" spiegelt diese Befürchtungen wider.[224]

a) erga omnes und Staatengemeinschaftsinteressen

Im Rahmen der Staatengemeinschaft haben sich daher bestimmte Werte herausgebildet, die als Staatengemeinschaftsinteressen bezeichnet werden. Diese Werte wurden von den Mitgliedern der Staatengemeinschaft bestimmt.[225] Sie sind das Schutzgut der *erga omnes*-Verpflichtung. Der Begriff der *erga omnes*-Verpflichtung findet sich im obiter dictum des IGH im Barcelona Traction-Fall und wird dort als Verpflichtung, die gegenüber der Staatengemeinschaft in ihrer Gesamtheit besteht, bezeichnet.[226]

Die *erga omnes*-Verpflichtung wird nicht primär über ihren Inhalt oder ihre Entstehungsweise gekennzeichnet, sondern über ihre Erfüllungsstruktur definiert: Verpflichteter ist ein einzelner Staat, Berechtigter die Gesamtheit der anderen Staaten. Es gibt demnach elementare Interessen der internationalen Gemeinschaft, die nicht nur eine bilaterale Angelegenheit zwischen zwei Staaten darstellt, sondern alle Mitglieder der Gemeinschaft betrifft.[227] Wichtig ist, daß

---

221 Delbrück, Globalization of Law, IJGLS 1993, S. 9 (11) Delbrück, SZIER 2001, S. 1 (16 f.); Waters, S. 102 spricht von „planetary problems".
222 Delbrück, Globalization of Law, ebenda; Scholte in: Baylis/Smith, S. 14 f.
223 „Globalization is universalism minus a conscience", vgl. Dupuy, EJIL 9 (1998), S. 278 (282).
224 „Das Rad der Geschichte", Uwe Jean Heuser, DIE ZEIT, Nr. 21, 14. Mai 1998, S. 1.
225 Annacker, S. 31.
226 Barcelona Traction, Light and Power Company, Ltd. (Belgium v. Spain), I.C.J. Reports 1970, S. 32
227 Tomuschat, AVR 33 (1995), S. 1 (3); Simma/Paulus, EJIL 1998, S. 266 (267) zum Begriff der Völkerrechtsgemeinschaft; Hobe AVR 37 (1999), S. 251 (274 f.).

das Konzept *erga omnes* nicht auf die Norm, sondern auf die durch diese auferlegte Verpflichtung bezogen ist.[228] Inhaber des zu schützenden Rechtsgutes sind nicht einzelne Staaten, sondern die Gemeinschaft der Staaten als solche. Eine Verpflichtung *erga omnes* wird der Gemeinschaft geschuldet, sie dient dem Schutz von solchen Werten, an denen die Gemeinschaft ein spezifisches rechtliches Interesse hat.[229] Es handelt sich um Werte, die von den Mitgliedern der Staatengemeinschaft zu Gemeinschaftsinteressen bestimmt wurden und der Disposition der einzelnen Mitglieder der Staatengemeinschaft entzogen sind.[230] Die besondere Struktur besteht darin, daß es sich bei diesen koinzidierenden Interessen nicht um ein bloß egoistisches, auf die unmittelbaren Interessen des einzelnen Staates gerichtetes Interesse handelt, sondern das Interesse des einzelnen Staates vielmehr auch auf die Erfüllung der Verpflichtung durch alle anderen Staaten gerichtet ist.[231] Das Vorliegen eines Staatengemeinschaftsinteresses ist Voraussetzung für das Konzept der Verpflichtung *erga omnes*.[232]

Die Eingrenzung dieser Gemeinschaftsinteressen ist bisher in der Literatur sehr unterschiedlich beantwortet worden.

Hierbei werden philosophische Ansätze, die auf Rousseaus *volonté générale* oder den Hegelschen „Weltgeist“ zurückgehen, angeführt und einfachere Erklärungen, die das Gemeinschaftsinteresse als Summe der Interessen der Einzelstaaten umreißen.[233] Es findet sich auch ein Ansatz, der von einer Art Mehrheitsentscheidung ausgeht.[234] In diesem Zusammenhang findet sich auch der Begriff des *public interest*.[235]

Inhaltlich läßt sich sagen, daß Gemeinschaftsinteressen die Bewußtseinsbildung über gemeinsame Zielvorstellungen mit anderen Staaten voraussetzen. Ebenso erforderlich ist die Erkenntnis, daß diese Werte nur über Koordination und Kooperation eine Chance auf Realisierung haben. Festzuhalten ist, daß ein wesentliches Element von Gemeinschaftsinteressen oder „common interests“ kollektive Interessen („shared interests“[236]) sind.[237] Das Besondere ist, daß nur durch gemeinschaftliches, koordiniertes Handeln eine Realisierung dieser Interessen möglich ist. „Common interests“ sind demnach das Ergebnis eines kontinuierli-

---

[228] Annacker, S. 29.
[229] Annacker, S. 31.
[230] Ebenda.
[231] Hartmann, S. 116.
[232] Hartmann, S. 117.
[233] Hartmann, S. 117.
[234] Frowein in: FS Döhring (Hrsg.) S. 222.
[235] Riedel in: Delbrück (Hrsg.), New Trends, S. 93.
[236] Brunnée, ZaöRV 1989, S. 791 (807).
[237] Brunnée, ZaöRV 1989, S. 791 (792); Hartmann, S. 117; Steiger, NuR 1995, S. 437 (440).

chen Prozesses der Koordination der Wertvorstellungen von Staaten, die dann die Vorstufe zur Kristallisation in einer Norm des Völkerrechts darstellen.[238]

Vier Beispiele nennt der IGH in seinem obiter dictum des Barcelona Traction-Falls. Dies sind das Verbot der Aggression, des Genozids, die Verpflichtung zur Achtung der fundamentalen Menschenrechte sowie das Verbot der Sklaverei und der Rassendiskriminierung.[239] Die Aufstellung einer weitergehenden positiven Auflistung wird bis heute als nicht möglich angesehen.[240] Diese Verpflichtungen sind alle auf Normen des *jus cogens* zurückzuführen. *Jus cogens* wiederum sind solche Regeln, die von der internationalen Staatengemeinschaft in ihrer Gesamtheit angenommen und anerkannt werden.[241] Sie hängen mit internationalen politischen Zielen zusammen und spiegeln essentielle moralische Werte wider.[242] Damit sind die Verpflichtungen, die sich aus einer *jus cogens*-Norm ergeben, immer *erga omnes*-Pflichten. Zwar sind nicht alle Rechtsnormen, die *erga omnes*-Pflichten begründen, zwingendes Völkerrecht; aber alle *jus cogens*-Normen begründen *erga omnes*-Pflichten. Konkret bedeutet dies, daß alle Staaten, auch wenn sie nicht unmittelbar in eigenen Rechten verletzt sind, den Bruch *erga omnes* geltender Völkerrechtsnormen sanktionieren können, da eine mögliche Verletzung solcher Rechtssätze die Staatengemeinschaft als ganze betrifft.[243]

Die *erga omnes*-Eigenschaft von bestimmten Normen rührt von ihrer besonderen Natur her, die darin besteht, daß sie das der Ausdruck eines „öffentlichen Interesse" der internationalen Gemeinschaft an sich sind.[244] Die Existenz der Verpflichtungen *erga omnes* ist mittlerweile durchaus anerkannt.[245] Die Wirkung der *erga omnes*-Normen kann in einer bisher von Staaten getragenen Rechtsordnung nur damit erklärt werden, daß diese Normen das internationale öffentliche Interesse, also nicht das Interesse nur bestimmter Staaten, sondern der Menschen und Völker artikulieren.[246]

b) global public interest: Globales Gemeinwohl

Die Entstehung der Idee der *erga omnes*-Verpflichtungen resultiert aus einem Zeitalter, das durch die Kooperation von Staaten geprägt war. Diese Exklusivi-

---

[238] Zu diesen Zusammenhängen vg. Brunnée, ZaöRV 1989, S. 793.
[239] Barcelona Traction, Light and Power Company, Ltd. (Belgium v. Spain), I.C.J. Reports 1970, S. 32.
[240] Dies ist umstritten, so aber z. B. Ragazzi, S. xii, der jedoch einige Beispiele gibt.
[241] Tomuschat, AVR 33 (1995), S. 1; ausführlich Ragazzi, S. 189.
[242] Ragazzi, S. 133. Vgl. hierzu auch Delbrück in: FS Jaenicke, S. 18, 26.
[243] Kimminich/Hobe, Völkerrecht, S. 171; Kadelbach, Völkerrecht, S. 178.
[244] Delbrück in: FS Jaenicke, S. 35; Frowein in: FS Döhring, S. 226.
[245] Delbrück in: FS Jaenicke, S. 18.
[246] Delbrück in: Bartosch/Wagner, Weltinnenpolitik, S. 64.

tät wurde im Zeitalter der Globalisierung nunmehr durchbrochen, neue Akteure stellen sich neben die Staaten.[247] Überträgt man das Konzept der *erga omnes*-Verpflichtungen auf die globalisierte Welt, stellt sich die Frage, ob das Konzept der Staatengemeinschaftsinteressen staatenunabhängig oder staatenunabhängiger sein kann, es ein global public interest gibt.

Die These ist, ob die Einbindung der Menschen in einen Raum globaler Kommunikation ein gemeinsames transnationales (globales) Problembewußtsein - ein Bewußtsein kosmopolitischer Zwangssolidarisierung - erzeugt, das wiederum global verantwortliches Handeln nahelegt.[248] Internationalisierung dient in diesem Sinne noch den Interessen der Staaten. Globalisierung, insbesondere im Sinne von Denationalisierung, dient aufgrund der schwindenden Bedeutung der Staaten den gemeinschaftlichen Gütern der Menschen.[249] Hierzu ist auf den Begriff der Gemeinschaftsinteressen bzw. des Gemeinwohls genauer einzugehen.

Global public interest läßt sich am ehesten mit globalem Gemeinwohl übersetzen. Wörtlich bedeutet es globales öffentliches Interesse. Das Wohl des Gemeinwesens soll nach Kant das oberste Gesetz sein, die „ewige Norm für alle bürgerliche Verfassung überhaupt."[250] Die verwendeten Begriffe variieren, weisen aber immer in dieselbe Richtung. Ob „bien public" oder „public interest", „öffentliches Interesse", „Wohl der Allgemeinheit"[251] oder „Wohl des Deutschen Volkes"[252]: Immer geht es um die Idee des Gemeinwohls.[253]

Ein allgemeiner, unabhängig von den rechtlichen und tatsächlichen Gegebenheiten eines Gemeinwesens gültiger Begriff des Gemeinwohls muß auf inhaltliche Kriterien weitgehend verzichten.[254] Als Blankett erweist sich namentlich der Begriffsbestandteil des „Wohls"; dieser verweist auf das erstrebte Gute, eine Gesamtheit zu erfüllender Interessen.[255]

Das Gemeinwohl ist der Inbegriff kluger Zwecke, von dem sich a priori nicht sagen läßt, was darunter fällt. Die zugehörigen Zwecke zu finden, ist vielmehr eine immer wieder neu zu bewältigende und im Ergebnis offene Aufgabe.[256]

Das Gemeinwohl wird aus allen Interessen herausgefiltert, es stellt also - im Idealfall - ein Gleichgewicht von Interessen dar.[257] Der Begriff „Gemein" ver-

---

[247] Vgl. oben Kapitel 1 A. I. 1 b).
[248] So Robejsek in: FS Röhrich, S.79.
[249] Delbrück, Globalization of Law, IJGLS 1993, S. 9 (10 f.).
[250] Kant, Der Streit der Fakultäten, S. 91.
[251] Vgl. Art. 14 Abs. 2 S. 2 und Abs. 3 S. 1 GG.
[252] Vgl. Art. 56 S. 1 GG.
[253] Häberle, S. 22, 37 f.; Schütt-Wetschky, S. 12; vgl. auch Uerpmann, S. 23 ff.
[254] Stern, Staatsrecht, S. 348.
[255] Stern, ebenda.
[256] Höffe, Globalisierung, S. 42.

weist auf das Gemeinwesen und damit auf einen Zusammenschluß von Menschen als Träger von gemeinsamen Interessen.[258]

Zu unterscheiden von dem hier untersuchten Begriff des Gemeinwohls oder öffentlichen Interesses ist das nationale Interesse. Hierbei geht es um die Staatsräson, das staatliche Interesse nach der eigenen Selbstbehauptung zu streben.[259] Im Gegensatz dazu ist das Gemeinwohl das Interesse des Gemeinwesens, das gesellschaftliches Interesse.

Ebenso ist vorab klarzustellen, daß das öffentliche Interesse nicht die Summe der einzelnen Interessen ist.[260] Klassischer Ausdruck dieser Theorie ist die Lehre Rousseaus, nach der der *volonté générale* von der *volonté de tous* abzugrenzen ist.[261] Der allgemeine Wille ist also von dem Willen aller abzusetzen. Der allgemeine Wille hat das gemeinsame Interesse im Blick, der Wille aller schaut hingegen auf das Privatinteresse und ist nur die Summe privater Willen. Zieht man von dieser Summe die extremen Positionen ab, erhält man den allgemeinen Willen.[262]

Hinsichtlich der Bestimmung des Gemeinwohls ist auf demokratietheoretische Ansätze zurückzugreifen. Nach dem radikaldemokratischen Ansatz ist das öffentliche Interesse mit dem Interesse der Bevölkerungsmehrheit gleichzusetzen.[263] Die beste Methode, das öffentliche Interesse zu bestimmen, ist somit der Volksentscheid.[264] Auf das Grundgesetz bezogen ist die Mehrheitsentscheidung die praktische Möglichkeit, das öffentliche Interesse festzustellen.[265] Dabei kommt dem Parlament die entscheidende Rolle zu, da es direkt vom Volk durch Wahlen legitimiert ist. Je schwächer die personelle Rückbindung an das Parlament und damit an das Volk, desto wichtiger werden andere Legitimationsstränge, um ein insgesamt hinreichendes Legitimationsniveau zu erreichen.[266]

Der Staat ist an das Gemeinwohl gebunden.[267] Die Gesetzgebung unterliegt dieser Bindung ebenso wie Verwaltung und Rechtsprechung. Insofern hat der Rechtsanwender, der ein Gesetz auslegt, stets zu ermitteln, welchem öffentlichen Interesse dieses Gesetz dient. Namentlich ist die teleologische Auslegung

---

[257] Voigt, Aus Politik und Zeitgeschichte 1998, Bd. 29-30, S. 4; Höffe, Globalisierung, S. 43.

[258] Stern, Staatsrecht, S. 349.

[259] Wolf, Staatsräson, S. 36, 53 ff., spricht von dem Interesse des Staates an sich selbst; Wolf, Nationale Interessen, S. 248 f.

[260] Uerpmann, S. 35 m. zahlr. Nachw.

[261] Uerpmann, S. 35 Fn. 94.

[262] Uerpmann, S. 35 Fn. 95.

[263] Dürig, S. 45.

[264] Dürig, S. 47.

[265] Uerpmann, S. 176.

[266] Uerpmann, S. 179.

[267] Siehe zu dieser immanenten Bindung BVerfG, NJW 1998, S. 2515 (2519).

nichts anderes als die Frage nach den mit dem Gesetz verfolgten öffentlichen Interessen.[268]

Im Bundesstaat besitzen weder der Bund, noch das Land oder die Kommune eine umfassende Gemeinwohlkompetenz. Vielmehr ist jeder Verband darauf beschränkt, das öffentliche Interesse innerhalb der ihm zugewiesenen Kompetenzen zu verfolgen.[269]

Es stellt sich nunmehr die Frage, ob Demokratie untrennbar mit dem Grundsatz der Volkssouveränität im Sinne der Souveränität eines *Staats*volkes verknüpft ist.[270] Der Begriff „Volk" bzw. „demos" hat im Laufe der ideengeschichtlichen Entwicklung des Demokratiebegriffs sehr unterschiedliche politische Gemeinschaften bezeichnet. Seit dem 18. Jahrhundert ist der Begriff der Demokratie eng mit dem Grundsatz der Volkssouveränität verbunden. Im Gefolge der französischen Revolution wurde das Volk anstelle des Monarchen zum Träger der souveränen Herrschaftsgewalt des Staates. Die westlichen Demokratien entwikkelten sich zugleich mit der Herausbildung und Konsolidierung der Nationalstaaten.[271]

Die Begriffe „Volk" und „Nation" sind jedoch nicht synonym. Als empirischer Begriff bezeichnet das Volk eine Personengesamtheit, die auf einem bestimmten Gebiet, bei dem es sich in der Regel um ein politisch und rechtlich umrissenes Staatsgebiet handelt, ansässig ist.[272] Volk ist seit frühesten Zeiten als etwas ethisch Relevantes verstanden worden, das Schwergewicht liegt auf dem Sprachlich-Kulturellen, bei der Nation eher auf dem Staatlich-Politischen.[273]

Als normativer Begriff kennzeichnet „Volk" eine Gesamtheit von Personen, die auf Dauer angelegt ist und deren Angehörige durch bestimmte objektive und/oder subjektive Merkmale verbunden sind. „Nation" kennzeichnet dagegen eine politische Willensgemeinschaft oder einen politisch bewußt gewordenes Volk, das bzw. die sich entweder bereits in einem Staat zusammengeschlossen hat oder sich staatlich verfassen will.[274]

Das Staatsvolk, wie es z. B. in Deutschland grundgesetzlich konzipiert ist, ist nur eine Möglichkeit der Ausfüllung des Begriffes „Volk"; notwendig ist, daß

---

[268] Uerpmann, S. 21.
[269] Uerpmann, S. 203.
[270] So König im Hinblick auf die EU, S. 600 ff.
[271] König, S. 600.
[272] Evangelisches Staatslexikon, Stichwort Volk, Nr. 2827; König, S. 601 f.
[273] Evangelisches Staatslexikon, Stichwort Volk, Nr. 2827.
[274] Evangelisches Staatslexikon, Stichwort Nation, Nr. 1589, 1592;König, S. 602 m. w. Nachw.

ein personales Substrat existiert.[275] Dieses muß nicht in einem Staat organisiert sein.[276]

Solange also eine personale Einheit demokratisch legitimiert ist, hat sie die Möglichkeit öffentliche Interessen zu bestimmen und dies auch im Zusammenspiel mit weiteren demokratisch legitimierten Einheiten.

c) Gemeinschafts- oder Grundwerte

Neben dem so individuell zu bestimmenden Gemeinwohl sollen aber auch absolute, als allgemein anerkannte und von der jeweiligen Politik des Gemeinwesens unabhängige Gemeinschaftswerte existieren. Das Bundesverfassungsgericht ging davon in einer Entscheidung aus.[277] Es scheint, als hielte es die Existenz vorgegebener öffentlicher Interessen für möglich, wie diese begründet werden soll, läßt es allerdings offen.[278] Dies könnte daran liegen, daß es einfach davon ausging, daß bestimmte öffentliche Interessen für alle Beteiligten derart selbstverständliche sind, daß sie keiner Begründung bedürfen.[279]

Dies wären dann essentielle und grundlegende Werte.[280] Eine umfassende positive Umschreibung dieser Interessen existiert nicht, ebensowenig wie eine Negativdefinition. [281] Bezüglich des Umweltschutzes beispielsweise wird diskutiert, daß jener seit geraumer Zeit als Gemeinwohlbelang Konjunktur habe.[282] Ob er aber zu den essentiellen Gemeinwohlinteressen gehört, ist nicht eindeutig feststellbar. Das zeugt von den Schwierigkeiten bei der Festlegung einer Liste absoluter Grundwerte.

Nach einer (sozialwissenschaftlichen) Ansicht geht es bei dem Gemeinwohl nicht um einen empirischen Gegenstand, sondern um eine regulative Idee. Eine allseits befriedigende Definition des Begriffes sei aber bisher nicht gelungen.[283] Unter dem Gemeinwohl wird eine in ihrem Kern auf einem als allgemein gültig postulierten Wertkodex basierende, in ihren Einzelheiten den sich ständig wan-

---

[275] König, S. 605, 607.

[276] So König für das Beispiel der EU, S. 607; Zürn, Regieren, S. 347 ff. auch zum Identitätsaspekt, auf den hier nicht näher eingegangen wird.

[277] BVerfGE 13, 97 ff., das Bundesverfassungsgericht nennt hier die Volksgesundheit; Bell, S. 27.

[278] So auch BVerfGE 30, 292 (324).

[279] Uerpmann, S. 183.

[280] Lackhoff, S. 95; Adlerstein, Recht und Politik 1997, S. 95 (99).

[281] Lackhoff, S. 95 f. nennt Leben, Gesundheit und nationales Kulturgut, will aber wirtschaftliche Interessen ausschließen, wirtschaftliche Betätigung in einem bestimmten Rahmen ist aber durchaus legitim und erwünscht; Riedel in: Delbrück (Hrsg.), New Trends, S. 77 ff. stellt eine Liste im Zusammenhang mit dem Umweltrecht auf.

[282] Stern, Staatsrecht, S. 368.

[283] Schütt-Wetschky, S. 13 f. m. w. Nachw.

delnden ökonomisch-sozialen Zweckmäßigkeitserwägungen Rechnung tragende regulative Idee verstanden, die berufen und geeignet ist, bei der Gestaltung politisch nicht kontroverser Angelegenheiten als Modell und bei der ausgleichenden Regelung politisch kontroverser Angelegenheiten als bindende Richtschnur zu dienen.[284]

Ein theologischer Ansatz ist, daß Globalisierung ein globales Ethos erfordere.[285] Die Frage hierbei sei nicht, wer diese globalen Spielregeln zu setzen habe, denn diese seien bereits gesetzt. Hierunter fielen die Werte und Normen in den seit Jahrtausenden überlieferten großen religiösen und philosophischen Traditionen der Menschheit. Man brauche das Rad des Ethos heute nicht neu zu erfinden, sondern es nur richtig in Gebrauch zu nehmen. Dieser Ansatz werde durch internationale Dokumente konkretisiert. Hierunter fallen beispielsweise der Bericht der UN-Kommission für Weltordnungspolitik (Global Governance) von 1995, der in allen Bereichen ein Ethos der Nachbarschaft und globale Werte als Kernstück einer Weltordnungspolitik fordere.[286]

Diese Ansätze sind jedoch wenig hilfreich, denn eben auch über diese Grundwerte kann man sich streiten. Ob ein bestimmter Gesetzesentwurf oder ein angeblicher Gemeinschaftswert der Gemeinwohlidee entspricht, läßt sich nicht empirisch-objektiv feststellen. Die demokratische Praxis bedient sich hier der Mehrheitsregel: Als Gemeinwohl *gilt*, was von der Mehrheit beschlossen wird; denn auch die jeweilige Mehrheit kann nicht *die* Wahrheit erkennen, ein absolute Wahrheit gibt es nicht.[287]

Daß den Menschen bestimmte inhaltliche oder materielle Werte vorgegeben sind[288], aus denen in jedem Einzelfall sozusagen direkt - ohne Mehrheitsregel - deduziert werden kann, was gemeinwohlkonform ist, ist nicht nachweisbar.[289] Denn sobald Meinungsverschiedenheiten zwischen den Entscheidungsträgern oder Beteiligten entsteht, besteht keine Möglichkeit, zu einer Einigung zu gelangen und damit das Gemeinwohl zu bestimmen.

Daß der Gemeinwohlbegriff nicht empirisch überprüfbar ist, ändert nichts an seiner universellen Verständlichkeit.[290]

---

[284] Fraenkel, S. 42.
[285] Küng, S. 24.
[286] Küng, S. 25.
[287] Hierzu Radbruch, S. 97; vgl. auch Schütt-Wetschky, S. 15, 99 f; insgesamt wird von der Mehrheitsregel als Modell des Regierens jenseits des Nationalstaates ausgegangen, umfassende Darstellung bei Wolf, Staatsräson, S. 177 ff.
[288] So Wolf, Nationale Interessen, S. 253.
[289] Schütt-Wetschky, S. 15 m. w. Nachw.
[290] Hierzu ausführlich Schütt-Wetschky S. 16.

Im Staat hat der demokratische legitimierte Gesetzgeber die Kompetenz, selbst öffentliche Interessen zu definieren und ihren Rang zu bestimmen. Öffentliche Interessen erscheinen nicht als materiell-objektive Größe, die auch richterlicher Erkenntnis zugänglich wäre. Vielmehr handelt es sich um das Ergebnis einer Entscheidung, die von dem zuständigen Organ, in der parlamentarischen Demokratie also vorrangig vom Gesetzgeber, zu treffen ist.[291] Im Vordergrund steht nicht die Frage nach dem wahren öffentlichen Interesse, das objektiver Erkenntnis zugänglich wäre, sondern die Verteilung der Entscheidungskompetenzen auf bestimmte Organe, die zur Definition des öffentlichen Interesses berufen sind.[292]

Eine genaue Bestimmung der einzelnen Interessen ist im übrigen nicht wünschenswert. Weil der Gesetzgeber nicht alles voraussehen und detailliert regeln kann, muß er den Rechtsanwendern Spielräume eröffnen, sei es durch bewußt unbestimmte Rechtsbegriffe oder durch Ermessenstatbestände.[293] Dabei muß Wesentliches dem Parlament vorbehalten bleiben.[294]

Auch die Grundwerte sind über die Jahrhunderte betrachtet im Wandel begriffen, bestes Beispiel sind die Menschenrechte.[295] Wichtig ist daher, wer die Grundwerte eines möglichen Weltinnenrechts oder transnationalen Rechts bestimmt.

d) Demokratiedefizit und Konkretisierung

Das Konzept des Gemeinwohls ist stets staatenabhängig gewesen. Die Frage ist, wie das globale Gemeinwohl rechtlich konkretisiert werden kann oder wem es obliegen soll zu bestimmen, was unter diesen Begriff zu fassen ist.[296]

Zur Beantwortung dieser Frage ist es notwendig zu wissen, wer die künftigen Akteure in der Welt sein werden, weil die Wahrung des Gemeinwohls traditionell eine dem Staate obliegende Aufgabe war.[297]. Einerseits wird davon ausgegangen, daß der Nationalstaat seine Rolle als allmächtiger und allzuständiger Problemlöser tendenziell einbüßt.[298] Anderseits wird angenommen, der demokratisch legitimierte Rechtsstaat bleibe die entscheidende Instanz, die das Ge-

291 Uerpmann, S. 183.
292 Uerpmann, S. 185.
293 Uerpmann, S. 187.
294 Zur Wesentlichkeitstheorie in diesem Zusammenhang ausführlich Uerpmann, S. 181 ff.
295 noch vor einigen Jahrzehnten gehörte das Verbot der Sklaverei nicht zum Bereich der erga omnes-Normen und damit zu den essentiellen Interessen der Menschen.
296 Delbrück in: FS Jaenicke, S. 36.
297 Böckenförde, S. 108.
298 Messner (Hrsg.), S. 21.

meinwohl wahrzunehmen hat.[299] Wie oben festgestellt,[300] wird der Staat ein Teil eines Mehrebenensystems.

Die NGOs und MNEs gehören je nachdem zum Kreis der neuen Akteure. Die NGOs sehen sich selbst als Anwälte des öffentlichen Interesses.[301]

Wer wahrt im transnationalen oder globalen Bereich, der nicht demokratisch legitimiert ist und auf den weder Staat noch Staatengemeinschaft Einfluß haben, das Wohl der Allgemeinheit? NGOs, die sich beispielsweise der Wahrung der Menschenrechte verpflichten, sind für sich genommen nicht demokratisch legitimiert und unterliegen auch insofern keiner Kontrolle.

Die Möglichkeiten eines demokratischen Prozesses jenseits des Nationalstaates werden häufig in Frage gestellt, da demokratische Legitimation nur im Rahmen eines Gemeinwesens möglich sei, das es auf globaler Ebene jedoch nicht gebe.[302] Private Unternehmensentscheidungen, die zum Teil mindestens ebenso folgenreich für das gesellschaftliche und individuelle Wohlergehen sind wie die an das Gemeinwohl zurückgebundene staatliche Politik, haben sich in einen öffentlich allenfalls schwach regulierten Raum verlagert und damit auch die sich vor allem durch das öffentliche Handeln Geltung verschaffenden Wahlentscheidungen immer bedeutungsloser werden lassen.[303] Mobile und weltweit vernetzte private Unternehmen entziehen sich dem Steuerungsanspruch durch demokratisch legitimierte einzelstaatliche Regierungen.[304] Diese Unternehmen sind nicht demokratisch legitimiert, sondern hierarchisch organisiert. Es gibt keine gewählte Institution, denen sie Rechenschaft schuldig sind.[305]

Man spricht von einer Transnationalisierung des politisch relevanten Weltgeschehens, bei dem es zu einer Verschiebung nationaler öffentlicher Governance-Funktionen hin zu nationalen privaten Arenen gekommen ist.[306] Traditionelle Verfahren staatliche Legitimierung verlieren an Bedeutung.[307] Auch die Machtposition der MNEs ist demokratisch nicht legitimiert. Die nach wie vor demokratisch agierenden Staaten haben noch keinen Schlüssel für einen regulierenden Zugang für die neu entstandene ökonomische Geographie gefunden.[308] Die Entdemokratisierungsprozesse sind erheblich.

---

299 Messner (Hrsg.), S. 21.
300 Vgl. Kapitel 1 A. I. 6.
301 Delbrück, SZIER 2001, S. 1 (19) und IJGLS 1997, S. 277 (291 f.).
302 Raiser, S. 11.
303 Wolf, Staatsräson, S. 15
304 Wolf, Staatsräson, S. 16
305 Raiser, S. 32.
306 Wolf, Staatsräson, S. 16.
307 Wessels, S. 99.
308 Wolf, Staatsräson, S. 15.

Der naheliegende und klassische Ansatz zur Beseitigung dieses Problem ist die Ausweitung der Staatstätigkeit durch die Ausdehnung des öffentlichen Raumes über die territorialen Grenzen hinaus. Dieser Ansatz kann aber schon unter dem Gesichtspunkt widerlegt werden, daß das bisherige internationale Staatengefüge und die internationale Kooperation von Staaten dieser Problematik nicht Herr geworden sind. Festzustellen ist jedoch, daß die Unternehmen auf staatliche Funktion angewiesen sind.[309] Einerseits sind nationale Rechtssysteme ein entscheidendes Moment, das die Verbindlichkeit und Durchsetzung von Vertrags- und Besitzrechten garantiert.[310] Die Staaten sind aber auch darauf bedacht, aus Gründen der Gegenseitigkeit private Urteilsprüche (arbitration) umzusetzen, weil der Rückgriff auf die staatliche Gerichtsbarkeit zu langwierig ist. Die Angewiesenheit auf den Staat wird hierdurch deutlich geringer.[311] Die Bindung der privaten Schiedsgerichtsbarkeit an die staatliche Gerichtsbarkeit ist in letzter Zeit stark reduziert worden.[312] Anzumerken ist auch der neuere Trend, daß transnationale Unternehmen die Staaten nicht einfach übergehen, sondern durchaus auf Kooperation bedacht sind.[313] Diese Unternehmen in Netzwerk- oder Kooperationsstrukturen einzubinden, bedeutet, daß sie von sich aus zum Wohle der Allgemeinheit und zum Schaden ihrer kurzfristigen Interessen ihre Macht einschränken müßten.[314] Möglicher Ansatz ist eine Art Selbstverpflichtung, die auch schon erkennbar ist. [315] Der Satz „Was gut ist für Daimler, ist gut für Daimler" gilt also häufig nicht in diesem strengen Sinne.

Eine Frage von global governance ist, welche institutionellen Strukturen dazu beitragen könnten, die NGOs so in den Prozeß der internationalen Politik einzubinden, daß demokratietheoretische Aspekte, wie zum Beispiel die Rechenschaftspflicht, Berücksichtigung finden.[316] Problematisch ist, daß eine Vielzahl der NGOs Partikularinteressen vertritt, die häufig lokalen Charakter haben, ohne die globale Dimension des Problems zu thematisieren. Transnationale Netzwerke wie Greenpeace oder Amnesty International sind heutzutage noch die Ausnahme.[317]

Die demokratische Legitimierung der NGOs scheint unerläßlich, zumindest ab dem Zeitpunkt an dem sie entweder an der Setzung oder der Implementierung kollektiv bindender Entscheidungen beteiligt sind. NGOs und andere Interes-

---

309 Wolf, Staatsräson, S. 56.
310 So argumentiert Sassen, Berliner Journal für Soziologie 1998, 352.
311 Girsberger, Berichte der Deutschen Gesellschaft für Völkerrecht, Band 39, S. 237, 239.
312 Girsberger, Berichte der Deutschen Gesellschaft für Völkerrecht, Band 39, S. 251.
313 Sassen, ZEIT-Artikel 37/2000 „Konzerne brauchen Staaten".
314 Raiser, S. 32.
315 Hierzu Jayasuriya, IJGLS 1999, S. 425 (452).
316 Desai in: Messner, S. 331.
317 Raiser, S. 33.

sengruppen müssen eine offene Mitgliedschaft zulassen, eine freie Wahl der organisatorischen Leitung ermöglichen und eine transparente Politik gegenüber den Mitgliedern hinsichtlich von Einnahmen und Ausgaben betreiben sowie auf gewinnbringende Aktivitäten verzichten.[318]

Es bleibt noch festzustellen, daß es nicht leicht zu handhaben wäre, bei jedem nichtstaatlichen Akteur eine dem der Staaten entsprechende demokratische Legitimation zu verlangen. Vorgeschlagen wird hier eine Absenkung des Legitimationsbedarfs.[319]

3. Bewertung

Festgestellt wurde, daß das Recht nicht notwendig an den Staat gebunden ist. Die Wahrung des Gemeinwohls ist nicht staatenabhängig. Das Volk oder das Gemeinwesen, das Recht schafft, muß nicht notwendig in staatlicher Form organisiert sein. Ob Nichtregierungsorganisationen und Multinationale Unternehmen nun Völkerrechtssubjekte sind oder nicht: Es wird anhand ihrer Rolle in der Globalisierung deutlich, daß sich internationales Recht zumindest teilweise von einer rein zwischenstaatlichen in eine transnationale Rechtsordnung wandelt.[320]

Völker und Einzelpersonen können zum Wohle der „common goods" in nichtstaatlicher Form verbunden sein, beispielsweise einem Mehrebenensystem[321] oder einem System von „overlapping institutional authorities", solange eine ausreichende demokratische Legitimierung vorhanden ist. Globalisierung bewirkt rechtliche Denationalisierung und die Entstehung eines „global legal pluralism". Ob Selbstverpflichtungen wie die der MNEs ausreichend demokratisch legitimiert sind und als neues Modell taugen, ist fraglich. Ein System, das vornehmend auf ihnen aufbaut, dürfte nicht praktikabel sein. Ein System der indirekten demokratischen Legitimation, wie z. B. das der EU, ist daher vorzugswürdig.

---

[318] Zürn, Regieren, S. 360; Raiser, S. 12; Hobe, AVR 37 (1999), S. 251 (265), fordert darüber hinaus Mindeststandards für die Beteiligung der privaten Akteure auf internationaler Ebene.

[319] Wolf, Staatsräson, S. 188.

[320] Delbrück, SZIER 2001, S. 1 (26).

[321] Delbrück, SZIER 2001, S. 1 (34).

B. Globalisierung und Europäisierung

Da in Kapitel 2 die Auswirkung der Globalisierung auf die substaatlichen Einheiten und hier vornehmlich die Regionen der Europäischen Union, am besonderen Beispiel der grenzüberschreitenden Zusammenarbeit untersucht werden wird, ist vorab zu klären, wie die Europäische Union in das voran Festgestellte eingeordnet werden kann. Die Europäische Union ist wie oben schon dargelegt ein Mehrebenensystem, das sogar als Modell für global governance dienen könnte. Die eingangs gemachten theoretischen Überlegungen sollen nun konkret überprüft werden. Insbesondere soll in diesem Zusammenhang auf das Grünbuch der Europäischen Kommission zur „European governance"[322] und die Mitteilung zu den Leistungen der Daseinsvorsorge[323] eingegangen werden.

I. Die duale Rolle der Europäschen Union: Beispiel für regionale Globalisierung und Betroffene der wirtschaftlichen Globalisierung

Die Europäisierung wird als spezifischer Vorgang der Transnationalisierung angesehen und als Beispiel für regionale Globalisierung.[324]

1. Zur historischen Entwicklung der europäischen Integration

Die Europäische Union wurde auf der Grundlage des Vertrags von Maastricht am 1.11.1993 gebildet. Ihre Gründungsmitglieder waren die folgenden zwölf EG-Staaten: Belgien, Dänemark, Deutschland, Frankreich, Griechenland, Großbritannien, Irland, Italien, Luxemburg, Niederlande, Portugal und Spanien. Die EU als überstaatliche Organisation schafft den institutionellen Rahmen für eine gemeinsame Außen- und Sicherheitspolitik (GASP), für das Zusammenwirken in der Justiz- und Innenpolitik (ZBJI) sowie für die Europäischen Gemeinschaften (EG). Letztere umfassen seit 1967 die Europäische Wirtschaftsgemeinschaft, die Europäische Gemeinschaft für Kohle und Stahl sowie die Europäische Atomgemeinschaft. Historisch gründeten die Bundesrepublik Deutschland, Frankreich, Italien und die Benelux-Staaten zunächst 1951 die Europäische Gemeinschaft für Kohle und Stahl (EGKS) und schufen damit den institutionellen Ursprung der EU. Auf der Grundlage der Römischen Verträge, die die sechs Länder 1957 unterzeichneten, wurden ein Jahr später die Europäische Atomgemeinschaft (Euratom) und die Europäische Wirtschaftsgemeinschaft (EWG) gegründet. Zweck der EWG war die Förderung einer harmonischen Entwicklung zwischen den Mitgliedstaaten. Dazu wurde ein sog. Gemeinsamer Markt

---

[322] Weißbuch „Europäisches Regieren", KOM (2001) 428 endg.

[323] KOM (2000) 580 endg.

[324] Vgl. hierzu Böckenförde, S. 104; Delbrück, Globalization of Law, IJGLS 1993, S. 9 (18); Voigt, Globalisierung des Rechts, S. 24 f.

errichtet und die Wirtschaftspolitik allmählich angeglichen. Auch wurden im Sinne einer Freihandelszone die mengenmäßigen Beschränkungen der Ein- und Ausfuhr aufgehoben, so daß ein freier Warenverkehr für sämtliche Erzeugnisse der beteiligten Staaten möglich wurde. Nicht zuletzt wurde für landwirtschaftliche Produkte ebenso ein gemeinsamer Agrarmarkt etabliert.

Nach der Zusammenfassung der drei tragenden europäischen Organisationen 1967 zur Europäischen Gemeinschaft (EG) schufen die Mitgliedsländer eine Zollunion, die sich durch einen gemeinsamen Außenzolltarif gegenüber anderen Staaten auszeichnete. Die Außenpolitik wurde 1970 durch die Europäische Politische Zusammenarbeit (EPZ) koordiniert. Großbritannien, Irland und Dänemark traten 1973 der EG bei. Als EG-Mitglieder folgten 1981 Griechenland sowie 1986 Portugal und Spanien.[325]

Die Einheitliche Europäische Akte, die 1987 in Kraft trat, schrieb die Errichtung eines Europäischen Binnenmarktes (seit 1.1.1993) fest. EG und EFTA-Staaten vereinbarten 1992 die Schaffung eines Europäischen Wirtschaftsraumes (EWR). Finnland, Österreich sowie Schweden wurden 1995 EU-Mitglieder und erweiterten somit die Anzahl der EU-Länder auf 15.[326]

Weitere Änderungen[327] erfolgten durch die Verträge von Amsterdam[328] vom 2.10.1997 und Nizza vom 11.12.2000. Letzterer ist noch nicht in Kraft getreten, seine Regelungen sollen die Erweiterung der EU ermöglichen. Der Amsterdamer Vertrag entwickelte den Maastricht Vertrag u. a. fort, indem er Teile der ZBJI in den EG-Vertrag überführte und sie in Polizeiliche und Justitielle Zusammenarbeit in Strafsachen (PJZS) umbenannte.[329]

2. Aufbau und Einordnung der EU

a) Meinungsstand

Die EU wird als Staatenverbund oder Organisation *„sui generis“*[330] gekennzeichnet. Ein weiterer Charakterisierungsversuch ist für die EG unternommen worden, der die diesen Teil der EU als funktionalen Zweckverband beschreibt.[331] Dieser Ansatz hat sich jedoch nicht durchgesetzt,[332] ist aber interessant mit Hinblick auf die zu untersuchende grenzüberschreitende Zusammenar-

---

[325] Vgl. zur Integrationsgeschichte Streinz, S. 8 ff.
[326] Streinz, ebenda.
[327] Auf diese soll im einzelnen nicht eingegangen werden, ausführlich aber Streinz, S. 16 ff.
[328] Inkrafttreten am 1.5.1999.
[329] Vgl. Streinz, S. 2.
[330] Benz in: Schmidt-Aßmann/Hoffmann-Riem, S. 45; König, S. 248.
[331] Ipsen, Europäisches Gemeinschaftsrecht, S. 197 f.
[332] Vgl. Kuschnik, S. 109.

beit, bei der der Zweckverband als rechtliche Organisationsform immer häufiger gewählt wird.[333]

Unter Supranationalität wird die Übertragung eines Teils nationaler Souveränitätsrechte auf eine überstaatliche Organisation verstanden, d. h. die Organisation kann unabhängig von den Nationalstaaten eigene Entscheidungen treffen, die ihre Mitglieder rechtlich binden.[334] Die supranationale Institution wird damit zu einem neuen Akteur im internationalen System, der einem Gemeinschaftsinteresse verpflichtet ist.[335]

Die Einordnung der EU in dieses System als neuer Akteur ist jedoch nicht unumstritten. Dies zeigt sich beispielsweise an der Meinung amerikanischer Politikwissenschaftler neorealistischer Ausrichtung, die in der Europäischen Gemeinschaft „an experiment in pooling sovereignty, not in transferring it from states to supranational institutions“ sehen.[336] Für sie steht nicht die Konstituierung der europäischen, übergeordneten Gemeinschaften im Vordergrund, sondern der Weg der politischen Entscheidungsfindung: Die Mitglieder verzichten auf ihr bedingungsloses Veto und suchen Verständigung durch Kompromisse-Schmieden. Nationale Interessen seien in diesem Prozeß nach wie vor dominierend. Die Intensität des supranationalen Verhandelns erweise sich gegenüber anderen Formen der internationalen Zusammenarbeit als deutlich überlegen.[337]

Es wird auch die Ansicht vertreten, daß die EU zunächst nur eine Kompetenzakkumulation sein wird, der dann der Aufbau einer supranationalen europäischen Solidaritätskonstruktion, eine Idee der Zusammengehörigkeit und Identität folgen wird. Auf der Grundlage dieser Voraussetzung könnte - konkretisiert durch europäische Staatsbürgerrechte - ein europäisches Institutionensystem ausgebildet werden, das europäische Mehrheitsentscheidungen trägt und legitimiert. Das Fernziel der EU wäre dieser Ansicht nach das eines europäischen Nationalstaates.[338] Diese Entwicklung kann man einerseits als Teil eines Prozesses der Entgrenzung und Denationalisierung sehen, andererseits als die Entstehung eines politischen Raums, der wohlmöglich ein Superstaat wird.[339]

Derzeit befindet sich die EU, der Rechtsprechung des Bundesverfassungsgerichts zufolge, aber zwischen Staatenverbund und Gemeinschaftssystem. Sie schafft institutionelle Verknüpfungen zwischen den Mitgliedstaaten, die weiter-

---

[333] Vgl. unten Kapitel 2 B. I. 1.
[334] Vgl. auch oben Kapitel 1 A. I. 2. a); Thiemeyer, Journal of European Integration History 1998, S. 5; Close/Ohki-Close, S. 37.
[335] Vgl. hierzu unten Kapitel 1 B. 3. b); Röndigs, S. 25.
[336] Keohane/Hoffmann in: Wallace, S. 277; so Röndigs, S. 25.
[337] Röndigs, S. 25.
[338] Sinewe, S. 30.
[339] Jachtenfuchs in: Kohler-Koch, S. 237.

hin eigenständig als Staaten fortbestehen, und sie bildet gleichzeitig einen übergreifenden Raum von regionaler Reichweite.[340]

Ein neuer Vorschlag sieht nach der Festlegung von fünf grundlegenden „Europa-Bestimmungen" die Schaffung eines Zusammenschlusses von Staaten und Völkern zu einer eigenständigen und neuartigen Verfassungs-Union vor, die nicht Föderation oder Konföderation ist. Diese Union wäre weder national noch bloß international, sie würde sowohl das allgemeine Interesse aller Völker Europas als auch das Interesse des europäischen Volkes wahren zum Ausdruck bringen.[341]

b) Bewertung

Der europäische Integrationsprozeß hat in den letzten Jahrzehnten zu einer immer stärkeren Verlagerung nationaler Entscheidungskompetenzen auf die EU-Ebene und zu einer supranationalen Institutionalisierung geführt. Die EU als Staatenverbund[342] ist verfassungsrechtlich als Mehrebenensystem konstruiert. Hierbei handelt es sich um die europäische, nationale, regionale und lokale Ebenen.

Zugleich ist die EU wie schon dargestellt in drei Säulen gegliedert. Die GASP[343] und insbesondere die PJZS[344] beschränken sich dabei auf intergouvernementale Zusammenarbeit mit schwachen supranationalen Ansätzen.[345]

Die erste Säule, die Europäischen Gemeinschaften, ist die eigentliche supranationale Einrichtung. Die Mitgliedstaaten vertreten im Rat, dem zentralen Entscheidungsorgan, ihre nationalen Interessen, allerdings nur solange sie ihrer Verpflichtung aus Art. 10 EG nachkommen, das Gemeinschaftsinteresse zu wahren und zu fördern.[346] Die jeweils vertretenen Positionen mögen daher nicht immer national im Sinne einer ausgewogenen Repräsentation der unterschiedlichen Interessen sein. Dies ändert nichts an der Tatsache, daß die Interessen der einzelnen Mitgliedstaaten gebündelt werden und Regierungen stellvertretend einen Ausgleich der Interessen untereinander verhandeln.[347] Sie sind die zentralen Vermittlungsinstanzen zwischen der nationalen und der supranationalen Ebene. Die Kompetenzerweiterung des Europäischen Parlaments durch die Ver-

---

340 Kohler-Koch/Edler in: Kohler-Koch, S. 170.

341 Philip Allot „Integration von Verfassungen, nicht von Staaten" Frankfurter Allgemeine Zeitung 9. Mai 2001, S. 13.

342 BVerfGE 89, S. 156.

343 Art. 11-28 EUV.

344 Art. 29-42 EUV.

345 Im Rahmen der GASP gibt der europäische Rat allgemeine Leitlinien und gemeinsame Strategien vor (Art. 13 Abs. 1, 2 EUV); vgl. hierzu insgesamt Kuschnik, S. 121 ff.

346 Hierzu Streinz, S. 11.

347 Kohler-Koch/Edler in: Kohler-Koch, S. 175.

tragsrevisionen von Maastricht sowie die Ausweitung des Mehrheitsprinzips für Abstimmungen im Rat verstärken das supranationale Element. Das Europäische Parlament ist ein Gemeinschaftsorgan, das nationenübergreifende Interessen nach weltanschaulichen Ausrichtungen zu bündeln versucht.[348] Seine Aufwertung ist damit eine Form des Ausbaus eines europäischen Raumes. Gleiches gilt für die Einschränkung des nationalen Vetos im Rat. Wenn die eigene Regierung kein Garant mehr für die Vertretung nationaler Interessen ist, so ist für gesellschaftliche Akteure die unmittelbare Präsenz auf der europäischen Bühne unerläßlich. Mit der Vertragsrevision von Amsterdam wurde diese institutionelle Umformung, wenn auch nur in kleinen Schritten, vorangetrieben.[349]

Von einem Staat unterscheiden sich die Europäischen Gemeinschaften grundlegend dadurch, daß sie keine Kompetenz-Kompetenz, d. h. die Kompetenz, neue Kompetenzen zu begründen, haben. Wenngleich Art. 308 EG dieser faktisch nahekommt und auch Art. 94 und 95 EG breite Kompetenzräume eröffnen, ist die Kompetenz-Kompetenz bei den Mitgliedstaaten verblieben.[350] Das Prinzip der begrenzten Einzelermächtigung wurde durch den Unionsvertrag in Art. 5 EUV und Art. 5 Abs. 1 EG erstmals ausdrücklich verankert.[351]

Die Europäische Union bzw. Gemeinschaft stellt auch nicht schlicht eine weitere Internationale Organisation dar, sondern eine neue eigenständige Rechtsordnung. Die Gemeinschaftsverträge sind darauf angelegt, daß das Gemeinschaftsrecht unmittelbar für den Markt- bzw. Unionsbürger gilt und deshalb ohne einen besonderen Transformationsakt auch unmittelbar in den Mitgliedstaaten anwendbar ist.[352] Die Gründungsverträge verleihen den Gemeinschaftsorganen Zuständigkeiten zur Schaffung von Rechtsakten, die nicht nur in den Mitgliedstaaten unmittelbare Geltung besitzen, sondern auch gleichlautendes bzw. widersprechendes nationales Recht verdrängen können. Dies ist nach vorherrschender Meinung[353] aus der unmittelbaren Anwendung wie auch aus dem Geltungsgrund europäischen Rechts - dem Abschluß der Gemeinschaftsverträge - zu schließen.[354] Die Mitgliedstaaten haben hier also nicht nur einen weiteren

---

[348] Kohler-Koch/Edler in: Kohler-Koch, S. 175; aber auch nationale Interessen können eine sogar fraktionenübergreifende Rolle spielen, Streinz, S. 116.

[349] Kohler-Koch/Edler in: Kohler-Koch, S. 175 Fn. 16.

[350] So statt vieler Streinz, S. 49.

[351] Hobe, Verfassungsstaat, S. 344 f., Kuschnik, S. 140 f.

[352] So schon der EuGH in seinem Urteil *Van Gend & Loos*, Rs. 26/62, Slg. 1963, 1: „... Daß die Gemeinschaft eine neue Rechtsordnung des Völkerrechts darstellt zu deren Gunsten die Staaten, wenn auch begrenztem Rahmen, ihre Souveränitätsrechte eingeschränkt haben, eine Rechtsordnung, deren Rechtssubjekte nicht nur die Mitgliedstaaten, sonder auch die Einzelnen sind. ...".

[353] Siehe hierzu Hobe, Verfassungsstaat, S. 348, Fn. 754 und 755.

[354] EuGH Rs. 6/64, Slg. 1964, 1251, *Costa ./. ENEL*; siehe auch Rs. 11/70, Slg. 1970, 1125 ff., *Internationale Handelsgesellschaft* und Rs. 106/77, Slg. 1978, 629 ff., *Simmenthal*.

völkerrechtlichen Vertrag geschlossen, sondern sich eine Art von Verfassung, mittels welcher die Gemeinschaft mit ihren spezifischen Hoheitsbefugnissen errichtet wurde, die bis heute ihresgleichen sucht. Auch wird heute weitgehend von der Umunkehrbarkeit dieser Entwicklung ausgegangen, wie auch bei der Globalisierung[355], kaum noch ernsthaft wird die Möglichkeit der Auflösung der Gemeinschaft insgesamt oder eine einzelne Kündigung diskutiert.[356] Nach Art. 312 EG[357] gilt der Vertrag „auf unbestimmte Zeit“. Darin findet das Wesen des Prozeßhaften der Integration als das Charakteristikum der Gemeinschaft bzw. Union dergestalt Ausdruck, daß nämlich mit zunehmender Integrationsdichte auch eine zunehmende vertragliche Verklammerung und damit praktisch eine Unauflöslichkeit der Gemeinschaft Platz greifen soll. Darüber hinaus ist zumindest fraglich, ob die Mitgliedstaaten aufgrund der von ihnen vertraglich übernommenen Verpflichtung und ihrer Einbindung in den institutionellen Rahmen der EG bzw. der EU noch die Herren der Verträge[358] jedenfalls im Hinblick auf das Sekundärrecht sind. Das den Staaten noch zustehende Austrittsrecht wäre allenfalls in Fällen schwerwiegender Kompetenzüberschreitungen der Gemeinschaft bzw. Union oder anderer Mitgliedstaaten unter dem Gesichtspunkt der *clausula rebus sic stantibus* zu fassen. Entscheidend ist also, daß der Austritt aus der Gemeinschaft bzw. Union nicht mehr als Ausdruck souveräner Entscheidung jedem Mitgliedstaat nach Belieben zu Gebote steht, sondern, entsprechend dem Charakter der Integration als auf Dauer und auf Vertiefung der zwischenstaatliche Beziehungen angelegt, dies allenfalls für den pathologischen Fall einer Reaktion auf gravierend vertragswidriges Handeln anderer Mitgliedstaaten ermöglicht ist.[359] Dies erlaubt den Schluß, daß sich die Staatsgewalt auf Dauer den durch die europäische Integration auferlegten Bindungen ausgesetzt hat.[360]

Aufgrund dieser Feststellung kann man davon ausgehen, daß diese Entwicklung auf die Auflösung der Kategorien Bundesstaat, Staatenbund, Staatenverbund und des Dogmas von der nationalen Souveränität angelegt sind.[361]

Diese vielfältigen Aspekte der europäischen Entwicklung, die Besonderheit des hohen Integrationsgrades machen ihre Supranationalität aus.[362] Diese Entwicklung wirft im Hinblick die Entscheidung des Bundesverfassungsgerichts und

[355] Dies ist umstritten; vgl. Kapitel 1 A. I. 1.; Donges, S. 3.
[356] Hobe, Verfassungsstaat, S. 355; Streinz, S. 39.
[357] Ex-Artikel 240 EG.
[358] BVerfGE 89, 155, 190, 198 f.
[359] Hobe, Verfassungsstaat, S. 355.
[360] Hobe, Verfassungsstaat, S. 355.
[361] Kuschnik, S. 119.
[362] Vgl. Streinz, S. 48 f.

auf die Dreielementlehre Jellineks[363] zwei Fragen auf. Schon angesprochen wurde die der Staatsqualität der Europäischen Union, die mit dem Urteil des Bundesverfassungsgerichts nicht endgültig beantwortet sein dürfte, da die europäische Integration immer weiter fortschreitet. Zur Zeit kann man die Staatsqualität der Europäischen Union klar verneinen.[364] Die EU ist aber auch nicht nur eine rein intergouvernementale Zusammenarbeit von Staaten. Wenig hilfreich ist ihre Charakterisierung als Rechtsform *„sui generis"*, denn so entzieht man sich der Aufgabe, eine dogmatische Einordnung vorzunehmen.[365] Es stellt sich anschließend die Frage, ob der Maßstab der Dreielementenlehre zur Bestimmung der Staatsqualität noch passend ist. Die Veränderung der Staatenwelt durch die Globalisierung scheint eine neue Gewichtung, eine neue Definition erforderlich zu machen.[366] In diese Richtung geht der Vorschlag der Verfassungs-Union, der als Neuformulierung und neuer Denkansatz sehr begrüßenswert ist.

3. Fragmentierung und Europäisierung des nationalen Rechts

a) Recht als Integrationsinstrument

Im Zuge der Ausbildung der europäischen Ordnung und Rechtsordnung werden die mitgliedstaatlichen Rechtsordnungen zunehmend zu fragmentarischen Ordnungen, die selbst im verbleibenden Teil oft nur Recht transportieren.[367]

Zumeist in den Bereichen des öffentlichen und des Privatrechts finden sich Untersuchungen zur Fortentwicklung des nationalen Rechts unter den Vorgaben supranationalen Rechts und zur Entstehung von denationalisertem Recht.[368]

Europäisches Recht ist supranationales und teilweise auch transnationales Recht. Transnationales Recht ist wie schon dargestellt dasjenige Recht, das Handlungen oder Ereignisse regelt, die nationale Grenzen überschreiten[369] und das nicht mehr nur auf Staaten rückführbar ist.

Bisher gibt es nur im Privatrecht seit längerer Zeit rechtsvergleichende Forschung wie sich das nationale Recht unter den Vorgaben des internationalen und supranationalen Rechts wandelt. Im öffentlichen Recht ist im Bereich der Verwaltungsrechtswissenschaft[370] und erst seit den neunziger Jahren die über-

---

363 Vgl. oben Kapitel 1 A. I. 2. a).
364 Statt vieler Tomuschat in: Nettesheim/Schiera, S.159.
365 So auch Tomuschat in: Nettesheim/Schiera, S.158 f.
366 So auch Böhmer, S. 194.
367 Von Bogdandy in: Loth/Wessels, Theorien europäischer Integration, S. 120 f.
368 Von Bogdandy in: Loth/Wessels, Theorien europäischer Integration, S. 121.
369 Jessup zit. nach Steiner/Vagts, S. XV.
370 Vgl. Kadelbach, Allgemeines Verwaltungsrecht, S. 2 ff

staatliche Dimension des Rechts Gegenstand intensiverer wissenschaftlicher Untersuchungen.[371]

Einerseits wird eine Überfremdung des deutschen Verwaltungsrechts befürchtet, andere begrüßen hingegen die europarechtlichen Vorgaben und Anregungen zwecks Modernisierung des nationalstaatlichen Verwaltungsrechts.[372] Es besteht die Möglichkeit, daß das in den Mitgliedstaaten unterschiedliche, nationale Verwaltungsrecht, das immer mehr europäisch eingefärbt ist, mit dem rein europäischen Verwaltungsrecht, das in vollem Umfang für die Gemeinschaftsorgane und zu einem großen Teil auch für den indirekten Vollzug gilt, eines Tages zu einem einheitlichen europäischen Verwaltungsrecht verschmilzt.[373] Derzeit stehen diese beiden Teilbereiche des Verwaltungsrechts nebeneinander, wobei es neben dem einheitlichen europäischen Verwaltungsrecht viele unterschiedliche nationale Ausgestaltungen gibt. Das Verwaltungsrecht ist somit ein Beispiel für glokalisiertes Recht.

Mit dem Unionsrecht werden nicht-staatliche Normen zum Normalgegenstand der Arbeit des Rechtsstaates. Die früher vertretene These, das Gemeinschaftsrecht komme als transformiertes nationales Recht zur Anwendung, ist wohl aufgegeben.[374] Im Zuge der europäischen Integration bilden sich nicht nur ein Markt ohne Staat und ein Regierungssystem ohne Staat, sondern auch ein Recht ohne Staat heraus, das sogar die Aufgabe hat, die exklusive staatliche Verfaßtheit des Kontinents zu überwinden.[375]

Eine sich anschließende Frage ist, warum das Unionsrecht befolgt wird, denn die Europäische Union ist ein Herrschaftsverband ohne Zwangsgewalt, das entsprechende Monopol liegt weiterhin bei den einzelnen Mitgliedstaaten.[376] Bemerkenswert ist der mitgliedstaatliche Rechtsgehorsam, der sich signifikant vom Völkerrecht unterscheidet und von den vertretenen Theorien[377] in der Europarechtswissenschaft nicht einheitlich und endgültig beantwortet wird.

Nicht nur diese Besonderheit sticht hervor. Das Recht der Europäischen Union sollte in zentralen Hinsichten nicht Machtverhältnisse, soziale Beziehungen und normative Erwartungen stabilisieren, sondern mit Blick auf die gemeinsame europäische Zukunft verändern. Bedenkt man die bisherige Zentralität des souve-

---

[371] Vgl. hierzu auch die Übersicht bei von Bogdandy in: Loth/Wessels, Theorien europäischer Integration, S. 121 f.; zur geringen Beachtung auch Tietje, S. 105 ff.

[372] Von Bogdandy in: Loth/Wessels, Theorien europäischer Integration, S. 121 f.

[373] Kadelbach, Allgemeines Verwaltungsrecht, S. 484.

[374] So von Bogdandy in: Loth/Wessels, Theorien europäischer Integration, S. 123; Streinz, S. 46 f.

[375] Von Bogdandy in: Loth/Wessels, Theorien europäischer Integration, S. 123.

[376] Von Bogdandy in: Loth/Wessels, Theorien europäischer Integration, S. 124.

[377] Eine Übersicht bezüglich des Rechtsgehorsams der Mitgliedstaaten der EU bei von Bogdandy in: Loth/Wessels, Theorien europäischer Integration, S. 124.

ränen Nationalstaats in fast allen gesellschaftlichen Verhältnissen, so zeigt sich das europäische Recht als primäres Instrument eines letztlich revolutionären Plans.[378] Die Integrationsfunktion des supranationalen Rechts geht somit weit über das hinaus, was in staatlichen Gemeinwesen unter der Integrationsfunktion des Rechts verstanden wird.[379]

b) Gemeinwohl und Gemeinschaftsinteressen

Europäisches Recht ist das Ergebnis europäischer Willensbildungsprozesse, die auch anderen als den nationalen Werten, Interessen und Präferenzen genügen müssen. Bezogen auf die oben angesprochene Thematik des global public interest stellt sich hier die Frage, ob es ein European public interest gibt und ob das europäische Recht auch diesem Gemeinwohlerfordernis entspricht.

Zunächst unterliegen, wie schon angeführt, die Vertreter der Mitgliedstaaten im Rat der Verpflichtung aus Art. 10 EG, das Gemeinschaftsinteresse zu wahren und zu fördern.[380]

Bei der Betrachtung der europäischen Rechtsprechung sind bisher vor allem die Individual- und Gemeinschaftsinteressen zutage getreten. Von öffentlichen oder allgemeinen Interessen war nur am Rande die Rede. Die Rechtsprechung zu den Grundfreiheiten führt hier weiter.[381]

In der Cassis-Formel[382] spricht der EuGH nicht ausdrücklich von öffentlichen Interessen. Doch geht es letztlich darum, daß ein Mitgliedstaat zur Wahrung klassischer öffentlicher Interessen, wie Gesundheitswesen, Verbraucher- und Umweltschutz, Regelungen erlassen darf, wenn sie den freien Warenverkehr behindern. Der EuGH spricht von Zielen, die im allgemeinen Interesse liegen.[383] In nachfolgenden Urteilen, die auf der Cassis-Entscheidung beruhen, wird von Erwägungen des Gemeinwohls gesprochen, jedoch auf einen Mitgliedstaat bezogen.[384] Der EuGH geht somit davon aus, daß die Mitgliedstaaten die Hüter des Gemeinwohls sind.[385] Allerdings zeigen andere Entscheidungen deutlich,

---

[378] Von Bogdandy in: Loth/Wessels, Theorien europäischer Integration, S. 127.
[379] Von Bogdandy, ebenda.
[380] Hierzu Streinz, S. 11.
[381] Uerpmann, S. 250.
[382] Der EuGH spricht von zwingenden Erfordernissen und nennt als Beispiele die öffentliche Gesundheit, eine wirksame steuerliche Kontrolle sowie die Lauterkeit des Handelsverkehrs und des Verbraucherschutzes, EuGH, Rs. 120/78, Slg. 1979, 649 (662 Nr. 8), *Cassis de Dijon*; vgl. auch Darstellung bei Lackhoff, S. 94 f.
[383] EuGH, Rs. 120/78, Slg. 1979, 649 (664), *Cassis de Dijon*.
[384] EuGH, Slg. 1980, 3839 (3853), *Fietje*; Slg. 1981, 527 (535), *Keldermann*; weitere Rechtsprechung bei Uerpmann, S. 252.
[385] Uerpmann, S. 253.

daß auch die Gemeinschaft allgemeine Interessen wahrnimmt.[386] So kann beispielsweise ein Grundrechtseingriff nur durch dem Gemeinwohl dienende Ziele der Gemeinschaft gerechtfertigt werden.[387] In dieser neueren Rechtsprechung wird das allgemeine Interesse bzw. Wohl nicht mit einem Verhalten der Mitgliedstaaten verbunden, sondern mit Maßnahmen der Gemeinschaft. Auch die Europäische Gemeinschaft handelt demnach zum Wohl der Allgemeinheit.[388] Allerdings hat die Europäische Gemeinschaft nicht die Aufgabe, das Gemeinwohl schlechthin zu verwirklichen. Ihr Handeln ist auf die Verwirklichung der Gemeinschaftsziele beschränkt. Insofern ist es folgerichtig, wenn der EuGH die Interessen, die die Gemeinschaft verfolgt, nicht undifferenziert als öffentliche Interessen qualifiziert, sondern als Interessen der Gemeinschaft. Andererseits lassen sich auch die Interessen der Gemeinschaft als öffentliche Interessen bezeichnen.[389]

Die Aufgaben, die der Gemeinschaft zugewiesen sind, sind im Ursprung staatliche Aufgaben. Sie sind von Staaten im Interesse der besseren Aufgabenerfüllung auf die Europäische Gemeinschaft bzw. Union als größere Einheit übertragen worden. Das ändert nichts daran, daß die Aufgabenerfüllung im öffentlichen Interesse liegt. Neben die öffentlichen Interessen, die jeder Mitgliedstaat wahrnimmt, treten nun die Gemeinschaftsinteressen.[390] Die Europäische Union bewirkt demnach die Herausbildung gemeinsamer Prinzipien, die zur „Osmose" des Rechts der Mitgliedstaaten führt.[391] Soweit Regulierungen nur noch auf europäischer Ebene möglich sind, stoßen sie auf hohe Konsenserfordernisse. Trotzdem kommen Vereinbarungen zustande, und sie liegen auch nicht stets auf dem kleinsten gemeinsamen Nenner.

Das europäische Recht ist nicht nur transnationales und glokales Recht. Es sichert auch die Wahrung der öffentlichen Interessen.

4. Demokratiedefizit der EU

Nunmehr stellt sich die Frage der demokratischen Legitimation der Europäischen Union und des europäischen Rechts.

Immer wird von einem Demokratiedefizit der Europäischen Union gesprochen.[392] In Deutschland hat das Bundesverfassungsgericht sich eingehend hier-

---

[386] Milchreferenzmengenrechtsprechung, ausführlich Uerpmann, S. 255.
[387] EuGH, Slg. 1994, I-5039 (5068), *Deutschland./.Rat.*
[388] Uerpmann, S. 255 f.
[389] Uerpmann, S. 257.
[390] Uerpmann, S. 257 f.; Böckenförde, S. 105 spricht von Aufspaltung der Gemeinwohlsorge; Kohler-Koch, Weltregierung, S. 120.
[391] Adlerstein, Recht und Politik 1997, S.95 (100).
[392] Statt vieler Close/Ohki-Close, S. 35.

mit beschäftigt, denn gem. Art. 23 Absatz 1 Satz 1 GG muß die Europäische Union demokratischen Grundsätzen verpflichtet sein. Seiner Ansicht nach befindet sich sie sich als Staatenverbund zwischen Staatenbund und Bundesstaat.[393] Die Diskussion um das demokratische Defizit und die Stärkung gemeinschaftlicher Handlungsfähigkeit gipfelt immer wieder in einem Ausbau parlamentarischer Verantwortlichkeit und Mehrheitsabstimmungen im Rat.[394] Es besteht aber der Konsens, daß die Gemeinschaft nicht mit knappen Mehrheiten regiert werden kann. Dagegen sprechen die Schwäche der parlamentarischen Repräsentation und die strukturelle Heterogenität der beteiligten Gesellschaften und die immer noch dominant nationale Orientierung der Bevölkerung. Unter derartigen Gegebenheiten ist die Konsensfindung in Verhandlungen auch in nationalen Verfassungssystemen eine erprobte und anerkannte Option.

Die Behauptung des Demokratiedefizits scheint also auf den ersten Blick zuzutreffen, wenn man beispielsweise die Möglichkeit demokratischer Einflußnahme des Bürgers über das Europäische Parlament mit denjenigen auf der nationalen Ebene vergleicht. Es stellt sich jedoch die Frage, ob eine supranationale Organisation, die die Schwelle zur Staatlichkeit eben noch nicht überschritten hat und nicht über Kompetenz-Kompetenz verfügt, den gleichen Grad an demokratischer Legitimität aufweisen muß wie ein Staat. Diese Frage ist zu verneinen.[395] Wie das Bundesverfassungsgericht zu Recht festgestellt hat, kann die demokratische Legitimation in der Union nicht in gleicher Weise hergestellt werden wie in den Mitgliedstaaten. Deshalb sei es entscheidend, daß ein bestimmtes Legitimationsniveau erreicht werde.[396] Für den Rat kann demnach eine mittelbare demokratische Legitimation ausreichen.[397]

Zu bedenken bleibt lediglich, daß die transnationale Gesellschaftsbildung noch weit von der Integration nationaler Gesellschaften entfernt ist, auch wenn schon von einem sektoralen, transnationalem „demos" gesprochen wird.[398] Die Unsicherheit, daß politische Interaktionen zu einer mit den eigenen Auffassungen vertraglichen Interpretation der gemeinsamen Situation führen werden, zwingt dazu, die Ziele des Handeln a priori möglichst eindeutig festzulegen. Dies zeigt sich am Fall der Europäischen Union. Der EWG-Vertrag formuliert eine eindeutige Zielvorgabe, die für die erste Aufbauphase in ein relativ detailliertes Handlungsprogramm umgesetzt ist. Alle im Vertrag noch nicht vorgesehenen Kompetenzübertragungen können nur einstimmig, und soweit sie zur Verwirkli-

---

393 Vgl. BVerfGE 89, S. 156.
394 Hierzu auch Uhrig, S. 113 ff.
395 König, S. 682; so auch Uhrig, S. 117; Müller-Graff, S. 216.
396 BVerfGE 89, 155 (182).
397 Uhrig, S. 117.
398 Abromeit/Schmidt in: Kohler-Koch, S. 316; Wolf/Zürn, European Law Journal 1999, S. 272 (287).

chung der Vertragsziele angemessen sind, beschlossen werden. Die Bindung von gemeinschaftlichem Handeln an zuvor einstimmig von den Mitgliedstaaten festgelegte Ziele wurde selbst mit dem Vertrag zur europäischen Union nicht aufgegeben.[399]

Aus diesen Überlegungen kann das Fazit gezogen werden, daß Europa – von der übrigen Welt ganz zu schweigen - noch keineswegs jenen Grad globaler Vergesellschaftung erreicht hat, der ein Regieren im Sinne der konsensualen Selbstregierung möglich machen würde.[400]

5. *Ergebnis: EU als Beispiel für regionale Globalisierung und global governance oder Erosion von Staatlichkeit*

Zieht man aus dem voran Gesagten den Schluß, daß die Europäische Union zumindest kein Nationalstaat klassischer Ausformung ist und erinnert man sich an die eingangs gestellte Frage, ob politische und rechtliche Herrschaft ihren maßgeblichen Ort in einem als Nationalstaat verfaßten Gemeinwesen hat oder nichtstaatliche Organisationsformen denkbar und in der Europäischen Union verwirklicht sind,[401] kann man letzterem zustimmen. Die Europäische Union ist *das* Beispiel für „regional global governance“ und für ein teilglobalisiertes Rechtssystem.[402] Sie ist das Musterbeispiel für Regieren jenseits des Nationalstaates.[403] Man könnte annehmen, daß dort gewonnene Erkenntnisse auf die globale Welt übertragbar sind. Andere glauben, daß von der Europäischen Union zu lernen nur indirekt möglich ist.[404]

Den Mitgliedstaaten wird nicht die Aufgabe ihrer gesamten Souveränität abverlangt, sondern lediglich die Aufgabe des Dogmas von ihrer Unteilbarkeit.[405] Bei der schrittweisen europäischen Integration einzelner, vorwiegend wirtschaftlicher Sektoren, durch die politische Einigung gekrönt, setzte man ausdrücklich auch auf die spezifische Eigengesetzlichkeit dieser Integration, den sog. „Spillover-Effekt".[406] Die Schaffung der Europäischen Union und die Beitrittsbemühungen zahlreicher weiterer Staaten zeugen von dem Bestreben, eine über die internationale Kooperation hinaus, vertieftere und das Wirtschaftliche überstei-

[399] Kohler-Koch, Weltregierung, S. 136.
[400] Kohler-Koch, Weltregierung, ebenda.
[401] Vgl. mit umfassender Auswertung der bestehenden Positionen, von Bogdandy in: Loth/Wessels, Theorien europäischer Integration, S. 113.
[402] Nahamowitz in: Voigt, S. 141, 162, mit der Begründung, es handele sich um den größten Binnenmarkt der Welt, dessen Außenhandel einschließlich EU-internen Handel nahezu die Hälfte des gesamten Welthandels ausmache; Messner (Hrsg.), S. 21.
[403] Raiser, S. 13.
[404] Jachtenfuchs in: Kohler-Koch, S. 238.
[405] Kuschnik, S. 119.
[406] Kleffner-Riedel, S. 10; Streinz, S. 9.

gende Zusammenarbeit zu schaffen. Diese Entwicklungen scheinen Ausdruck einer Geneigtheit von Staaten zu institutioneller Kooperation unter bewußter Inkaufnahme von Rückwirkungen, die die traditionelle Staatlichkeit in Frage stellen.[407]

II. European Governance und Daseinsvorsorge

Die Europäische Union ist ein Sonderfall. Diese besondere Situation läßt die, wie dargestellt, reichhaltige Diskussion, wer oder was die Europäische Union ist oder werden mag, nicht verstummen. Zur Förderung dieser Diskussion hat die Europäische Union gerade in jüngster Zeit durch ein Weißbuch und eine Mitteilung der Kommission beigetragen. In ihrem Weißbuch „European Governance" oder „Europäisches Regieren" beschäftigt sich die Kommission mit einer neuen Form des Regierens und ihrer eigenen Rolle. In diesem Rahmen will sie sich auf ihre eigentlichen Aufgaben besinnen. Hierzu gehören u. a. die öffentlichen Aufgaben, die Aufgaben der Daseinsvorsorge. Zur Daseinsvorsorge hat die Kommission eine Mitteilung veröffentlicht. Anhand dieser Dokumente soll nun kurz, das „Regieren" der Europäischen Union dargestellt werden.

1. Weißbuch „Europäisches Regieren"

a) Die Vorschläge der Kommission

Im Juli 2001 legte die Europäische Kommission ihr mit Spannung erwartetes Weißbuch über die Gestaltung und Umsetzung Europäischer Politik vor. Die unter dem Begriff „Europäisches Regieren bzw. Governance" geführte Debatte soll zu einer Änderung der Arbeitsweise bei der Definition europäischer Strategien sowie bei deren Realisierung beitragen.

aa) Zivilgesellschaft

Der Vorlage des Weißbuches war ein Beratungs- und Anhörungsprozeß vorgeschaltet, um die Stellungnahmen der Verwaltungen der Mitgliedstaaten, der Regionen, der Politik sowie der Zivilgesellschaft einzubringen. Die Zivilgesellschaft umfaßt in diesem Zusammenhang folgende Elemente: Gewerkschaften und Arbeitgeberverbände („Sozialpartner"), Nichtregierungsorganisationen, Berufsverbände, gemeinnützige Einrichtungen, gesellschaftliche Basisgruppen, Organisationen, über die sich die Bürger am lokalen und kommunalen Leben beteiligen, insbesondere Kirchen und Religionsgemeinschaften.[408] Die Kommis-

---

[407] Hobe, Verfassungsstaat, S.27.

[408] Weißbuch „Europäisches Regieren", KOM (2001) 428 endg, S. 19 Fn. 9 mit Hinweis auf eine detailliertere Definition in der Stellungnahme des Wirtschafts- und Sozialausschusses

sion begründet die wichtige Rolle der Nichtregierungsorganisationen u. a. damit, daß sie den Belangen der Bürger eine Stimme verleihe, Dienste erbringe, die den Bedürfnissen der Bevölkerung entgegenkämen und daß sie oftmals als Frühwarnsystem fungierten, das den politischen Diskurs in eine bestimmte Richtung lenke.[409]

„Governance“ steht nach Ansicht der Kommission im übrigen für Regeln, Verfahren und Verhaltensweisen, die die Art und Weise, wie auf europäischer Ebene Befugnisse ausgeübt werden, kennzeichnen, und zwar insbesondere in Bezug auf Offenheit, Partizipation, Verantwortlichkeit, Wirksamkeit und Kohärenz.[410]

Auf diesen fünf Grundsätzen basieren die Vorschläge der Kommission. Im Zusammenhang mit dem dritten Punkt müssen nach Auffassung der Autoren die Rollen im Gesetzgebungs- und Verwaltungsverfahren klarer werden. Jede der EU-Institutionen hätte ihre Zuständigkeiten und die Verantwortung dafür deutlich zu machen. Dies gelte ebenfalls für alle, die in den Mitgliedstaaten an der Entwicklung und Umsetzung der EU-Politik beteiligt seien. Effektivität beziehe sich auf die Zielgenauigkeit der politischen Maßnahmen, auf den proportionalen Aufwand sowie die Auswahl der angemessenen Handlungsebene. Daß die Zusammenhänge von Politik und Aktionen der EU von der Öffentlichkeit verstanden werden, wird nach Meinung der Kommission immer wichtiger. Dafür nennt sie folgende Gründe: die Aufgaben sind gewachsen, die Erweiterung verstärkt die Vielfalt, Veränderungen, wie der Klima- und Bevölkerungswandel, haben Einfluß auf die sektoralen Politiken der EU, die regionalen und lokalen Behörden werden stärker in EU-Politiken einbezogen. Kohärenz fordert politische Führung und eine hohe Verantwortung der EU-Institutionen, einen einheitlichen Ansatz in einem komplexen System sicherzustellen.[411]

bb) Konsultation und Dialog

Als einen der Kernvorschläge des Weißbuches nennt die Kommission die Strukturierung der Zusammenarbeit mit der Zivilgesellschaft. Ziel ist die Schaffung eines transnationalen Raumes, in dem die Bürger verschiedener Länder über das diskutieren können, was in ihren Augen die wichtigen Aufgaben der Union sind.[412]

Sie beschreibt die derzeitigen Konsultationsverfahren wie Ad-hoc-Treffen, strukturierter Dialog, der regelmäßig, aber ohne förmliche Struktur stattfindet

---

„Die Rolle und der Beitrag der organisierten Zivilgesellschaft zum europäischen Einigungswerk“, ABl. C 329 vom 17.11.1999, S. 30.

409 Weißbuch „Europäisches Regieren“, KOM (2001) 428 endg, S. 19.

410 Weißbuch „Europäisches Regieren“, KOM (2001) 428 endg, S. 10 Fn. 10, S. 13 ff.

Weißbuch „Europäisches Regieren“, KOM (2001) 428 endg, S. 13 f.[411]

412 Weißbuch „Europäisches Regieren“, KOM (2001) 428 endg, S. 15.

und den institutionalisierten Dialog. Unter letzteren fallen die beratenden Ausschüsse, die auf der Grundlage von Kommissionsbeschlüssen geschaffen wurden.[413] Diese Verfahren sollen effizienter und transparenter gestaltet werden.[414] Diese Forderung des Weißbuchs erfüllend, hat die Kommission nunmehr einen Verhaltenskodex für Konsultationen[415] festgelegt, der Verantwortlichkeiten definiert und die Rechenschaftspflicht aller Beteiligten regelt. Dies geschieht in Zusammenarbeit mit den NGOs. Die im Weißbuch angekündigten Mindeststandards für Konsultationen hat sie Ende 2002 beschlossen und in einem Verhaltenskodex veröffentlicht. Diese Mindeststandards finden ab 2003 Anwendung.[416] Auch die Mitgliedstaaten sollen prüfen, wie sie ihre Konsultationsprozesse im Zusammenhang mit der EU-Politik verbessern können.[417]

Die Mitgliedstaaten sollen beispielsweise prüfen, wie die Einbindung lokaler und regionaler Akteure in die Gestaltung der EU-Politik verbessert werden kann.[418]

Der Rat und das Europäische Parlament sind ebenfalls aufgerufen, auf der Grundlage der Mindeststandards für Konsultationen bis 2004 zur Entwicklung eines allgemeinen Referenzrahmens für Konsultationen beizutragen.

Außerdem will die Kommission einen systematischeren Dialog mit den Regional- und Kommunalverbänden führen, um deren Kenntnisse und praktischen Erfahrungen stärker zu nutzen. Auch die Einbeziehung von externen Fachleuten als Berater von politischen Entscheidungsträgern soll deutlicher geregelt und darüber hinaus kontrollierbar werden.[419]

Besonders interessant mit Hinblick auf die Untersuchung der grenzüberschreitenden Kooperation im folgenden Kapitel ist, daß die Kommission bis Ende 2002 prüfen wird, wie der Rahmen für die transnationale Zusammenarbeit der regionalen und lokalen Akteure auf EU-Ebene besser unterstützt werden könnte, um dann bis Ende 2003 entsprechende Vorschläge zu unterbreiten.[420]

---

413 Vgl. zu den einzelnen Verfahren den Komitologiebeschluß, ABl. 1999 L 184/23 und Streinz, S. 190 ff.
414 Weißbuch „Europäisches Regieren", KOM (2001) 428 endg, S. 20 f.
415 Mitteilung der Kommission „Hin zu einer verstärkten Kultur der Konsultation und des Dialogs – Allgemeine Grundsätze und Mindeststandards für die Konsultation betroffener Parteien durch die Kommission", KOM (2002) 704 endg.
416 Bericht der Kommission über Europäisches Regieren, KOM (2002) 705 endg., S. 11.
417 Weißbuch „Europäisches Regieren", KOM (2001) 428 endg, S. 22 f.
418 Weißbuch „Europäisches Regieren", KOM (2001) 428 endg, S. 19.
419 Weißbuch „Europäisches Regieren", KOM (2001) 428 endg, S. 16, 25.
420 Weißbuch „Europäisches Regieren", KOM (2001) 428 endg, S. 24.

Rechtsvorschriften und politische nicht bindende Selbstverpflichtungen wie Empfehlungen, Leitlinien und Schlußfolgerungen sollen besser kombiniert werden.[421]

Primärrecht (Vertragsartikel, Verordnungen etc.) soll nur auf die elementaren EU-Angelegenheiten angewandt werden, Sekundärrecht soll bei der Umsetzung einen größeren Spielraum zulassen. Es soll ein Programm aufgelegt werden, durch das EU-Recht bis zum Jahr 2004 überprüft und vereinfacht wird.[422]

Die Einführung von weiteren Regulierungsagenturen für die Anwendung von EU-Recht hält die Kommission ebenfalls für sinnvoll. Der Vorteil von Agenturen liege oft in ihrer Fähigkeit, sektorales hochgradig technisches Know-how zu nutzen und sowohl dem rechtlichen Besitzstand als auch den betroffenen Sektoren eine größere Sichtbarkeit zu verleihen. Außerdem würde die Schaffung von Agenturen der Kommission die Möglichkeit geben, sich wieder stärker auf ihre Kernaufgaben zu konzentrieren.[423]

cc) Die Gemeinschaftsmethode

Die EU propagiert zusammenfassend die Wiederbelebung der Gemeinschaftsmethode. Sie erlaubt es, einen Ausgleich verschiedenster Interessen herbeizuführen, indem man sie zwei Filter passieren läßt: den des Allgemeininteresses auf Ebene der Kommission und den der demokratischen - europäischen und nationalen - Vertretungen auf Ebene des europäischen Parlaments und des Rates, die zusammen die Legislative der Union bilden. Der Europäische Gerichtshof wacht darüber, daß die Rechtsstaatlichkeit gewahrt wird.[424]

Die Gemeinschaftsmethode, die nunmehr seit fast einem halben Jahrhundert gute Dienste geleistet hat, soll modernisiert werden. In der Gewaltenteilung zwischen Legislative und Exekutive folgt das Modell dem der nationalen Demokratien. Die Kommission schlägt die Gleichstellung von Rat und Parlament für den Bereich der Legislative vor. Zudem sollen Kompetenzen klar zwischen Union und Mitgliedstaaten verteilt werden, denn in einem Mehrebenensystem bestehe die eigentliche Herausforderung darin, klare Regeln für gemeinsame geteilte - nicht getrennte Kompetenzen aufzustellen.[425]

---

[421] Weißbuch „Europäisches Regieren“, KOM (2001) 428 endg, S. 26 ff..
[422] Weißbuch „Europäisches Regieren“, KOM (2001) 428 endg, S. 29 f.
[423] Weißbuch „Europäisches Regieren“, KOM (2001) 428 endg, S. 30 f.
[424] Weißbuch „Europäisches Regieren“, KOM (2001) 428 endg, S. 11, 44 f.
[425] Weißbuch „Europäisches Regieren“, KOM (2001) 428 endg, S. 44 f.

b) Bewertung

Die Debatten in der Kommission galten in erster Linie zwei Aspekten: den Beziehungen zu den Regionen und den NGOs. Die Kommissare änderten den vorliegenden Entwurf, um zu unterstreichen, daß die Kommission weder das Machtgleichgewicht ändern, noch an den Prärogativen der Staaten rütteln will. Die engen Beziehungen, die die Kommission mit den regionalen und lokalen Behörden und den Vertretern der Zivilgesellschaft aufbauen will, betreffen die Kontakte und die „frühen Konsultationen", nicht die beratende Phase oder die Beschlußfassung.[426]

Die Kommission sieht ihre Mitteilung bewußt als einen Beitrag zur global governance.[427] Und tatsächlich sind ihre Vorschläge nicht nur auf europäischer Ebene anwendbar, sondern könnten weltweit Vorbild werden, insbesondere die Mindeststandards für die Konsultation betroffener Parteien. Zumindest sind sie ein erster bewußter, europäischer Schritt in diese Richtung. Die Mitgliedstaaten werden in diesen Prozeß eingebunden, sind aber bei weitem nicht die einzigen Akteure. Die Kommission unterstreicht, daß es notwendig ist, einen neuen demokratischen Ansatz zu finden. Mit der Vorlage des Weißbuchs wurde die nächste Konsultationsphase gestartet, die bis zum 31. März 2002 dauerte. Ende 2002 hat die Kommission hierüber Bericht erstattet.[428] Im Jahr 2003 und in den folgenden Jahren beabsichtigt die Kommission, die im Weißbuch dargestellte Agenda weiterzuführen. So bleibt die endgültige Umsetzung dieser Ziele noch abzuwarten.

Bedenkt man, daß der Binnenmarkt von 1992 maßgeblich durch das Weißbuch „Vollendung des Binnenmarktes"[429] verwirklicht wurde,[430] darf man durchaus optimistisch sein.

2. Mitteilung Daseinsvorsorge

Öffentliches Interesse und öffentliche Aufgaben stehen in einem Zusammenhang.[431] Eine öffentliche Aufgabe ist eine Aufgabe, deren Erfüllung im öffentlichen Interesse steht.[432] Traditionell staatliche Aufgaben wie die Daseinsvorsor-

---

[426] Vgl. hierzu „Weißbuch Governance" in: Nachrichten des Städteverbandes Schleswig-Holstein, S. 67.

[427] Weißbuch „Europäisches Regieren", KOM (2001) 428 endg, S. 34 f.

[428] KOM (2002) 705 endg.

[429] KOM (85) 310.

[430] Hierzu auch Streinz, S. 14 f., 382 f.

[431] Uerpmann, S. 32.

[432] BVerfG 53, 366 (401) zur Stromversorgung (Kohlepfennig), wo ein Zusammenhang zwischen Interesse des Gemeinwohls und öffentlicher Aufgabe hergestellt wird; Uerpmann, S. 34.

ge oder auch die Gefahrenabwehr haben eine Dimension angenommen, die die nationale Problemlösungskapazität in Frage stellen.[433] Untersucht werden soll, ob auch die Daseinsvorsorge von der Globalisierung betroffen ist, der Einfluß des Staates auch hier schwindet.[434]

a) Einwirkungen der Globalisierung

Im deutschen Recht obliegt den Städten und Gemeinden die im Rahmen des Art. 28 Abs. 2 GG verfassungsrechtlich gewährleistete Reglungskompetenz für die örtliche Versorgung der Bevölkerung im Rahmen der öffentlichen Daseinsvorsorge. Die Privatisierung und Liberalisierung in verschiedenen Rechtsbereichen, wie der Energieversorgung und der Abfallentsorgung, hat dazu geführt, daß einstige öffentliche Monopole aufgebrochen wurden und einer öffentlich-privaten Mischregulierung gewichen sind.[435] Diese Entwicklung läßt befürchten, daß die flächendeckende Versorgung der Bevölkerung mit den Diensten der Daseinsvorsorge gefährdet ist.

Öffentliche und gesellschaftliche Aufgaben müssen weiterhin wahrgenommen und soziale Lasten sowie ökonomische Kosten gesellschaftlicher Veränderung möglichst gerecht verteilt werden, eine tragfähige öffentliche Infrastruktur gewährleistet bleiben und die Macht organisierter Partikularinteressen begrenzt werden. Insbesondere im Rahmen der Privatisierungsdiskussion der letzten Jahre sind diese Zusammenhänge herausgearbeitet worden, vor allem auch in welchem Umfang die Erfüllung dieser Aufgaben erfolgen soll. Es besteht eine Vielzahl von Möglichkeiten, die von bloßer staatlicher Rahmensetzung für private Aktivitäten, Privatisierungsfolgenverantwortung, Kontrollverantwortung bis hin zur vollen Erfüllungsverantwortung als Verwaltungsaufgabe reicht.[436]

b) Daseinsvorsorge und Europäische Union: Konflikt zwischen Wettbewerb und Gemeinwohl

aa) Die Mitteilungen der Kommission zur Daseinsvorsorge 1996 und 2000

Die Geschichte der Europäischen Union ist vor allem eine Geschichte des Abbaus von Wettbewerbsschranken. Erst wurde ein Gemeinsamer Markt, dann ein Binnenmarkt geschaffen, d. h. ein Raum ohne Binnengrenzen, in dem der freie Verkehr von Waren, Personen, Dienstleistungen und Kapital gewährleistet ist. In den neunziger Jahren begann die Europäische Gemeinschaft, Bereiche zu li-

---

[433] Delbrück in: Bartosch/Wagner, Weltinnenpolitik, S. 62 f.
[434] So Höffe, Globalisierung, S. 169 f.
[435] Kühling, NJW 2001, S. 177.
[436] Uerpmann, S. 33 f.

beralisieren, die bislang vom Markt ausgenommen waren.[437] Hierzu zählen die Telekommunikation, Post, Energieversorgung, Verkehr und Abfallwirtschaft. Diese Tätigkeiten gehören zu den sogenannten Diensten von allgemeinem wirtschaftlichem Interesse, den service public, die im deutschen Recht begrifflich am ehesten der Daseinsvorsorge entsprechen.[438] Die Kommission definiert diese Dienstleistungen von allgemeinem wirtschaftlichem Interesse als Tätigkeiten, die im Interesse der Allgemeinheit erbracht werden und daher von den Mitgliedstaaten mit besonderen Gemeinwohlverpflichtungen verbunden sind. Der Bereich der Daseinsvorsorge umfasse zusätzlich solche gemeinwohlorientierten Leistungen, die nicht marktbezogen sind, wie etwa den Bildungssektor.[439]

Die deutschen Bundesländer und Kommunen sträubten sich gegen die von der Kommission eingeleiteten Liberalisierungen im Bereich der Daseinsvorsorge. Sie beklagten, daß die weitreichenden Liberalisierungsvorgaben der EU ihre Handlungsmöglichkeiten begrenzen. Dies betrifft zum einen die Liberalisierung der Energiemärkte.[440] Sie befürchten aber auch, daß weitere Liberalisierungsschritte im Bereich des Personennahverkehrs und der Trinkwasserversorgung beispielsweise für sie nachteilig ausfallen werden.[441]

Nachdem die Kommission im Jahre 1996 ihre erste Mitteilung zu den Diensten von allgemeinem wirtschaftlichem Interesse[442] vorgelegt hatte, wurde mit dem Amsterdamer Vertrag 1997 die Einfügung des neuen Artikels 16 EG-Vertrag beschlossen.[443] Zuvor fanden die Dienste von allgemeinem wirtschaftlichen Interesse lediglich in den Vorschriften über die Beihilfegewährung (Artikel 86 ff.) Erwähnung. Aufgrund des neuen Artikels 16 EG-Vertrag war eine Aktualisierung der Mitteilung von 1996 erforderlich. Diese aktualisierte Fassung hat die Kommission am 20.09.2000 vorgelegt.[444]

Die Kommission definiert zunächst die Aufgaben der Daseinsvorsorge, erläutert die Anwendung der wettbewerbs- und binnenmarktrechtlichen Vorschriften auf diese Leistungen und zieht schließlich hieraus Schlußfolgerungen. Außerdem unterbreitet sie Vorschläge für die Zukunft. Sie erkennt, daß die Mitgliedstaaten und Betreiber vor allem Versorgungs- und Rechtssicherheit brauchen.[445] Als Leistungsempfänger erwarteten die europäischen Bürger hochwertige Dienste

---

[437] Ennuschat, Recht der Energiewirtschaft 2001, S. 46.
[438] Calliess/Ruffert, Art. 16 Rdnr. 2; zu den unterschiedlichen Traditionen und Konzeptionen der Daseinsvorsorge in den Mitgliedstaaten siehe Hellermann, Der Landkreis 2001, S. 434 f.
[439] Mitteilung „Leistungen der Daseinsvorsorge in Europa“, KOM (2000), 580 endg., S. 42.
[440] Ennuschat, Recht der Energiewirtschaft 2001, S. 46 (47).
[441] Ennuschat, Recht der Energiewirtschaft 2001, S. 46 (57) m. w. Nachw.
[442] Mitteilung der Kommission 26.09.1996, KOM (1996) 443 endg.
[443] Frenz, EuR 2000, S. 901.
[444] Mitteilung „Leistungen der Daseinsvorsorge in Europa“, KOM (2000), 580 endg.
[445] Mitteilung „Leistungen der Daseinsvorsorge in Europa“, KOM (2000), 580 endg., S. 3.

zu erschwinglichen Preisen. Im Mittelpunkt staatlichen Handelns in diesem Bereich stünden somit die Leistungsempfänger und deren Bedürfnisse. Die Gemeinschaft schütze die Ziele von allgemeinem Interesse und den Dienst an der Öffentlichkeit.[446]

Hinsichtlich dieser Interessen führt die Kommission aus, daß der Bürger neben den genannten Punkten noch weitere Anliegen habe, wie z. B. ein hohes Umweltschutzniveau und eine flächendeckende Grundversorgung.[447]

Die Kommission sieht im übrigen keinen unlösbaren Konflikt zwischen der Daseinsvorsorge und dem Wettbewerb im Binnenmarkt. Im Jahre 1996 war sie der Ansicht, daß es sich um ein dynamisches Gleichgewicht handele, das sich zunehmend zu Gunsten des Binnenmarktes verändere.[448] Heute geht sie davon aus, daß die Einhaltung des EG-Wettbewerbsrechts voll und ganz mit der gesicherten Bereitstellung von Leistungen der Daseinsvorsorge vereinbar sei.[449]

Die Europäische Kommission hat für die Daseinsvorsorge ein Drei-Stufen-Konzept entwickelt, nach dem auf der ersten Stufe der Staat allen oder einzelnen Anbietern Gemeinwohlverpflichtungen auferlegen kann. Die zweite Stufe basiert auf einem Konzessionierungsmodell. Die dritte Stufe greift ein, wenn die Gemeinwohlverpflichtung durch keinen der beiden ersten Optionen zufriedenstellend erfüllt werden kann. Es wird dann ein einzelner Anbieter oder eine kleine Gruppe betraut.[450] Bei der letzten Stufe spricht man auch von einer Universaldienstverpflichtung.[451] Bei der Wahl der Form der Unternehmerorganisation macht die Kommission ausdrücklich keine Vorgaben.[452]

bb) Art. 16 EG

Art. 16 EG hat schon aufgrund seiner Plazierung in den Grundsätzen des Vertrages in erster Linie programmatischen Charakter. Außerdem schließt seine nicht hinreichend genau bestimmte Formulierung eine unmittelbare Wirkung aus.[453] Jedoch beinhaltet er einen Gestaltungsauftrag.[454] Gemeinschaft und Mitgliedstaaten dürfen den Diensten von allgemeinem wirtschaftlichem Interesse

---

[446] KOM (2000) 580 endg., Rdnr. 8.
[447] KOM (2000) 580 endg., Rdnr. 10.
[448] KOM (1996) 443 endg., Rdnr. 19f.
[449] Mitteilung „Leistungen der Daseinsvorsorge in Europa“, KOM (2000), 580 endg., S. 10.
[450] Mitteilung „Leistungen der Daseinsvorsorge in Europa“, KOM (2000), 580 endg., S. 9-16.
[451] Mitteilung „Leistungen der Daseinsvorsorge in Europa“, KOM (2000), 580 endg., S. 9, 18, 42.
[452] Möglich sind daher öffentliche und private Unternehmen sowie public-private-partnerships, Mitteilung „Leistungen der Daseinsvorsorge in Europa“, KOM (2000), 580 endg., S. 11.
[453] Frenz, EuR 2000, S. 901 (918).
[454] Calliess/Ruffert, Art. 16 Rdnr. 13.

die Aufgabenerfüllung grundsätzlich nicht unmöglich machen. Die Mitgliedstaaten haben im Rahmen ihrer jeweiligen Zuständigkeiten für das Funktionieren der Dienste von allgemeinem wirtschaftlichem Interesse Sorge zu tragen.[455] Im übrigen dürfen die Mitgliedstaaten private Anbieter nicht benachteiligen.[456] Die Kompetenzen der Gemeinschaft werden nicht erweitert.[457]

c) Bewertung

Die Kommission sah in der Daseinsvorsorge zunächst den Kern[458] und nunmehr ein Schlüsselelement[459] des europäischen Gesellschaftsmodells. Grundsätzlich hält die Kommission daran fest, daß den Diensten der Daseinsvorsorge eine zentrale Rolle zukommt. Sie trügen zur Wettbewerbsfähigkeit der europäischen Wirtschaft und zum wirtschaftlichen, sozialen und territorialen Zusammenhalt der Europäischen Union bei.

Diese Ausführungen sind im Lichte des Art. 16 EG betrachtet erstaunlich, da einerseits die Europäische Union im Bereich der Daseinsvorsorge ausdrücklich keine Kompetenz hat. Die Europäische Kommission war andererseits gerade wegen des neu eingefügten Artikels 16 EG vom Europäischen Rat aufgefordert worden, die Mitteilung von 1996 zu überarbeiten.[460]

Die Kommission verfolgt mit der Mitteilung ein doppeltes Ziel. Zunächst sollen die jeweiligen Rollen der Behörden auf den verschiedenen Ebenen klargestellt werden, um dem Wunsch nach Rechtssicherheit Rechnung zu tragen. Zum anderen legt die Kommission ein europaeinheitliches Rahmenkonzept zur künftigen Sicherstellung der Versorgung der Bevölkerung mit Leistungen der Daseinsvorsorge vor, in dem die nationalen, regionalen und lokalen Behörden gem. Art. 16 EG ihren Part übernehmen.[461]

Damit geht sie über ihre Kompetenzen hinaus bzw. weitet sie aus. Die Kompetenz hat die Kommission allein im Bereich des Wettbewerbsrechts, auf den sie sich bezieht.[462] Es zeigt sich hierin die Dynamik des Integrationsprozesses in Form des „Spill-over-Effekts“, die Integration im Bereich der Wettbewerbspolitik zieht die Integration im Bereich der Daseinsvorsorge nach sich.

---

455 Hellermann, Der Landkreis 2001, S. 434 (435).
456 Frenz, EuR 2000, S. 901 (925).
457 Frenz, EuR 2000, S. 901 (918, 921).
458 KOM (1996) 443 endg., Rdnr. 1 f.
459 KOM (2000) 580 endg., Rdnr. 7.
460 Ennuschat, Recht der Energiewirtschaft 2001, S. 46 (50).
461 Wohltmann, Der Landkreis 2001, S. 430.
462 In diesem Sinne auch Hellermann, Der Landkreis 2001, S. 434 (437), davon ausgehend, daß die Europäische Gemeinschaft de facto Zugriff auf die Daseinsvorsorge habe.

Zwischenergebnis: Auflösung von außen

In der Mitteilung zur Daseinsvorsorge findet man bestätigt, daß die Europäische Union in dem Staat vorbehaltenen Bereichen die Rahmenkompetenz besitzt bzw. sich diese zu eigen macht. Das Weißbuch zum Europäischen Regieren ist ein Beispiel dafür, wie die Union aktuelle Entwicklungen aufgreift und Impulse setzt.

Die Staaten verleihen den Kooperationsbindungen, die sie eingehen und den ihr eigenes Erscheinungsbild relativierenden Entwicklungen selbst Schubkraft.[463] Trotz der Tatsache, daß die EU kein „Liebesbund sondern Zweckgemeinschaft"[464] ist, überwiegt die Erkenntnis, daß viele Aufgaben, die traditionell der Nationalstaates bewältigen konnte, heute im Zeichen der Globalisierung auf einer höheren Ebene angepackt werden müssen.[465] Im Rahmen der Europäischen Union als supranationaler Einrichtung verdeutlicht sich die in der Veränderung begriffene Rolle der Nationalstaaten. Es sind Tendenzen der Denationalisierung erkennbar, so daß in gewissem Sinne eine Auflösung von außen stattfindet. Am Beispiel der Europäischen Union hat sich gezeigt, daß die Entgrenzungstendenzen und die damit verbunden Loslösung von territorialen Ordnungsräumen nicht selbst „grenzenlos" ist. Die Europäische Union ist schließlich territorial definierbar. Der Focus der Entwicklung liegt eindeutig auf der Denationalisierung. Andererseits werden auch die entsprechende Verschmelzung von Souveränität und die Entwicklung einer Netzwerkstruktur deutlich. Gleichzeitig ist der Rechtsetzungsprozeß transnationalisiert. Es werden neue rechtliche und politische Räume geschaffen.

Es hat sich hierbei eine europaeinheitliche Rechtsmasse entwickelt, die örtlich verschieden ausgestaltet sein kann. Sie ist aber auf ein europäisches Interesse rückführbar ist. Dieses europäische Gemeinwohldenken zeigt sich ganz deutlich in der Mitteilung zur Daseinsvorsorge. Das vielbeschworene Demokratiedefizit der EU ist nur vorhanden, wenn man nationalstaatliche Maßstäbe anwendet. Mit der Entstehung von neuen Räumen schwindet die Bindung von Staat und Gemeinwesen. Es entstehen neue Räume für Gemeinwesen und Recht wie z. B. das Mehrebenensystem der EU. Demokratisches Regieren jenseits des Nationalstaates ist grundsätzlich möglich.

Ob die Europäische Union als Beispiel und einziges supranationales Modell für regionale Globalisierung bzw. regionale governance auf andere Regionen oder gar global übertragbar ist, ist damit nicht geklärt. Jedenfalls zeigt sich, daß die Globalisierung auf die Staaten denationalisierend auswirkt, so daß man von einer zumindest teilweisen Auflösung von außen sprechen kann.

---

[463] Hobe, Verfassungsstaat, S.27.
[464] Tomuschat in: Nettesheim/Schiera, S. 168.
[465] Tomuschat in: Nettesheim/Schiera, ebenda.

Kapitel 2 Regionen und Globalisierung: Grenzüberschreitende Tätigkeit und Auflösung von Innen

Die Begriffe Entgrenzung und Entstaatlichung blenden die Tendenzen eines inter- und supranationalen Regionalismus wie auch verschiedenen Regionalismen auf substaatlicher Ebene nicht aus. Sie umfassen das Wegfallen alter und das Entstehen neuer und neuartiger Grenzen.

Aufgrund der Anregung in ihrem Weißbuch „Europäisches Regieren" wird die Europäische Kommission bis Ende 2002 prüfen, wie der Rahmen für die transnationale Zusammenarbeit der regionalen und lokalen Akteure auf EU-Ebene besser unterstützt werden kann.[466] Dies weist auf die wichtige Rolle der regionalen und lokalen Akteure hin, die nunmehr untersucht werden soll.

Im Zuge der Globalisierung nimmt nicht nur die Zahl der Akteure zu, die über dem Staatenlevel bzw. außerhalb anzusiedeln sind. Neben den Multinationalen Unternehmen und Nichtregierungsorganisationen gewinnen auch die Aktivitäten unterhalb der staatlichen Ebene an Bedeutung. [467] Subnationale Einheiten wie die Regionen werden ebenfalls zu Akteuren.

Betrachtet man die zuvor dargelegten Entwicklungen in der Welt, stellt sich die Frage, wie die einzelnen Teile des Nationalstaates, seine wie auch immer gearteten Regionen, hiervon betroffen sind und ob sie nicht angesichts der teilweise zitierten Ohnmacht des Staates von dieser ebenfalls erfaßt werden. In einem weiteren Sinn umfaßt der Staat[468] alle dem Bund und den Ländern untergeordneten juristischen Personen des öffentlichen Rechts, neben den Kommunen also auch andere Selbstverwaltungsträger sowie Anstalten und Stiftungen des öffentlichen Rechts als Träger mittelbarer Staatsverwaltung.[469]

Es soll untersucht werden, ob sie von der tendenziellen Entstaatlichung betroffen sind, ob eine teilweise Auflösung der Staaten nicht nur von außen, sondern auch von innen stattfindet und inwiefern die Regionen an der global governance teilhaben.

---

[466] Vgl. Kapitel 1 B. II. 1.

[467] McGrew, Global Politics, S. 13 f; Krämer, S 13, anlehnend an Rosenau wird Autorität im politischen System nach oben und nach unten abgegeben.

[468] Hier ist stets die Bundesrepublik Deutschland das Beispiel.

[469] Maurer, S. 556.

A. Regionen in der Europäischen Union

I. Regionen und ihre Position im Staat und der EU

1. Stellung der Regionen

Bevor auf die Stellung der Regionen eingegangen wird, soll zunächst der hier verwendete Begriff der Region eingegrenzt werden.

a) Regionen und Regionalisierung: Keine einheitliche europäische Definition

Der Bestimmung des Begriffs des Regionalismus wird durch die Vielschichtigkeit und Vieldeutigkeit des ihm zugrundeliegenden Begriffs der Region verbunden mit dessen weitgehend unreflektierter Anwendung auf verschiedenste Sachverhalte und in unterschiedlichem Kontext erheblich erschwert.[470] Wie auch Begriff der Globalisierung wird der der Region als Schlagwort verwendet.[471]

Vom Wortlaut her bedeutet Region Gebiet, Bereich oder Gegend.[472] Die Begriffe Region und Regionalismus haben in den letzten 40 Jahren eine geradezu exponentielle Verbreitung auch im deutschsprachigen Raum erfahren, nachdem beide Termini in deutschsprachigen Lexika zu Beginn des 20. Jahrhunderts noch überhaupt nicht verzeichnet waren.[473]

Geographie, Soziologie, Politologie, die Regionalwissenschaft als neuentstandene interdisziplinäre Wissenschaftszweige in der Tradition der volkswirtschaftlichen Standorttheorie und in ihrem Gefolge Raumwirtschaftstheorie, Regionalplanung und Regionalpolitik als regionale Wirtschafts- und Strukturpolitik sowie die Geschichtswissenschaft, vornehmlich im Bereich der landesgeschichtlichen Forschung, bedienen sich in höchst unterschiedlicher Weise des Begriffes der Region. Ebenso trifft dies für das Staats- und Verwaltungsrecht mit der Schaffung der Selbstverwaltungs-, Planungs- und politischen Regionen auf subnationaler Ebene, das katholische innerkirchliche Organisationsrecht sowie schließlich das Völkerrecht für den Bereich sogenannter regionaler Zusammenschlüsse auf internationaler Ebene zu.[474]

Wie zur Globalisierung die fortschreitende Konzentration von grenzüberschreitenden Unternehmensaktivitäten gehört, gehört zur Regionalisierung die Neu-

---

470 Voß, S. 8; Haneklaus, DVBl. 1991, S. 295 (296).
471 Kleffner-Riedel, S. 15.
472 Vgl. zur Begriffsgeschichte eingehend Wiedmann, S. 23; Grom, S. 7.
473 Meyers Konversationslexikon, 1909; Brockhaus, Konversationslexikon, Leipzig 1908.
474 Voß, S. 9.

schaffung oder Revitalisierung von territorial integrierten Aktivitäten mit netzwerkartiger Organisationsform.[475]

Eine einheitliche und handhabbare Definition des Begriffes Region gibt es nicht.[476] Die Schwierigkeit besteht darin, die unterschiedlichen geschichtlichen Erfahrungen, geographischen, kulturellen und wirtschaftlichen Gegebenheiten und vor allem den sehr heterogenen Staatsaufbau sowie die Verwaltungsstrukturen der europäischen Nationalstaaten in einem Regionenbegriff zusammenzufassen.[477] Es herrscht auch zwischen den Staaten keine Einigkeit über Rechtsbedeutung und Funktion der Region als innerstaatlichem Subsystem.[478] Denn auch Zusammenschlüsse wie die EU, NATO oder NAFTA werden als Region bezeichnet.[479] Die Europäische Union selbst hat im EG-Vertrag lange Zeit den Begriff „Region" im Rahmen der Regionalpolitik als Bezugsgröße für die Ermittlung regionaler sozioökonomischer Disparitäten angesprochen.[480]

Eine Möglichkeit ist die Suche nach allgemeinen, gleichzeitig aber auch rechtlich faßbaren Mindestkriterien für die Bezeichnung genau bestimmbarer territorialer Einheiten als Regionen, andererseits eine Kategorisierung nach bestimmten Merkmalen, die eine Region von angrenzenden Gebieten bzw. Regionen unterscheidet.[481]

Versucht man den Begriff der Region juristisch zu fassen, kann dies daher nur hinsichtlich der unterschiedlichen Rechtssysteme darin bestehen, den kleinsten gemeinsamen Nenner zu finden. Diese unterschiedlichen Rechtssysteme reichen in Europa vom föderalen, regionalisierten, dezentralisierten bis zum unitarischen Staat.[482] Der kleinste gemeinsame Nenner ist der, daß die Regionen das rechtliche Produkt einer ihnen territorial und rechtlich übergeordneten Autorität sind[483] und daß sie ein geographisch deutlich abgegrenztes Gebiet haben, in welchem sprachlich, kulturell und durch geschichtliche Traditionen verbundene Menschen leben[484]. Wie die Region im einzelnen gestaltet ist, liegt in der Entscheidungsgewalt des Nationalstaates. Sie sollte über eine Regierung, legislative und administrative Kompetenzen sowie eine eigene Finanzausstattung verfü-

---

[475] Krätke/Heeg/Stein, S. 8 f.
[476] von Unruh, S. 610; Raich, S. 23; Kleffner-Riedel, S. 15 f.
[477] Engel, S. 11.
[478] Beyerlin, Rechtsprobleme, S. 10.
[479] Grom, S. 16.
[480] Vgl. Art. 158 bzw. ex-Art. 130 a EG; Schultze, S. 125.
[481] Engel, S. 12.
[482] Eine genaue Darstellung bei Engel, S. 15 ff., Kleffner-Riedel, S. 17 f. und Theissen, S.43 ff.
[483] Engel, S. 12.
[484] Kleffner-Riedel, S. 19.

gen. Dieser Punkt wird aufgrund des unterschiedlichen Selbstverständnisses der Mitgliedstaaten aber noch lange auf sich warten lassen.[485]

Speziell für die grenzüberschreitende Zusammenarbeit gibt es die Definition des Europäischen Rahmenübereinkommens über die grenzüberschreitende Kooperation des Europarates[486], dessen Artikel 2 von Gebietskörperschaften, die örtliche und regionale Aufgaben wahrnehmen, ausgeht. Der Begriff des Regionalen wird also nur zur Funktions-, nicht aber zur Qualitätsbestimmung gebraucht.[487]

b) Vorläufige Definition

In der Europäischen Union nimmt Deutschland, das hier als Beispiel untersucht wird, bei der regionalen Aufteilung eine Sonderstellung ein.[488] Die Europäische Union benutzt zu Zwecken der Planung und Förderung eine Art Regionenschablone, auf der drei Ebenen markiert sind.[489] Danach richten sich die Förderprogramme und auch der Ausschuß der Regionen. Die Union legte ihre Drei-Ebenen-Schablone auf die Gebietsstrukturen der einzelnen Mitgliedstaaten an und versuchte, sie mit den realen Gebietseinteilungen in Übereinstimmung zu bringen. In Deutschland entsprechen den drei Ebenen die Länder, Regierungsbezirke und Kreise.[490] Unter den europäischen Regionenbegriff fallen somit sowohl die lokale als auch die Länderebene. Dies zeigt sich auch anhand der Sitzverteilung der deutschen Vertreter im Ausschuß der Regionen.[491] Es werden drei Vertreter der lokalen Ebene entsandt. Dieses Verfahren ist umstritten. Der Begriff der Region ist damit europäisch nicht klar eingegrenzt und daher ungeklärt.[492]

Da vorliegend die Bundesrepublik Deutschland untersucht wird, sind Regionen für diese Arbeit somit Länder, Kreise und Gemeinden. Sie sind Teile bzw. Untergliederungen des Staates, dessen Wandel im Rahmen der Globalisierung untersucht werden soll. Es handelt sich somit um ein Vier-Ebenen-System, bezieht man die europäische Ebene mit ein.[493]

Für diese Arbeit gilt zunächst die Definition, daß unter Region allgemein eine staatsorganisatorische Mittelstufe zwischen der zentralen Staatsgewalt einerseits und der an der Staatsbasis angesiedelten kommunalen Selbstverwaltung

---

[485] Kleffner-Riedel, S. 19.
[486] Vgl. unten Kapitel 2 A. II. 1. d).
[487] Beyerlin, Rechtsprobleme, S. 10 Fn. 14.
[488] Voß, S. 327.
[489] NUTS I, II und III; NUTS steht für Nomenclature des unités territoriales statistiques.
[490] Wiedmann, S. 25 f.
[491] Vgl. hierzu unten Kapitel 2 A. I. 3. c) aa).
[492] Schultze, S. 126.
[493] So auch Schultze, S. 13 f.

andererseits zu verstehen ist, wobei sich mit diesem Begriff zugleich die Vorstellung verbindet, daß solche regionalen Aufgabenträger eigene Rechtsfähigkeit besitzen. Zwar ist der Begriff Region nicht ganz ausreichend, es geht um Regionen und lokale Gebietskörperschaften. Die Verwendung des Oberbegriffs Region soll lediglich aus Praktikabilitätsgründen erfolgen, wie es zum Beispiel auch beim Ausschuß der Regionen geschieht, der eigentlich Ausschuß der Vertreter der Regionen und lokalen Gebietskörperschaften ist.[494]

2. Verhältnis der Regionen zum Bundesstaat und zur EU

Verlieren nun diese Regionen Kompetenzen an Bund oder EU, würde dies dafür sprechen, daß die Regionen vom Entstaatlichungsprozeß erfaßt werden. Nicht nur die Kompetenzen des Bundes gehen durch die Eingriffe in die in staatlichen Strukturen verloren, sondern auch in den Untergliederungen findet ein Erosionsprozeß statt, der eine teilweise Auflösung des Staates von innen bedeuten könnte. So einfach liegen die Dinge jedoch nicht, wenn man die Rolle der Regionen im Rahmen der EU bzw. EG analysiert.

a) Möglichkeiten der Einwirkung der Regionen auf nationaler Ebene

Gemäß Art. 30 GG ist die Ausübung der staatlichen Befugnisse Sache der Länder, soweit das Grundgesetz keine andere Regelung trifft oder zuläßt. Diese allgemeine Norm wird jedoch praktisch zugunsten des Bundes umgekehrt.[495] Ebenso verhält es sich mit der Zuständigkeit in der Gesetzgebung.[496]

Im föderativen Staatsaufbau der Bundesrepublik sind die Kommunen Teil der Länder. Sie sind die untersten Träger der öffentlichen Gewalt. Als juristische Personen besitzen sie Rechtsfähigkeit. Das Verhältnis der Gemeinden zum Bund und zu den Ländern wird vor allem durch die Garantie der kommunalen Selbstverwaltung gemäß Art. 28 Abs. 2 GG bestimmt. Danach muß den Gemeinden das Recht gewährleistet sein, alle Angelegenheiten der örtlichen Gemeinschaft im Rahmen der Gesetze in eigener Verantwortung zu regeln. Sie benötigen hierzu keine weiteren Kompetenztitel.[497] Die Selbstverwaltungsgarantie erstreckt sich auf die Gebiets-, Organisations-, Personal-, Planungs-, Finanz- und Rechtsetzungshoheit. Bedenkt man, daß die Bedeutung der Nationalstaaten schwindet, ließe dies den Schluß zu, daß dies auch für die Regionen gelten muß.

---

[494] Vgl. Art. 263 EG (ex-Artikel 198a EG) und zu diesem Streit, Zimmermann-Wienhues, S. 315 ff.; Theissen, S. 170; Tomuschat, AdR, S.12; Heberlein, DVBl. 1994, S. 1213 (1214 f.).

[495] Herzog in: Maunz-Dürig, Art. 20 IV Rdnr. 33.

[496] Vgl. Art. 70 ff GG und ausführlich hierzu Voß, S. 337 ff.

[497] Schultze, S. 28; BVerfGE 79, 127.

b) Verhältnis zur EU und deren Einfluß

Dem steht eine wachsende Bedeutung der Regionen nicht zuletzt im Rahmen der EU entgegen. So wird gerne vom Europa der Regionen gesprochen.

Nicht zu leugnen ist, daß der Einfluß der EU auf die Regionen enorm ist. Die knapp bemessenen Kompetenzen der Länder schrumpften im Zuge der europäischen Integration, so daß von einer Europäisierung der Kompetenzen gesprochen wird.[498]

Auch hinsichtlich der kommunalen Selbstverwaltung ist dies der Fall. Die Omnipräsenz des Gemeinschaftsrechts in vielfältigen Bereichen der nationalen Gesetzgebung ist bereits seit längerem Gegenstand der rechtswissenschaftlichen Diskussion.[499] Viele Rechtsbereiche wie z. B. das Kartellrecht sind heute von europäischen Maßstäben und Vorgaben derart durchdrungen, daß sie ohne europarechtliche Kenntnisse allein aus sich heraus nicht mehr verständlich sind. Schon 1988 wurde festgestellt, daß etwa 80% aller Vorschriften im Bereich des Wirtschaftsrechts durch EG-Recht determiniert und nahezu 50 % aller deutschen Gesetze durch das Gemeinschaftsrecht veranlaßt sind.[500] Diese Zahl dürfte sich mittlerweile erhöht haben.[501] Auch das deutsche Staats- und Verwaltungsrecht ist von dieser Entwicklung nicht ausgenommen. Dabei stellen europäische Rechtsakte insbesondere die Selbstverwaltung der Gemeinden zunehmend in Frage. Sie greifen derart in die Planungs-, Finanz-, Organisations- und Personalhoheit der Gemeinden ein, daß man bereits von einer Europäisierung der in Art. 28 Abs. 2 GG normierten Gewährleistung kommunaler Selbstverwaltung sprechen kann.

Der Einfluß auf das Selbstverwaltungsrecht der Kommunen ist in Deutschland zweifelsohne stärker als in anderen Mitgliedstaaten, in denen die Kommunen weitgehend kaum mehr als ausführende Organe einer Zentral- oder Regionalgewalt sind.[502]

Beispiele für die o. g. betroffenen Bereiche sind der Umweltschutz durch die Trinkwasser- und Abwasserrichtlinie sowie die Umweltverträglichkeitsprüfung[503] und auch die kommunale Wirtschaftsförderung, die eine zentrale Gemeindeaufgabe darstellt[504] und der Verbesserung der örtlichen Wirtschaftsstruk-

---

[498] König, S. 547 ff; Voß, S. 360, 444 f.; Fechtner, S. 152; im einzelnen zu den Kompetenzen Kleffner-Riedel, S.20.

[499] Vgl. Übersicht bei Schmahl, DÖV 1999, 852 Fn. 1.

[500] Von Ameln, DVBl. 1992, S. 477 (478).

[501] Schmahl, DÖV 1999, 852.

[502] Von Ameln, DVBl. 1992, S. 477 (478); Heberlein, DVBl. 1994, S. 1213; Zimmermann-Wienhues, S. 74 ff., stellt dies rechtsvergleichend für Deutschland und Spanien dar.

[503] Mit weiteren Beispielen, Prunzel, S. 62 ff.

[504] Schultze, S. 25; BVerwG, DVBl. 1990, 376 ff.

tur, der Stärkung der Beschäftigung sowie der Erhaltung und Mehrung der gemeindlichen Einnahmen dienen soll.

Die eigenverantwortliche Einnahmen- und Ausgabenwirtschaft, die es in das Ermessen der Gemeinde stellt, wie sie ihre Mittel im einzelnen verwendet, wird durch die strenge Kontrolle durch die Kommission beschränkt, denn die Kommunen müssen das gemeinschaftliche Beihilfeverbot gem. Art. 87 EG[505] beachten. Auch Beihilfen, die von lokalen Einrichtungen der Mitgliedstaaten aus öffentlichen Mitteln gewährt werden, unterfallen grundsätzlich dem Anwendungsbereich des Art. 87 EG. Selbst wenn sich die Gemeinden anderer Stellen wie etwa ihrer Eigenbetriebe oder kommunaler Versorgungsunternehmen bedienen, auf die sie einen beherrschenden Einfluß ausüben, vermag dies die Beihilfeaufsicht nicht auszuschließen.[506] Es ist allein entscheidend, daß der dem Unternehmen erwachsende Vermögensvorteil letztlich aus staatlichen Mitteln herrührt.[507]

Das Prinzip der Subsidiarität wurde mit dem Vertrag von Maastricht[508] im EG-Vertrag verankert. Es soll die nationale Aufgaben und Befugnisse gegenüber den europäischen Zentralisierungstendenzen bewahren.[509] Es beinhaltet den Grundsatz, daß die größere Einheit niemals Aufgaben übernehmen darf, die die kleinere Einheit zufriedenstellend erfüllen kann. Es ist damit Regulativ zum Schutz der Identität der Mitgliedstaaten gegenüber den Kompetenzansprüchen der EU.[510] Dies bedeutet eine qualitative Entscheidung zugunsten der föderalen Verfaßtheit der EU.[511] Der neue Art. 23 GG hat dem Subsidiaritätsprinzip auch national verfassungsrechtlichen Status verschafft, er führt zu einer Aufwertung föderaler Elemente.[512]

3. Möglichkeiten der Einwirkung auf europäischer und internationaler Ebene

Nachdem nun festgestellt wurde, daß sowohl auf Länder- als auch auf kommunaler Ebene Kompetenzen durch den europäischen Integrationsprozeß eingeschränkt werden, soll untersucht werden, ob eine Kompensation dieser Kompetenzen auch für die Regionen stattfindet und welche Möglichkeiten der Einwirkung die Regionen haben.

---

505 Ex-Artikel 92 EG.
506 Schmahl, DÖV 1999, 852 (853); ausführlich zum Beihilferecht Schäfer, S. 84 ff.; Schultze, S.62 ff.
507 EuGH, Rs. 82/77, Slg. 1978, S. 25 (41), *van Tiggele*.
508 Vgl. Art. 5 EG.
509 Kuschnik, S. 142.
510 Kuschnik, S. 143; Haberzettel/Roth/Schläger, S. 92.
511 Sinewe, S. 91.
512 Sinewe, S. 96; Oberländer, S. 203.

a) Die Außenvertretungskompetenz des Bundes

Das Grundgesetz weist in Art. 32 GG dem Bund und den Ländern die Pflege der auswärtigen Beziehungen zu. Die völkerrechtliche Außenvertretungskompetenz liegt damit beim Bund und bei den Ländern, nicht aber bei den Kreisen und Gemeinden. Im Gegensatz zu den Ländern als Regionen haben sie auch keine Staatsqualität. Im übrigen fehlt nicht nur den deutschen Kreisen und Gemeinden die Kompetenz zum Abschluß völkerrechtlicher Verträge, auch die jeweiligen ausländischen Partner besitzen sie meist nicht.[513]

Dies könnte bedeuten, daß jegliche kommunale Aktivität, von der Außenbeziehungen ausgehen, nach dem Grundgesetz unzulässig wäre. Das Grundgesetz schließt aber andererseits eine kommunale Außenbeziehungen nicht ausdrücklich aus, wenn sie sich und soweit sie sich aus anderen Grundnormen des deutschen Rechts ableiten lassen.[514]

b) Beteiligung am innerstaatlichen Entscheidungsprozeß in EU-Angelegenheiten

Da die Entscheidungen in der Europäischen Union letzten Endes im Rat gefällt werden, ist es für die Regionen wichtig, auf die Bundesregierung als deutscher Vertreter im Rat Einfluß zu nehmen.

Schon mit der Gründung der Europäischen Gemeinschaft für Kohle und Stahl im Jahre 1952 befürchteten die Länder einen Verlust der ihnen nach dem Grundgesetz zugewiesenen Kompetenzen.[515] Die Länder, die bestrebt waren, diesen Verlust auszugleichen bzw. ihm entgegenzuwirken, wollten den Bundesrat als Länderkammer bei der Durchführung der Europäischen Verträge beteiligt sehen. Die Diskussion über die Beteiligung der Länder dauert bis heute an.[516] Die Länder wurden in den Gründungsverträgen zunächst auch nicht erwähnt. Erst mit Einführung des Art. 158 EG[517] tauchten sie zum ersten Mal begrifflich im Zusammenhang mit der Regionalförderung auf.[518]

Die Länder erreichten schließlich Ende der 70er Jahre, daß der § 85a in die Gemeinsame Geschäftsordnung der Bundesministerien eingefügt wurde, der dem Bundesminister der Wirtschaft eine koordinierende Funktion im Verfahren zur Beteiligung der Länder am Informationsfluß zwischen dem Rat der Europäischen Gemeinschaften und der Bundesregierung zuwies. Aufgrund der Schwer-

---

513 So in den Niederlanden, Oehm, S. 74 f.
514 Held, Außenbeziehungen, S. 37; hierzu noch genauer unten Kapitel 2 A. II. 1.
515 Vgl. hierzu ausführlich Remmers, S. 39 ff.
516 Remmers, S. 43.
517 Ex-Artikel 130 a EG.
518 Kleffner-Riedel, S. 20.

fälligkeit dieses Verfahrens zeigten sich die Länder mit dieser mühsam ausgehandelten Regelung allerdings nicht zufrieden.[519]

Zur weiteren Ausführung des Art. 23 GG wurde das Gesetz über die Zusammenarbeit von Bund und Ländern in Angelegenheiten der Europäischen Union - EUZBLG - vom 12. März 1993 beschlossen.[520] Dieses Gesetz wurde als Bedingung der Länder für die Zustimmung zum Maastricht Vertrag geschaffen.[521] Die Mitwirkung der Länder erfolgt über den Bundesrat. Grundlage hierfür ist Art. 23 Abs. 4 bis 6 GG.[522] Der Bund hat danach die Stellungnahmen des Bundesrates maßgeblich zu berücksichtigen, falls Länderinteressen betroffen sind.[523] Die Bundesregierung hat den Bundesrat umfassend und zum frühestmöglichen Zeitpunkt zu unterrichten. Der Bundesrat ist an der Willensbildung des Bundes zu beteiligen. Besonders zu erwähnen ist § 5 Abs. 3 EUZBLG, demzufolge die Bundesregierung die Zustimmung des Bundesrates einholen muß, wenn es sich um eine Richtlinie oder Verordnung handelt, die auf Art. 308 EG[524] basiert und in den Zuständigkeitsbereich der Länder fällt. Weil der Art. 308 EG die Einstimmigkeit der Entscheidung vorsieht, hat die Zustimmung der Länder hier die Qualität eines Vetos.[525] Nach § 6 EUZBLG ist ein Ländervertreter in Angelegenheiten, die in die ausschließliche Länderhoheit fallen, Verhandlungsführer im Rat.

Durch die Neufassung des Art. 23 GG im Jahre 1992 wird erstmals eine verfassungsrechtliche Gewähr für die ausgehandelten Verfahren des Interessenausgleichs zwischen Bund und Ländern in Fragen der EG eingeführt.

Schon vor den Änderungen im Zuge des Maastrichter Vertrages waren die Bundesländer an den EG-Entscheidungen des Bundes beteiligt. Mit der Ratifikation der Einheitlichen Akte 1986 setzten die Bundesländer eine Bund-Länder-Vereinbarung durch, die die Bundesregierung verpflichtete, die Länder in allen Bereichen umfassend zu informieren.[526] Dies führte zur Einrichtung einer EG-Kammer des Bundesrates, die alle vertraulichen und eiligen Vorlagen behandelt und deren Beschlüsse gem. 45 b GO-BR denen des Bundesratsplenums gleichgestellt sind.[527]

Besonders die Möglichkeit im Rat mitzuentscheiden, ist hervorzuheben und kann als echte Mitentscheidungsmöglichkeit gewertet werden. Zusammen mit

---

[519] Vgl. die ausführliche Darstellung bei Schmidt-Meinecke, S. 22 ff.
[520] BGBl. 1993 Teil I, S. 313.
[521] Vgl. Schultze, S. 17 f. mit weiteren Nachweisen.
[522] Fischer, Europarecht, S. 214.
[523] Vgl. § 5 EUZBLG.
[524] Ex-Artikel 235 EG.
[525] Röhl, EuR 1994, S. 409 (437).
[526] Vgl. Art. 2 EEAG, BGBl. 1986 Teil II, S. 1102; Blanke, S. 268 f.
[527] Hrbek/Weyand, S. 89; Remmers, S. 61 f.; Fechtner, S. 98.

der Mitwirkungsmöglichkeit im Ausschuß der Regionen wird hinsichtlich der Länder auch von der doppelten Politikverflechtung gesprochen.[528]

Die lokale Ebene hat eine vergleichbare Beteiligungsmöglichkeit nicht erkämpfen können und ist daher gegenüber den Ländern benachteiligt. Insbesondere ist ihr die Verankerung des Prinzips der kommunalen Selbstverwaltung auf europäischer Ebene bisher nicht gelungen.[529] So spricht man bezugnehmend auf die lange währende „Landesblindheit" der europäischen Ebene nunmehr von deren „Kommunalblindheit".[530]

c) Einflußnahme der Regionen auf europäischer Ebene

Da wie schon erwähnt der Einfluß der EU auf die Regionen enorm ist, ist es um so wichtiger für die Regionen, ihre Interessen im europäischen Entscheidungsprozeß zu vertreten.

aa) Der Ausschuß der Regionen: Entstehung und Arbeitsweise

Der Ausschuß der Regionen (AdR) wurde mit dem Vertrag von Maastricht errichtet und ist das vorrangige Organ regionaler Interessenvertretung.

Die Einrichtung einer europarechtlich abgesicherten regionalen Interessenvertretung war schon lange eine Forderung der Ebene unterhalb der Mitgliedstaaten. Die Initiative zur Schaffung des AdR ging 1990 von den deutschen Bundesländern aus.[531]

Zunächst wurde 1988, nachdem das Europäische Parlament ohne Erfolg 1960 den Vorschlag zur Einrichtung eines Konsultativausschusses für regionale Belange gemacht hatte, der Beirat der regionalen und lokalen Gebietskörperschaften errichtet.[532] Treibende Kräfte für die Institutionalisierung regionaler Mitsprache waren die föderal verfaßten Mitgliedstaaten Belgien und Deutschland. Diese wurden von der Versammlung der Regionen Europas (VRE) und der Konferenz „Europa der Regionen" unterstützt.

Der AdR gehört nicht zu den Organen der Gemeinschaft[533], er ist beratende Institution oder Nebenorgan[534] ebenso wie der Wirtschafts- und Sozialausschuß. So sind seine Stellungnahmen auch nicht bindend.[535]

---

528 Hrbek in: Thaysen, S. 17 f.
529 Hierzu ausführlich Schäfer, S. 269 f.; Knemeyer, Der Landkreis 1995, S. 501 f.
530 Schäfer, S. 262.
531 Hennemann, S. 70; Hasselbach, S 79; Zusammenstellung einschlägiger Dokumente bei Bauer, S.13 ff.
532 Fechtner, S. 99; Kleffner-Riedel, S. 140.
533 Vgl. Art 7 EG.
534 Streinz, S. 126; Kleffner-Riedel, S. 199.

Gem. Art. 263 Abs. 4 EG üben die Mitglieder des Ausschusses ihre Tätigkeit in voller Unabhängigkeit zum Wohl der Gemeinschaft aus. Bedeutende Neuerung durch den Vertrag von Nizza ist, daß die Mitglieder zukünftig ein entweder auf Wahlen beruhendes Mandat einer regionalen oder lokalen Gebietskörperschaft innehaben oder gegenüber einer gewählten Versammlung verantwortlich sein müssen.[536]

Die erste Sitzung des AdR war im März 1994. Seitdem hat er rund 400 Stellungnahmen abgegeben.[537] Die Abgabe von Stellungnahmen ist die vorrangige Aufgabe des AdR. Er wird vom Rat oder von der Kommission in den im EG-Vertrag vorgesehenen Fällen und in allen Fällen angehört, in denen eines dieser beiden Organe dies für zweckmäßig hält.[538] Wird der Wirtschafts- und Sozialausschuß gem. Art. 262 EG gehört, so wird der AdR vom Rat oder der Kommission über dieses Ersuchen unterrichtet. Er kann, wenn er gem. Art. 265 Abs. 3 EG der Auffassung ist, daß spezifische regionale Interessen berührt sind, eine entsprechende Stellungnahme abgeben.[539]

Er befaßt sich obligatorisch mit fünf Bereichen: wirtschaftlicher und sozialer Zusammenhalt; transeuropäische Netze in den Bereichen Verkehr, Telekommunikation und Energie; Gesundheitswesen; Bildung und Jugend sowie Kultur.[540] Nach Inkrafttreten des Vertrags von Amsterdam[541] wurde diese obligatorische Befassung auf fünf zusätzliche Bereiche ausgeweitet: Beschäftigung, Sozialpolitik, Umwelt, Berufsbildung und Verkehr. Gem. Art. 265 Abs. 1 EG sollen Rat und Kommission in Fällen der grenzüberschreitenden Zusammenarbeit Stellungnahmen einholen, wenn sie dies für erforderlich halten.

Der AdR hat 222 Mitglieder und eine gleiche Anzahl von Stellvertretern, die vom Rat auf Vorschlag der jeweiligen Mitgliedstaaten auf vier Jahre ernannt werden. Deutschland, Frankreich, Italien, und das Vereinigte Königreich stellen je 24 Mitglieder, Spanien 21 Mitglieder, Österreich, Belgien, Griechenland, Niederlande, Portugal, Schweden entsenden je zwölf Mitglieder, Dänemark, Finnland, Irland je neun und Luxemburg sechs Mitglieder.

Die Abgabe von Stellungnahmen ist nur der sichtbare Teil seiner Tätigkeit. Darüber hinaus arbeitet der Ausschuß darauf hin, die Union bürgernäher zu ma-

---

535 König, S. 646.

536 Vgl. Art. 263 EGV n. F., Pache/Schorkopf, NJW 2001, S. 1377 (1381).

537 In diesem Zusammenhang ist auf die Stellungnahme „Die Struktur und die Ziele europäischer Regionalpolitik im Zuge von Erweiterung und Globalisierung: Eröffnung einer Debatte“, AdR 157/2000 endg. hinzuweisen.

538 Art. 265 EG.

539 Streinz, S. 127.

540 Art. 159 Abs. 3, 161 Abs. 1, 162 Abs. 1, 156 Abs. 1 und 3, 152 Abs. 4, 149 Abs. 4, 151 Abs. 5 EG

541 1. Mai 1999.

chen.[542] Dieser Prozeß verläuft in zwei Richtungen. Zum einen gewährleistet der Ausschuß den Informationsfluß von den Gemeinschaftsinstitutionen hin zu den Gemeinden und Regionen Europas; zum andern ist er das Gremium, über das sich die regionalen und lokalen Gebietskörperschaften im institutionellen Beschlußfassungsprozeß Gehör verschaffen können.[543]

Der AdR geht davon aus, daß Europa in der Zukunft dezentral organisiert sein wird. Das Zugehörigkeitsgefühl zu einer Region oder einer Stadt werde zunehmen, je stärker und größer die Europäische Union durch die Erweiterung um neue Mitgliedstaaten werde. Daher seien die Zukunft der Europäischen Union und die Zukunft des Ausschusses der Regionen sehr eng miteinander verknüpft.[544]

Auch im Rahmen der Erweiterungsverhandlungen der EU ist der AdR tätig. Er hat den Dialog mit den Vertretern der kommunalen Gebietskörperschaften der Beitrittsanwärterstaaten aufgenommen. Es sind zwar ihre Regierungen, die mit der Kommission und dem Rat verhandeln, aber es sind vor allem die Gemeinden, Städte und Regionen, auf die der Unionsbeitritt Auswirkungen haben wird. Die Mitglieder - die alle ein Wahlmandat auf kommunaler oder regionaler Ebene besitzen - treffen sich mit ihren Pendants aus den künftigen EU-Mitgliedstaaten. Auf diese Weise kommt Kommunikation in beiden Richtungen zwischen der Europäischen Union und den kommunalen und regionalen Gebietskörperschaften der Kandidatenländer zustande.

Nur drei der 22 deutschen Vertreter im Ausschuß der Regionen sind kommunaler Herkunft. Die Länderebene ist eindeutig überrepräsentiert[545]. Die Kreise und Gemeinden haben hieran trotz vehementer Proteste nichts ändern können, sie sind damit auf europäischer Ebene wesentlich stärker als die Länder benachteiligt, die immerhin 19 Vertreter in den AdR entsenden.

Bezeichnet man die Europäische Union selbst als ein Beispiel für global governance und regionale Globalisierung, läßt sich dies in diesem Zusammenhang noch präzisieren, denn die EU ist eine supranationale Einrichtung, so daß man sie als „suprastate global governance" bezeichnen kann.[546] Der Ausschuß der Regionen besteht aus Vertretern substaatlicher Einheiten. Diese substaatlichen Einheiten beteiligen sich durch den AdR an der europäischen Rechtssetzung und Politik. Sie werden damit zu Recht als Akteure einer „substate global go-

[542] So der AdR in seine Selbstdarstellung auf www.cor.eu.int.
[543] Hierzu Hasselbach, S. 109 f.
[544] Vgl. AdR auf www.cor.eu.int.
[545] Vgl. zu diesem Streit Hasselbach, S. 113 ff.
[546] Scholte in: Baylis/Smith, S. 23 f., weitere Beispiele für „Suprastate Global Governance" sind die UNO und OECD.

vernance" bezeichnet.[547] Dies belegt, daß die Regionen der Entstaatlichungsentwicklung nicht gänzlich hilflos ausgeliefert sind, sondern selbst aktiv werden, um diesen konstruktiv auf europäischer Ebene zu begegnen.

bb) Zugang zur Judikative, Repräsentierung im Rat und den anderen Institutionen

Die Länder stellten sich als erste auf den Standpunkt, sie müßten unmittelbar und stärker in die Entscheidungsfindung bei Vorhaben der Europäischen Gemeinschaften einbezogen werden. Ursprünglich gab es 1956 einen als Beobachter der Verhandlungen über den Abschluß der Römischen Verträge.[548] Dieser Länderbeobachter wurde jedoch 1958 zu einer Dauereinrichtung im Informationssystem zwischen Europäischen Gemeinschaften, Bund und Ländern. Die Schaffung dieses Postens geht zurück auf eine Vereinbarung zwischen den Ministerpräsidenten von Baden-Württemberg und Bayern mit dem damaligen Bundesaußenminister von Brentano.[549] Es handelt sich hierbei jedoch um eine eher pragmatische Lösung der Länder zur Beschaffung aktueller Informationen, der eine weitergehende kompensatorische Bedeutung nicht beigemessen werden kann.[550]

Die Länder haben wie erwähnt die Möglichkeit an Verhandlungen der Kommission und des Rates, soweit wesentliche Interessen der Länder berührt sind, teilzunehmen.[551] Durch die Änderung des Art. 203 EG[552] ist die Möglichkeit eingeräumt, daß ein Mitglied einer Landesregierung die Bundesrepublik im Rat vertreten kann.[553] In § 6 EUZBLG wurde hierzu ein abgestuftes Verfahren bestimmt. Eine Beteiligung von Ländervertretern im Ausschuß der Ständigen Vertreter, besser bekannt als COREPER[554], der die Entscheidungen des Rates vorbereitet, ist jedoch nicht vorgesehen.[555]

Ein eigenständiges Klagerecht und damit direkten Zugang zum EuGH haben die Regionen bislang nicht erhalten. Die deutschen regionalen Gebietskörperschaf-

---

547 Scholte in: Baylis/Smith, S. 23.
548 Oberländer, S.22.
549 Schmidt-Meinecke, S. 35 ff.; Remmers, S. 48; Blanke, S. 173 f.; Morass, S. 110 f.
550 Kleffner-Riedel, S. 21.
551 Vgl. § 6 Abs. 1 EUZBLG.
552 Ex-Artikel 146 EG.
553 Vgl. auch Art. 23 Abs. 6 GG; hierzu Winkelmann, DÖV 1996, S. 1 (9); Kleffner-Riedel, S. 221; Rudolf, AVR 27 (1989), S. 1 (23 f.), sie sind aber an die Weisungen des Bundesrates gebunden.
554 Auch AStV, COREPER steht für Comité des Représentants Permanents, eingehend Röhl, EuR 1994, S. 409 (418 ff.).
555 Röhl, EuR 1994, s. 409 (439 f.); Morass, S. 106 f.

ten sind verpflichtet, das Europarecht einzuhalten.[556] Sie können wie jede natürliche Person vor dem EuGH ihre Rechte einklagen, aber nur soweit sie von einer Maßnahme direkt betroffen sind.[557] Die regionalen und lokalen Gebietskörperschaften haben also einen Zugang zum EuGH, dieser legt bei der Zulässigkeit aber strenge Maßstäbe an.[558] Im übrigen muß der Bund für die Länder gem. § 7 EUZBLG die EU verklagen, wenn sie dies im Bundesrat durchsetzen.[559]

cc) Indirekte Einflußnahme: Netzwerkbildung

Die übrige Anwesenheit der Regionen auf europäischer Ebene beschränkt sich auf die sog. Informationsbüros in Brüssel. Zu erwähnen sind hier die Länderbüros und das Büro der deutschen kommunalen Selbstverwaltung. Bayern hat ein eigenes Büro auch für die kommunale Selbstverwaltung.[560] Die Büros sind tätig im Bereich der Wirtschaftsberatung, Standortwerbung, spezifischer Informationsvermittlung, Interessenvertretung und insbesondere auch im Bereich der Beschaffung von Fördergeldern.[561] Zwar kann man von einer direkten Einflußnahme der Regionen auf den europäischen Verwaltungsprozeß, nicht so sehr auf den Entscheidungsprozeß, über ihre Büros sprechen.[562] Dennoch hat ihre Lobbyingarbeit doch in gewissem Maße Erfolg, wofür auch die wachsende Zahl von Anfragen der Kommission bei den Büros spricht.[563]

Auf nationaler Ebene wird die politische Willensbildung maßgeblich durch Interessenverbände wie Gewerkschaften und Verbände beeinflußt. Auf europäischer Ebene nehmen die Büros im Rahmen der Komitologie[564] an der Entscheidungsfindung teil. Eine kompensatorische Wirkung kommt ihnen aber nicht zu.

Außerdem gibt es noch regionale Spitzenorganisationen auf der Ebene der EU und des Europarates. Ihr vorrangiges Ziel ist die Vertretung allgemeiner Beteiligungsinteressen ihrer Mitglieder durch aktiven Lobbyismus gegenüber den EG-Organen. Der Rat der Gemeinden und Regionen Europas (RGRE), gegründet 1951, ist ein Verbund aus nationalen Organisationen lokaler Körperschaften und stellt mittlerweile das zentrale Organ der Kommunen auf europäischer Ebe-

---

[556] EuGH, Rs. 14/83, Slg. 1984, S. 1891, *Von Colson und Kamann*; Rs. 103/88, Slg. 1989, S. 1861, *Fratelli Costanzo SPA*.

[557] EuGH, Rs. 222/83, Slg. 1984, S. 2891, *Commune de Differdange/Commission*.

[558] EuGH, Rs. 63/ 87 et 72/87, Slg. 1988, S. 1573, 1582, *Exécutif régional Wallon/Commission,*; Rs. 298/89, Slg. 1993, S. I-3605, 3653, *Gibraltar/Conseil*.

[559] Hierzu im einzelnen Winkelmann, DÖV 1996, S. 1 (10).

[560] Hrbek in: Krämer, S. 234 f.

[561] Fechtner, S. 137, 140.

[562] Remmers, S. 190.

[563] Fechtner, S. 138, 141.

[564] Vgl. Kapitel 1 A. I. 5.

ne dar.[565] Die Versammlung der Regionen Europas (VRE), gegründet 1984, tritt als Spitzenforum der Regionen auf Länderebene auf.[566] Die VRE initiierte beispielsweise die Konferenz „Europa der Regionen" mit. Hinzu kommt noch der Weltverband der Kommunen, die „Internationale Vereinigung der lokalen Gebietskörperschaften" (IULA), gegründet 1913.[567] Ihr Einfluß auf die europäische Gesetzgebung ist insgesamt jedoch gering.[568]

3. *Zwischenergebnis*

Die Stellung der Regionen ist im europäischen Gefüge immer noch relativ schwach.[569] Trotz großer Hoffnungen ist der AdR auch bislang nicht zu einer Regionalkammer ausgebaut worden.[570] Jedoch regt sich Hoffnung, nachdem die Kommission in ihrem Weißbuch „Europäisches Regieren" auch den AdR nicht unerwähnt ließ. Er soll eine provokativere Rolle spielen durch stärkere Eigeninitiative und den Austausch bewährter Praktiken für die Einbeziehung der Lokal- und Regionalbehörden in die vorbereitende Phase europäischer Entscheidungsfindung auf nationaler Ebene organisieren.[571] Dies zeigt, daß die Europäische Union die „substate global governance" der Regionen würdigt und sie stärken will.

Von der zunehmenden Einbindung der Regionen und Kommunen in Willensbildung und Entscheidungsfindung auf europäischer Ebene gehen partizipatorische und legitimatorische Effekte und damit eine systemstabilisierende Wirkung für das Gesamtsystem aus.[572] Die Entscheidungszentren, Kommission, Rat und zunehmend auch das Parlament werden aufgewertet, die demokratische Struktur jenseits des Nationalstaates gewinnt an Kontur.

Eine Kompensation der Kompetenzverluste der Regionen in nennenswertem Umfang liegt jedoch nicht vor.[573] Die Regionen haben aber weiterhin durch zahlreiche Eigeninitiativen die Möglichkeit, rechtzeitig von relevanten Vorhaben der EU zu erfahren und dann Einfluß zu nehmen. Dies wiederum zeigt, daß der AdR als institutionalisierte Form der „substate global governance" durch nicht institutionalisierte Formen ergänzt wird. Ein Beispiel ist die grenzüberschreitende Kooperation von Regionen, die nun untersucht wird.

---

[565] Theissen, S. 92 f.
[566] Fechtner, S. 128; Vesa in: Wellmann, S. 53.
[567] Vesa in: Wellmann, S. 53.
[568] Kleffner-Riedel, S. 22, S. 138 ff.
[569] Kleffner-Riedel, S. 29.
[570] König, S. 648.
[571] Weißbuch „Europäisches Regieren", KOM (2001) 428 endg, S. 18 f.
[572] Schultze, S. 15.
[573] So auch Pernice, DVBl. 1993, S. 909 (919).

II. Transnationaler Regionalismus: Grenzüberschreitende Zusammenarbeit

Unter transnationalem Regionalismus wird die grenzüberschreitende Interaktion zwischen benachbarten oder nichtbenachbarten Regionen und Akteuren ohne Zwischenschaltung des Nationalstaates verstanden.[574]

Das vorstehende Ergebnis wirft nun hinsichtlich des Interessenschwerpunktes der Untersuchung - den grenzüberschreitenden Tätigkeiten von Regionen, bei denen nicht die von Verfassungs wegen außenvertretungsbefugten Stellen des Bundes involviert sind - die Frage auf, inwieweit diese nach deutschem und europäischem Recht zulässig ist.

1. Rechtliche Zulässigkeit grenzüberschreitender Regionen am Beispiel der Bundesrepublik Deutschland

a) Konflikt zwischen Art. 32 Abs. 1 und 28 Abs. 2 GG

Trotz Unterminierung des außenpolitischen Handlungsmonopols der Staaten durch transnationale Akteure beanspruchen die modernen Staatsregierungen nach wie vor das Monopol der auswärtigen Gewalt grundsätzlich für sich allein, abgesehen von der gemeinsamen Außen- und Sicherheitspolitik der EU.[575]

Die grenzüberschreitende regionale, insbesondere kommunale Zusammenarbeit wirft im Hinblick auf Art. 32 GG vor allem verfassungsrechtliche Fragestellungen auf, insbesondere die der verfassungsrechtlichen Zulässigkeit dieser Zusammenarbeit. Schon bei der Gründung der Länderbüros Ende der achtziger Jahre und auch im Zusammenhang mit den Städtepartnerschaften wurde diese Frage lebhaft diskutiert.[576]

Die Auswärtigen Beziehungen sind gem. Art. 32 Abs. 1 GG dem Bund vorbehalten.[577] Lediglich die Länder haben gem. Art. 32 Abs. 3 GG die Möglichkeit, im Rahmen ihrer Zuständigkeit mit Zustimmung der Bundesregierung Verträge mit ausländischen Staaten abzuschließen. Insoweit ist die Bundesrepublik Deutschland in europäischer Hinsicht ein Sonderfall, da nur die Schweizer Kantone, die österreichischen Länder sowie die belgischen Gemeinschaften und Regionen mit ähnlichen Kompetenzen ausgestattet sind.[578]

---

[574] Schmitt-Egner, S. 27 Fn. 6.
[575] Kohler-Koch, Weltregierung, S. 129.
[576] Fechtner, S. 134 f.
[577] Hierzu auch Blanke, S.70 ff.
[578] Lott, S. 82; vgl. auch Beyerlin/Lejeune, S. VIII.

Das Bundesverfassungsgericht hatte im Kehler-Hafen-Urteil[579] festgestellt, daß sich die Bestimmungen des Grundgesetzes über völkerrechtliche Verträge nur auf Verträge mit auswärtigen Staaten und ihnen gleichzustellenden Völkerrechtssubjekten bezögen. Als Vertragspartner kommen auf deutscher Seite nur die Bundesrepublik und die Länder in Betracht. Außerdem müßten auch die ausländischen Partner diese Voraussetzung, d.h. die völkerrechtliche Vertragsschlußfähigkeit, erfüllen.[580]

Lokale Aufgabenträger werden nicht erwähnt. Sie könnten als selbständige Träger grenzüberschreitender Kooperation somit nur dann in Betracht kommen, wenn sie anderweitig hierzu ermächtigt werden. Diese Zuständigkeit könnte gegeben sein, wenn es Fragen zu regeln gilt, für die sie im nationalen Regelungsbereich die Kompetenz besitzen.[581]

Die Frage ist, ob es bei der grenzüberschreitenden Zusammenarbeit um eine Ausweitung des gemeindlichen Selbstverwaltungsrechts geht oder ob es sich um Angelegenheiten der auswärtigen Beziehungen handelt, so daß es an der Zuständigkeit der Gemeinde fehlte.

Hinsichtlich der Länderbüros wurde die Interpretation des Art. 32 GG der veränderten Situation angepaßt.[582] Die Länderbüros werden als Außenstellen der Landesexekutiven angesehen, die keine Außenpolitik im engeren Sinne betreiben.[583]

Es kann nur festgestellt werden, daß Art. 28 Abs. 2 GG und die entsprechenden Vorschriften der Landesverfassungen davon ausgehen, daß die Gemeinden in ihrem Gebiet die Träger der örtlichen Aufgaben sind.[584] Es muß betont werden, daß die Rechtsordnung der Bundesrepublik und auch die ihrer Nachbarstaaten[585] zunächst lange Zeit vom Phänomen der grenzüberschreitenden Kooperation keine Notiz nahmen, insbesondere den lokalen Aufgabenträgern wurden keine ausdrücklichen Kompetenzen zugewiesen.[586] Das Grundgesetz gebietet nicht, verbietet aber auch nicht die grenzüberschreitende regionale Zusammenarbeit.

Bei der grenzüberschreitenden Zusammenarbeit werden vornehmlich örtliche Aufgaben gemeinschaftlich erfüllt, die in den Zuständigkeitsbereich der Kom-

---

[579] BVerfGE 2, 347.
[580] BVerfGE 2, 347 (374 f.).
[581] Beyerlin, Rechtsprobleme, S. 7.
[582] Vgl. die Argumentation bei Fastenrath, S. 160 f.
[583] Fechtner, S. 138.
[584] Beyerlin, Rechtsprobleme, S. 201.
[585] Für Dänemark, Norwegen, Schweden, Finnland, vgl. Berg ZaöRV 1980, S. 613 und Levrat, S. 89 ff.
[586] Beyerlin, Rechtsprobleme, S. 36 f. und Teil 3.

munen fallen. Dies geschieht jedoch grenzüberschreitend.[587] Die Kollision der Kompetenzen ist nicht aufzuheben bzw. aus beiden Kompetenznormen ist eine Ermächtigung der Regionen zur grenzüberschreitenden Tätigkeit herleitbar. Dies bedeutet, daß es auf verfassungsrechtlicher Ebene - bis zur Einfügung des Art. 24 Abs. 1a GG[588] - keinerlei ausdrückliche Kompetenz zum staatsgrenzenüberschreitenden Handeln gab.[589] Die herrschende Meinung geht jedoch trotzdem davon aus, daß Auslandsbeziehungen der kommunale Körperschaften auch vorher verfassungsrechtlich nicht ausgeschlossen gewesen seien, da es sich nicht um Außenbeziehungen handele, sondern um ein neues Verständnis der Angelegenheiten der örtlichen Gemeinschaft im Sinne von Art. 28 Abs. 2 Satz 1 GG.[590] Argumentativ wird dies durch die Entscheidung des Bundesverwaltungsgerichtes untermauert, das davon ausgeht, daß „kommunale Außenpolitik" nicht von der auswärtigen Gewalt umfaßt werde.[591] Diese Entscheidung bezog sich allerdings auf die Städtepartnerschaften, die wie noch dargestellt wird[592], qualitativ nicht der grenzüberschreitenden Kooperation entsprechen.[593] So klafft bezüglich der Legitimation der grenzüberschreitenden verbindlichen Kooperation eine Lücke. Eine Möglichkeit, sie zu schließen, ist die Annahme einer eigenen, transnationalen Rechtsordnung, der sich das Grundgesetz nicht verschließt.[594]

b) Art. 24 Abs. 1a GG

Gem. Art. 24 Abs. 1a GG können die Länder, soweit sie für die Ausübung der staatlichen Befugnisse und die Erfüllung der staatlichen Aufgaben zuständig sind, mit Zustimmung der Bundesregierung Hoheitsrechte auf grenznachbarschaftliche Einrichtungen übertragen. Dies wurde durch Grundgesetzänderung im Jahre 1992 möglich.[595] Dem Inhalt nach ist diese Vorschrift ein Novum im deutschen Verfassungsrecht, allerdings haben eine Reihe europäischer Staaten

---

587 Auch in Verbindung mit dem Grundsatz der offenen Staatlichkeit läßt sich keine Kompetenz konstruieren, Beyerlin, Rechtsprobleme, S. 208.

588 Siehe unten Kapitel 2 A. II. 1. b).

589 So mit ausführlicher Begründung Beyerlin, Rechtsprobleme, S. 216.

590 Schwanenflügel, S. 220; Beyerlin, Rechtsprobleme, S. 225 f., 373 ff., der die Kompetenzfrage offen läßt, Art. 32 GG aber für abschließend hält und Dachverträge, die die Gemeinden ermächtigen, fordert; Gaggermeier-Scheugenpflug, S. 133 ff., argumentiert dagegen mit dem Prinzip der Bundestreue und bejaht Kompetenz aus Art. 28 Abs. 2 GG; A. Beck, S. 37 m. w. Nachw; Speiser, S. 134.

591 BVerwGE 87, 237 (240); auch BVerwG vom 14.12.1990, S. 76 ff.

592 Siehe unten Kapitel 2 A. II. 2.

593 Ähnlich auch Speiser, S 133.

594 Diesen Ansatz deutet Beyerlin, Rechtsprobleme, an, S. 226.

595 38. Gesetz zur Änderung des Grundgesetzes vom 21. 12.1992 aus Anlaß der Beschlüsse von Maastricht, BGBl. 1992 Teil I, S. 2086.

in ihrer Verfassungen in der Tendenz vergleichbare Regelungen aufgenommen.[596]

Art. 24 Abs. 1a GG stellt ein weiteres Element der umfassenden Entscheidung für eine offene Staatlichkeit des Grundgesetzes dar.[597] Diese Ermächtigung soll dem Bedürfnis nach grenzüberschreitender Zusammenarbeit auf regionaler und lokaler Ebene Rechnung tragen.[598]

Nicht erfaßt werden von dieser Regelung völlig unverbindliche Formen der Zusammenarbeit, also gelegentliche, rein informelle Interaktionen oder formalisierte Konzertierungsaktionen, wie Konsultationen und Koordinationen.[599]

Die Länder dürfen kraft Art. 24 Abs. 1a GG nicht nur sich selbst zusammen mit ausländischen regionalen oder kommunalen Partnern an solchen Einrichtungen beteiligen, sondern auch ihre lokalen Gebietskörperschaften.[600]

Umstritten ist, ob für die Gründung einer grenznachbarschaftlichen Einrichtung ein Staatsvertrag erforderlich ist, denn in Art. 24 Abs. 1a GG fehlt eine vergleichbare Formulierung „durch Gesetz" wie in Absatz 1.[601] Auf der einen Seite stehen die Vertreter der restriktiven Lösung, die einen völkerrechtlichen Vertrag und innerstaatliche Umsetzung fordern. Andererseits wird die Möglichkeit eines Rahmenvertrages, einer einfachvertraglichen Lösung und von rahmenvertraglichen Dachverträgen diskutiert.[602] Alle vorgeschlagenen Lösungen sind möglich,[603] eine Überprüfung der Praktikabilität mangels eines Praxisbeispiels[604] jedoch nicht.

Tatsache ist, daß nach bisherigem Erkenntnisstand noch kein einziger Vertrag auf Grundlage des Art. 24 Abs. 1a GG abgeschlossen wurde. Dies läßt auf bestehende Unsicherheiten bezüglich der Handhabung der Vorschrift seitens der Länder schließen.[605] Art. 24 Abs. 1a GG zeugt jedoch von einem Wandel des Staates, er erlaubt die Delegation von Hoheitsrechten im Bereich grenzüberschreitender Tätigkeit nunmehr auch auf substaatliche Einrichtungen.

Eine in diesem Zusammenhang interessante Regelung enthält § 107 Abs. 4 GO-NRW. Er enthält eine Regelung, die die kommunalwirtschaftliche Betätigung

---

596 Zu den Bestimmungen im einzelnen, BK-Tomuschat, Art. 24 Rdnr. 139-159.
597 Lott, S. 77; Sinewe, S. 142, vgl. auch Hobe, S. 144 f.
598 Uhrig, S. 57; Raich, S. 68 f.; Fischer, Europarecht, S. 210 Rdnr. 16.
599 Lott, S. 40.
600 Beyerlin, Neue Entwicklungen, S. 131 ff., auch zur Problematik der Zusammenarbeit mit Frankreich, dessen Gebietskörperschaften keinerlei Hoheitsrechte übertragen dürfen.
601 Ausführlich Lott, S. 191 ff.
602 Eingehend zum Meinungsstand Lott, S. 193 ff.
603 Lott, S. 207.
604 Eine Aufzählung der möglichen Anwendungsfälle bei Lott, S. 233-262.
605 So auch schon im Jahre 1999 Lott, S. 40 f.

der Gemeinden auch auf ausländischen Märkten erlaubt, allerdings von einer Genehmigung abhängig macht. Sie regelt die kommunalwirtschaftliche Tätigkeit im Ausland, die Teil der Daseinsvorsorge ist.[606] Diese Vorschrift aus dem Jahre 1999[607] zielt allerdings nur auf einen Teilaspekt grenzüberschreitender Zusammenarbeit ab. Sie ist außerdem nicht grundlegend und damit nicht erschöpfend.

c) Europarecht

Eine europarechtliche Grundlage für die grenzüberschreitende Kooperation der Regionen gibt es nicht. Das Europäische Parlament hat sich in einer Vielzahl von Initiativen um die Entwicklung der grenzüberschreitenden Kooperation bemüht. So forderte es bereits 1976 die Kommission[608] - vergeblich - auf, auf Basis des Art. 235 EWG-V eine Regelung zu treffen, die es lokalen Gebietskörperschaften unterschiedlicher Nationalität ermöglicht, in Form sog. Euroverbände, d. h. grenzüberschreitender Regionalverbände, auf dem Gebiet des öffentlichen Rechts zu kooperieren.[609]

d) Rahmenübereinkommen und Zusatzprotokoll des Europarates

Zum Gegenstand wissenschaftlicher Betrachtungen sind die lokalen grenznachbarschaftlichen Beziehungen erst durch die Förderung des Europarates geworden. Grundlegend war hier das Europäische Rahmenübereinkommen über die grenzüberschreitende Zusammenarbeit zwischen Gebietskörperschaften von 1980[610].

Da das Rahmenübereinkommen aber die Unterzeichnerstaaten nicht verpflichtet, für die Gebietskörperschaften rechtliche Rahmenbedingungen zum grenzüberschreitenden Handeln zu schaffen, wird teilweise von einem Ermächtigungsdefizit gesprochen.[611] Dennoch darf man das Europäische Rahmenübereinkommen in seiner Bedeutung für Art. 24 Abs. 1a GG nicht unterschätzen. Angesichts der in Art. 1 des Übereinkommens normierten Verpflichtung der Vertragsparteien, die grenzüberschreitende Zusammenarbeit zwischen den Gebietskörperschaften unterschiedlicher Staaten zu erleichtern und zu fördern,

---

606 Kühling, NJW 2001, S. 177 (180), auch zur Problematik der innerstaatlichen gemeindegrenzüberschreitenden wirtschaftlichen Betätigung der Gemeinden, die stark eingeschränkt ist.

607 Erstes Gesetz zur Modernisierung von Regierung und Verwaltung in Nordrhein-Westfalen vom 15. Juni 1999, GV NW 1999, 386.

608 Zur Regionalpolitik der EU auf Initiative der Kommission siehe unten 3.

609 J. Beck, S.98.

610 Text in BGBl. 1981, Teil II, S. 965 ff.; in 21 Mitgliedstaaten des Europarates ist es bis 1999 in Kraft getreten, ausführlich auch zur Entstehungsgeschichte Lott, S. 55 Fn. 67, 52 ff.

611 Beyerlin/Lejeune, S. VII; Lott, S. 55.

liegt die Annahme nicht fern, daß das Rahmenübereinkommen bei der Entstehung des Art. 24 Abs. 1a GG wichtige Impulse geliefert hat.[612]

Seit 1995 liegt ein das Rahmenübereinkommen aktualisierendes Zusatzprotokoll vor.[613] Es greift dabei auf die zwischenzeitlich geschlossenen bi- und multilateralen Vereinbarungen zurück und erkennt gleichzeitig an, daß das Rahmenübereinkommen keine Lösung für die rechtlichen Schwierigkeiten der grenzüberschreitenden Zusammenarbeit gebracht hat.[614]

2. Gründe für die grenzüberschreitende Tätigkeit

Grenzenüberschreitende Zusammenarbeit ist keine neues Phänomen und heute in Westeuropa fast überall zur Normalität geworden. Deutschland ist mittlerweile von einem Ring grenzüberschreitender Kooperation umgeben.[615] Die Probleme der örtlichen Gemeinschaft machen nämlich in aller Regel vor der Staatsgrenze nicht halt, ganz im Gegensatz zu den Regelungskompetenzen der zur ihrer Bewältigung aufgerufenen Aufgabenträger.[616] Ziel ist es, transnationale Probleme zu lösen und das Trennende in Grenzgebieten abzubauen.[617]

Vornehmlich die zahlreichen Städtepartnerschaften mit ausländischen Gemeinden, die seit dem Zweiten Weltkrieg geschlossen wurden, haben den Gedanken des vereinten Europa in breite Bevölkerungsschichten hineingetragen[618] und wirken so an der Förderung der europäischen Integration mit. Diese partnerschaftlichen Beziehungen zwischen den Gemeinden wurden ergänzt durch eine internationale grenznachbarschaftliche Zusammenarbeit von Gemeinden und Gemeindeverbänden, die sich im Gegensatz zu den klassischen Städtepartnerschaften in einem geographisch bestimmten Gebiet diesseits und jenseits der nationalen Grenze organisierten und teilweise aufgrund regional bedingter Probleme eine weitergehende Zielsetzung besitzen.[619] Diese Zusammenarbeit der Grenzregionen resultiert auch aus der Tatsache, daß gerade die nationalen Grenzgebiete von den Bundes- oder Zentralregierungen gegenüber dem Binnen-

---

[612] Lott, ebenda.

[613] 9. November 1995, siehe Council of Europe, European Treaty Series, No. 159.

[614] Lott, S. 56 f.

[615] So auch Student, S. 13.

[616] Beyerlin, Rechtsprobleme, S. 1; Malchus, Partnerschaft, S. 13; zu Gründen und Hindernissen der grenzüberschreitenden Zusammenarbeit ausführlich Lott, S. 42 ff.

[617] Lott, S. 44; ähnlich auch Malchus, Partnerschaft, S. 13 und in: Jurczek, S. 26 f.

[618] Heberlein, Kommunale Außenpolitik, S. 8 ff.

[619] Gaggermeier-Scheugenpflug, S. 27 f.; vgl. Überblick bei Beyerlin, Rechtsprobleme, S. 47 ff.; Malchus, Partnerschaft, S. 134 ff.

land nicht selten vernachlässigt oder jedenfalls mehr aus gesamtstaatlicher als aus spezifisch grenzzonaler Perspektive verwaltet werden.[620]

Kommunales Inseldenken[621] bei der Problembewältigung ist wenig förderlich, denn wenn Kommunalverwaltungen an den herkömmlichen Denk- und Verfahrensformen gebietskörperschaftlicher Individualität festhalten, obwohl sozialökonomische Strukturen vielfältige zwischengemeindliche Verflechtungen aufweisen, besteht die Gefahr, daß dringende kommunale Aufgaben nicht oder nur ungenügend erfüllt werden und berechtigte Bedürfnisse und Interessen der Bürger unbefriedigt bleiben.[622]

Die Gründe für das gemeinde- und auch das staatsgrenzenüberschreitende Zusammenarbeiten liegen auf der Hand. Die Vorstellung von der isolierten Gemeinde, die in ihrem Gebiet für die Bedürfnisse ihrer Einwohner alle erforderlichen Einrichtungen mit ihren Mitteln schaffen kann, ist überholt. Für diesen Befund sprechen neben dem räumlichen Strukturgefüge wirtschaftliche Erwägungen: Die meisten Gemeinden können vielfach gerade noch einen Grundbestand öffentlicher Anlagen und Einrichtungen schaffen und unterhalten. Die betriebswirtschaftliche Analyse dieser Einrichtungen läßt zudem erkennen, daß wichtige Beziehungen zwischen Kapazität, Einzugsbereich und Leistung bestehen.[623] Daraus ergeben sich Probleme der Anpassung der Kommunalverwaltung und ihrer räumlichen Organisation an den Strukturwandel. Aufgaben, welche die örtliche Verwaltungskraft übersteigen, bleiben unerfüllt, wenn sie nicht von geeigneten überörtlichen Trägern oder durch zwischengemeindliche Zusammenarbeit gelöst werden können.

Ein Zusammenarbeiten der Gemeinde bei der Erfüllung ihrer Aufgaben mit anderen Gemeinden oder die Bildung mehrgemeindlicher Organisationen stellt deshalb eine natürliche, notwendige Erweiterung ihrer Wirkungsmöglichkeiten dar.[624] Als Wege der Zusammenarbeit bieten sich insbesondere Koordination von Verwaltungsmaßnahmen, Übernahme der Durchführung durch einen Träger oder Gründung eines besonderen Trägers für grenzüberschreitende Aufgaben an. Diese Arten der Eigeninitiative sichert den Kommunen die Möglichkeit, die unmittelbaren Lebensbedürfnisse der Bevölkerung ortsnah und anpassungsfähig zu erfüllen und nicht auf staatliche Maßnahmen angewiesen zu sein.[625]

Im Falle der grenzüberschreitenden Zusammenarbeit erfolgt diese vielfach in Form von sogenannten „EUREGIOS“, teilweise auf privatrechtlichen Vereinba-

---

[620] Beyerlin, Rechtsprobleme, S. 31.
[621] Gaggermeier-Scheugenpflug, S. 31.
[622] Gaggermeier-Scheugenpflug, S. 32 f.
[623] Gaggermeier-Scheugenpflug, S. 31.
[624] Gaggermeier-Scheugenpflug, S. 32.
[625] Gaggermeier-Scheugenpflug, S. 33.

rungen oder auf Staatsverträgen beruhend, in verschiedensten kommunalen Bereichen.[626] Besonders attraktiv ist die grenzüberschreitende Zusammenarbeit nicht zuletzt durch die Bereitstellung von Fördermitteln durch die EU geworden.[627] Das Neue an den europäischen Subventionen ist, daß sie nicht von oben her ansetzen, sondern konkrete Maßnahmen zur Aktivierung der grenzüberschreitenden Zusammenarbeit auf dezentraler Ebene, also von unten her, fördern.[628]

Im Europa der Regionen kommt der Regionalpolitik der EU nunmehr eine zunehmende Bedeutung zu. Die EU hat beschlossen, die Entwicklung der Grenzregionen zu stützen, um die grenzüberschreitende Zusammenarbeit zu fördern, da die grenzüberschreitende Zusammenarbeit ein wichtiger Teil des zukünftigen Europas der Regionen darstellt. Durch die Unterstützung der grenzübergreifenden Zusammenarbeit soll der wirtschaftliche und soziale Zusammenhalt gestärkt und die negativen Folgen der Randlage der Grenzregionen vermindert werden.

Neben diesem Motiv ist die Vielfalt der interterritorialen Kooperationsnetzwerke auf substaatlicher Ebene heute durchaus auch als Ausdruck eines politischen Bewußtseins über den Wert selbst nur symbolischer Vernetzung als Standortfaktor zu verstehen. Gerade die kaum noch zu überschauende Vielfalt sub-, inner-, inter- und translokaler bzw. -regionaler und -nationaler Vernetzungen verweist in diesem Zusammenhang darauf, daß der Begriff der Region selbst schon gar nicht mehr territorial zu fassen ist.[629]

3. Regionalpolitik der Europäischen Union

Neben den Mitgliedstaaten und den Regionen, die innerhalb ihres Territoriums Regionalpolitik betreiben,[630] hat die Europäische Union selbst eine neue Form der Regionalpolitik geschaffen. Die Regionalpolitik gilt als Musterbeispiel für Politik und Verwaltung im europäischen Mehrebenensystem, seitdem die EU die Verteilung der Fördermittel nicht mehr nach festen Quoten auf die Mitgliedstaaten verteilt und die Regionen zu Adressaten wie auch zu Kooperationspartnern der europäischen Regionalpolitik geworden sind.[631]

---

[626] Schultze, S. 168 f.

[627] Insbesondere durch den Europäischen Fonds für regionale Entwicklung (EFRE) INTERREG, siehe hierzu unten Kapitel 2 A. II. 3.

[628] Beyerlin, Rechtsprobleme, S. 33 f.

[629] Albert in: Kohler-Koch, S. 53.

[630] Vgl. unten Kapitel 2 B.

[631] Benz in: Schmidt-Aßmann/Hoffmann-Riem, S. 55.

a) Regionalpolitik und Strukturfonds

Der Prozeß der Globalisierung der Wirtschaft verschärft den Wettbewerb zwischen und innerhalb der großen Wirtschaftsräume der Welt und setzt alle Regionen der Europäischen Union unter Druck. Vom Erfolg der Bemühungen zur Erhaltung und Erlangung der Wettbewerbsfähigkeit hängt die wirtschaftliche Selbstbehauptung der Europäischen Union als Ganzes ab.[632] Die Erreichung dieses Ziels soll u. a. durch die Regionalpolitik ermöglicht werden.[633]

Unter Regionalpolitik wird grundsätzlich der Einsatz derjenigen staatlichen Mittel subsumiert, der auf die Stimulation und Lenkung der räumlichen Verteilung ökonomischer Aktivitäten abzielt.[634] Diese Definition ist zumindest für den europäischen Raum zu erweitern. Die Regionalpolitik der Europäischen Union wird mit der nationalen Regionalpolitik koordiniert und ist einer der wichtigsten Bereiche der europäischen Politik.[635]

Die Regionalpolitik der Europäischen Union besteht aus den Strukturfonds, dem Kohäsionsfonds sowie aus den Gemeinschaftsinitiativen. Den Kern der regionalpolitischen Aktivitäten bilden die vier Strukturfonds. Dies sind der Fonds für regionale Entwicklung (EFRE), der Sozialfonds (ESF), die Agrarfonds, Abteilung Ausrichtung (EAGFL-A) und das Finanzinstrument für die Ausrichtung Fischerei (FIAF).[636]

Die Instrumente der Regionalpolitik antworten auf gesellschaftspolitisch unerwünschte Entwicklungen der räumlichen Verteilung von investivem Kapital. Der Handlungsbedarf regionaler Wirtschaftspolitik bemißt sich in teilräumlichen sozioökonomischen Disparitäten. Inwieweit Disparitäten die Folge von Markt- oder Staatsversagen sind, bleibt innerhalb der Wirtschaftswissenschaften umstritten.[637]

Die Regionalpolitik war in den Gründungsverträgen der EG nicht vorgesehen, erst Ende der sechziger Jahre sind erste Aktivitäten zu verzeichnen, die 1972 in der Gründung des „Fonds für Regionalentwicklung" mündeten. 1975 wurde auf

---

632 Stellungnahme des AdR „Die Struktur und die Ziele der europäischen Regionalpolitik im Zuge von Erweiterung und Globalisierung: Eröffnung der Debatte" AdR 157/2000 endg, S. 7 Rdnr. 21.

633 Vgl. hierzu Art. 158 bis 162 EG.

634 Klaphake, S. 136.

635 Budget 1/3, zunehmende Bedeutung durch Einheitliche Europäische Akte und Wirtschafts- und Währungsunion.

636 Hierzu eingehend Student, S. 30 f.

637 Fechtner, S. 180 ff.

Grundlage des Art. 235 EWG-V[638] der Europäische Fonds für Regionale Entwicklung (EFRE) geschaffen.[639]

Die Regionalpolitik oder Strukturpolitik basiert seit der Reform der Strukturfonds 1988 auf dem Prinzip des „partenariat", der Partnerschaft.[640] Die Regionen der Mitgliedstaaten haben bei den Strukturfondsprogrammen die Möglichkeit einer direkten Teilhabe durch Festlegung des Handlungsbedarfs, Planerstellung und Implementation, sie sollen als Handlungseinheiten etabliert werden.[641] Die Verordnungen für die Strukturfondsperiode ab 2000 sehen vor, die Partnerschaft auf regionale und lokale Behörden, auf die Wirtschafts- und Sozialpartner sowie die weiteren zuständigen Stellen zu erweitern.[642]

b) Gemeinschaftsinitiative INTERREG

Die Gemeinschaftsinitiativen sind Teil der Regionalpolitik und werden durch die Strukturfonds finanziert.[643] Die Gemeinschaftsinitiative INTERREG ist das Programm, das die grenzübergreifende, transnationale und interregionale Zusammenarbeit fördern soll, um eine harmonische und ausgewogene Entwicklung und Raumordnung quer durch Europa anzuregen.[644]

Im Jahre 1989 unterstützte die Europäische Kommission gem. Art. 10 EFRE-Verordnung erstmalig die Arbeit von 14 Gruppen grenzüberschreitender Pilotprojekte mit rund 21 Millionen Euro. Diese Projekte mußten sich im Hinblick auf zwei Aspekte mit den strukturellen Entwicklungsschwierigkeiten von Grenzgebieten beschäftigen: zum einen mit der institutionellen Trennung der Grenzgemeinschaften einschließlich der wirtschaftlichen und sozialen Trennung, die eine kohärente Verwaltung der Ökosysteme verhindert, und zum anderen mit der Randlage der Grenzregionen im Verhältnis zu den jeweiligen nationalen Wirtschaftszentren. Diese Pilotprojekte boten die Grundlage für die Gründung der Gemeinschaftsinitiative INTERREG I durch die Kommission im

---

[638] Heute Art. 308 EG.

[639] VO (EWG) Nr. 724/75 v. 18.3.1975, ABl. 1975 Nr. L 73, S. 1; Raich, S. 42 f.; Theissen, S. 61; Haverland, S. 5; Student, S. 29 f. Die großen Strukturfonds sind: Regionalfonds - EFRE, Sozialfonds - ESF, Agrarfonds/Abteilung Ausrichtung - EAGL, Fischereifonds - FIAF, vgl. Schultze, S. 52.

[640] Theissen, S. 64; Schultze, S. 48, neben vier weiteren Prinzipien; Benz in: Schmidt-Aßmann/Hoffmann-Riem, S. 55.

[641] Schultze, S. 48 f.; Fechtner, S. 200 f.

[642] Ahlke/Göddecke-Stellmann/Illès/Schön, Informationen zur Raumentwicklung 1999, S. 687 (698).

[643] Zu den einzelnen Gemeinschaftsinitiativen, Student, S. 34; Bayerischer Gemeindetag, Loseblattsammlung; Sinewe, S. 122 ff.; Raich, S. 45; Klaphake, S. 162 f.

[644] Stellungnahme AdR 219/1999 „Gemeinschaftsinitiativen 2000 -2006 - INTERREG, EQUAL - LEADER+", S. 3.

Jahre 1990.[645] Das Programm INTERREG I, das vor dem Hintergrund der Vollendung des Binnenmarktes entstanden ist, zielte in erster Linie auf die Entwicklung und die wirtschaftliche Umstrukturierung der Grenzregionen ab.[646] Die Europäische Kommission verabschiedete im Juni 1994 die Leitlinien für INTERREG II für den Zeitraum von 1994 bis 1999. Für die grenzüberschreitende Zusammenarbeit wurden rund 2,6 Milliarden Euro vorgesehen, verglichen mit den übrigen dreizehn Gemeinschaftsinitiativen der höchste Betrag. Die Hauptziele von INTERREG II lauteten folgendermaßen:

- die Regionen an den Binnen- und Außengrenzen der Gemeinschaft zu unterstützen und die spezifischen Entwicklungsprobleme aufgrund ihrer isolierten Lage innerhalb der Volkswirtschaften und der Gemeinschaft insgesamt im Interesse der ortsansässigen Bevölkerung und im Einklang mit den Zielsetzungen des Umweltschutzes zu beheben;
- den Aufbau und die Entwicklung von Kooperationsnetzen auf beiden Seiten der inneren Grenzen zu fördern und gegebenenfalls im Rahmen der Verwirklichung des Binnenmarktes im Jahre 1992 Verbindungen zwischen diesen Netzen und den größeren Netzen der Gemeinschaft herzustellen;
- die Anpassung der Regionen an den Außengrenzen an ihre neue Rolle als Grenzregionen eines einzigen integrierten Marktes zu fördern;
- die neuen Kooperationsmöglichkeiten mit Drittländern in den Regionen an den Außengrenzen der Gemeinschaft zu nutzen.

INTERREG II wurde mittels 59 operationeller Programme entwickelt. Die für diese operationellen Programme bereitgestellten Kredite der EU beliefen sich in bestimmten Ziel-1-Regionen auf mehr als 100 Millionen Euro und erreichten für Spanien und Portugal eine Größenordnung von 552 Millionen Euro.

Für die Periode 1994 bis 1999 wurde die grenzüberschreitende Zusammenarbeit durch das PHARE-Crossborder-Cooperation-Programm[647] auch in denjenigen Grenzregionen Mittel- und Osteuropas gefördert, die an die Europäische Union grenzen. Für die Staaten der ehemaligen Sowjetunion existiert das TACIS-Crossborder-Cooperation-Programm.[648]

---

[645] 31 operationeller Programme, die über ein Budget von insgesamt 1.082 Millionen Euro verfügten, von dem der überwiegende Teil für Ziel-1-Gebiete bestimmt war.

[646] Die REGEN-Initiative, die in demselben Jahr in Ergänzung zum INTERREG-Programm gestartet wurde, zielte ihrerseits auf die Herstellung bestimmter fehlender Verbindungen des transeuropäischen Verkehrs- und Energieversorgungsnetzes in den Ziel-1-Regionen ab. Diese beiden Programme sind Bestandteil der Programme PHARE bzw. TACIS. Die REGEN-Initiative wurde während der Planungsperiode 1994-1999 ebenfalls fortgesetzt, und zwar mit einem Budget von 550 Millionen Euro.

[647] PHARE CBC.

[648] TACIS CBC.

Darüber hinaus verabschiedete die Kommission im Jahre 1994 eine neue Initiative für eine neue Form der Zusammenarbeit. Hierbei handelt es sich um INTERREG II C mit einem Budget von 413 Millionen Euro, die im wesentlichen auf die Durchführung einer Gemeinschaftsaktion zur Bekämpfung von Überschwemmungen und Dürreperioden sowie auf die Entwicklung einer territorialen Planung für große geographische Gebiete in der gesamten Union abzielt. Darüber hinaus hat sich, dank der Artikel-10-Pilotprojekte des EFRE, im Rahmen der Kooperation eine interregionale Zusammenarbeit entwickelt, die die Zusammenarbeit zwischen den Regionen des gesamten Unionsgebietes im Hinblick auf den Austausch guter Praxis und neuer Technologien sowie den Transfer von Know-how umfaßten, insbesondere zwischen den wirtschaftlich erfolgreichen und den benachteiligten Regionen der Union.

In zahlreichen Fällen läßt sich der tatsächlich grenzüberschreitende Charakter von INTERREG noch nicht klar erkennen, was insbesondere für die großen INTERREG-Programme gilt, die sich im Wesentlichen auf Infrastrukturen und die endogene Entwicklung in den verschiedenen Grenzregionen beziehen. Die Grenzprogramme wurden noch allzu häufig parallel und unter einem nationalen Blickwinkel entwickelt und anschließend der Europäischen Kommission gemeinsam mit dem Nachbarland vorgelegt. Daher handelt es sich häufig lediglich um nationale Projekte, die sich auf Grenzprobleme beziehen, die in den Begleitausschüssen auf beiden Seiten behandelt werden. Zuweilen werden nationale Grenzprojekte auch in einer Art „Paket" zusammengefaßt und zu grenzüberschreitenden Maßnahmen erklärt.

Im Rahmen von INTERREG I (1990-1993/95) hatte die Europäische Union Projekte der grenzüberschreitenden Kooperation zwischen Dänemark und Schleswig-Holstein mit rund 10,5 Mio. DM unterstützt. Unter INTERREG II waren es schon etwa 36 Mio. DM, die beispielsweise in den drei deutsch-dänischen „INTERREG-Regionen“ flossen.[649]

c) INTERREG III: Die Ausrichtungen A, B, C und die Programme

Die Art. 3 und 4 der neuen Verordnung über EFRE[650] und Art. 20 bis 23 der Verordnung über die allgemeinen Bestimmungen zu den Strukturfonds[651] sehen weiterhin Gemeinschaftsinitiativen und innovative Maßnahmen vor. INTERREG III (2000-2006) umfaßt nunmehr drei Ausrichtungen[652]. Ausrich-

---

[649] Hierzu unten Kapitel 2 B. I. 2.

[650] VO (1261), ABl. L 161-43 vom 26.6.1999.

[651] VO (1260), ABl. L 161-1 vom 26.6.1999.

[652] Und verfügt über einen Gesamthaushalt von 4,875 Milliarden Euro, vgl. hierzu INTERREG III Leitlinien der Kommission, Mitteilung K (2000) 1101 und Leitlinien INTERREG III c der Kommission, Mitteilung K (2000)1088, endg.

tung A oder die grenzübergreifende Zusammenarbeit benachbarter Gebiete soll anhand der Umsetzung gemeinsamer Entwicklungsstrategien das Entstehen grenzübergreifender wirtschaftlicher und sozialer "Pole" fördern.[653]

Ausrichtung B dient der transnationalen Zusammenarbeit zwischen nationalen, regionalen und lokalen Behörden. Es soll ein hohes Maßes an räumlicher Integration innerhalb der Union anhand großräumiger Zusammenschlüsse europäischer Regionen entwickelt werden, um eine nachhaltige, harmonische und ausgewogene Entwicklung in der Gemeinschaft und eine bessere räumliche Integration der 15 Mitgliedstaaten mit den Beitrittskandidaten und anderen Nachbarländern zu erreichen.

Im Rahmen der Ausrichtung B gilt Regionen in äußerster Randlage und Inselgebieten besondere Aufmerksamkeit. Des weiteren umfaßt sie Möglichkeiten, die Kooperation zwischen Regionen zu fördern, die mit ähnlichen Problemen konfrontiert sind, wie etwa Berggebiete.

Das gesamte Unionsgebiet sowie alle angrenzenden Regionen können im Rahmen transnationaler Kooperationsprogramme gefördert werden. Zur Bildung derartiger Programme haben sich verschiedene Regionen zusammengeschlossen, die in der Planungsperiode 1994-1999 von INTERREG II C (Raumplanung) und den über Artikel 10 der EFRE-Verordnung für 1994-1999 unterstützte Maßnahmen im Bereich der Raumplanung betroffen waren.[654]

Vorschläge für transnationale Zusammenarbeit müssen folgende Elemente berücksichtigen: die Erfahrungen aus INTERREG II C; die Prioritäten der Gemeinschaftspolitik, insbesondere im Hinblick auf Transeuropäische Verkehrsnetze und die Empfehlungen des Europäischen Raumentwicklungskonzepts (EUREK).

---

[653] Prioritäre Themen: Förderung der Entwicklung von städtischen, ländlichen und Küstengebieten; Förderung des Unternehmertums; Förderung von KMU, einschließlich im Fremdenverkehr; Förderung lokaler Beschäftigungsinitiativen; Unterstützung der Integration auf dem Arbeitsmarkt und der sozialen Eingliederung; gemeinsame Nutzung der Humanressourcen und Einrichtungen in den Bereichen Forschung, technologische Entwicklung, Bildung, Kultur, Kommunikation, Gesundheit und öffentliche Sicherheit; Förderung des Umweltschutzes und erneuerbarer Energieträger, Verbesserung der Energieeffizienz; Verbesserungen in den Bereichen Verkehr, Informations- und Kommunikationsnetzwerke und -dienste, Wasser- und Energieversorgung; Verstärkung der Zusammenarbeit in den Bereichen Justiz und Verwaltung; Stärkung der Humanressourcen und des institutionellen Potentials für die grenzübergreifende Zusammenarbeit.

[654] Westliches Mittelmeer, Alpenraum, Südwesteuropa, Nordwesteuropa, Nordseeraum, Nördliche Randgebiete, Ostseeraum, Adria und Südosteuropa, Mittlerer und östlicher Mittelmeerraum (Archimed - Griechenland, Sizilien, Kalabria, Basilikata, Apulien), Atlantikraum, Regionen in äußerster Randlage: Kanarische Inseln, französische Überseedepartements, Azoren und Madeira

In diesem Zusammenhang sind prioritäre Maßnahmen die Ausarbeitung territorialer Entwicklungsstrategien auf transnationaler Ebene, einschließlich der Zusammenarbeit zwischen Städten bzw. Stadtgebieten und ländlichen Gebieten und die Förderung leistungsfähiger und nachhaltiger Transportsysteme ein, verbesserter Zugang zur Informationsgesellschaft[655] und der Schutz der Umwelt und der natürlichen Ressourcen, insbesondere der Wasserressourcen.

Ausrichtung C oder die interregionale Zusammenarbeit zielt darauf ab, die Politiken und Instrumente für Regionalentwicklung durch einen umfangreichen Informations- und Erfahrungsaustausch, durch Vernetzung effizienter zu gestalten.

Die gesamte INTERREG-Initiative ist auf Zusammenarbeit ausgerichtet; ihre Ausrichtung C ist der einzige Teil ohne geographische Beschränkungen. Das bedeutet, daß die Regionen mit Partnern in ganz Europa zusammenarbeiten können.

Die Ausrichtung C betrifft insbesondere Regionen mit Entwicklungsrückstand und in Umstellung befindliche Regionen.

Vorrangige Themen sind der Austausch von Erfahrungen und erfolgreichen Ansätzen zwischen den Mitgliedstaaten und mit Drittländern im Hinblick auf die grenzübergreifende und transnationale Zusammenarbeit der Ausrichtungen A und B der Initiative INTERREG III, Kooperationsmaßnahmen in Bereichen wie Forschung, technologische Entwicklung, Unternehmertum, Informationsgesellschaft, Tourismus, Kultur oder Umwelt.

Der Gesamtbeitrag des EFRE zu INTERREG III C im Zeitraum 2000-2006 beläuft sich auf 295 Mio. Euro.

Empirische Untersuchungen belegen, daß die Kooperation in der europäischen Regionalpolitik durchaus erfolgreich praktiziert wird. Die Kooperation auf der regionalen Ebene sowie funktioniert insgesamt gut.[656] Da INTERREG bisher das Programm war, das den wesentlichen Impuls zur Intensivierung grenzüberschreitender Zusammenarbeit gegeben hat[657], zeigt die Umstrukturierung und der Ausbau der Initiative die Gewichtung der Europäischen Union. Sie fördert die „substate global governance" durch eigens geschaffene Instrumente und damit die Netzwerkstruktur in ihrem Mehrebenensystem, denn der Kontakt zwischen regionaler sowie lokaler Ebene mit der EU-Ebene werden intensiviert. Das Prinzip der Partnerschaft bewirkt Mitsprache und Gleichberechtigung und damit Legitimation.

---

[655] Hier wird darauf abgezielt, die Verbindungen zu Inselgebieten und Gebieten in äußerster Randlage zu verbessern.

[656] Eine Übersicht und genaue Analyse bei Benz in: Schmidt-Aßmann/Hoffmann-Riem, S. 57.

[657] Hrbek/Weyand, S. 78.

B. Transnationale regionale Zusammenarbeit

I. Überblick über die bestehenden Projekte

1. Grenzüberschreitende Zusammenarbeit deutscher Regionen

Grenzüberschreitende Tätigkeit bedeutet über die Grenzen der jeweiligen Region hinaus, d. h. sowohl Zusammenarbeit mit anderen Regionen in dem gleichen Staat, als auch staatsgrenzenüberschreitend.[658] Trotz des Hindernisses, daß jeder Gebietsteil in eine eigene nationale Rechtsordnung eingebunden ist, in Deutschland darüber hinaus noch in die des jeweiligen Bundeslandes,[659] hat sich eine breite Vielfalt an grenzüberschreitenden Aktivitäten entwickelt.[660]

Die grenznachbarschaftliche Zusammenarbeit ist im Gegensatz zu den Städtepartnerschaften geprägt von den spezifischen Problemen der Grenzräume, ihrer geographischen und oftmals wirtschaftlichen Randlage in den jeweiligen Staaten.[661] Sie findet häufig in schlichten, rechts-unverbindlichen Formen statt.[662]

a) Schweiz, Frankreich und Österreich: Einzelkooperation

Für die Einzelkooperationen gibt es zahlreiche Beispiele u. a. in den Bereichen der Abwasser- und Abfallbeseitigung sowie der Erdgas- und Strombelieferung.[663] Zunächst gibt es im Verhältnis Schweiz-Deutschland die Verträge zwischen Konstanz und Kreuzlingen, zwischen Büsingen und Dörflingen über die gemeinsame Abwasserbeseitigung[664] und zwischen Büsingen und Schaffhausen über die Wasserversorgung.[665] Im deutsch-französischen Raum bestehen Verträge zwischen dem Abwasserverband Saar und der lothringischen Stadt Sarre-

---

658 Vorliegend ist nur die staatsgrenzenüberschreitende Zusammenarbeit Untersuchungsgegenstand, aber auch im nationalen Bereich hat sich eine Form von (gemeinde-) grenzenüberschreitender Kooperation herausgebildet, Beispiel hierfür ist der Umlandverband Frankfurt, der 1975 durch das Umlandverbandsgesetz zahlreichen Gemeinden als Körperschaft des öffentlichen Rechts gegründet wurde, GVBl. 1974, Teil I S 427.

659 Lott, S. 45.

660 Auf die Problematik des Zwei-Klassen-Systems, auf der einen Seite privilegierte Regionen im föderalen System und auf der anderen im zentralistischen System wie z. B. Frankreich, wird an dieser Stelle nicht eingegangen, vgl. hierzu Beyerlin, Neue Entwicklungen, S. 119.

661 Heberlein, DÖV 1996, S. 100.

662 Oehm, S. 141.

663 Eine detaillierte Darstellung, allerdings nur nach dem Stand von 1988, Beyerlin, Rechtsprobleme. S. 47 ff.

664 Vgl. Schlögel, S. 221 ff, 234 ff.

665 Schlögel, S. 280 ff.

guemines (Saargemünd)[666] und zwischen dem Ortenaukreis und Straßburg über die Abfallbeseitigung[667].

Im deutsch-österreichischen Grenzraum bestehen zwischen Lindau und Bregenz ein Gaslieferungsvertrag, zwischen Kiefersfelden und Kufstein ein Stromlieferungsvertrag.[668] Auf beide Verträge ist deutsches Recht anwendbar. Zu dem Gaslieferungsvertrag gehört noch ein Schiedsvertrag für den Fall von Meinungsverschiedenheiten und Streitfällen.[669]

b) Luxemburg

Das Land Rheinland-Pfalz hat 1974 einen Staatsvertrag mit dem Großherzogtum Luxemburg über die gemeinsame Erfüllung von wasserwirtschaftlichen Aufgaben durch Gemeinden und andere Körperschaften geschlossen.[670]

Er ermächtigt in seinem Art. 2 Gemeinden und andere Gebietskörperschaften, sich zur Erfüllung wasserwirtschaftlicher Aufgaben in Verbänden zusammenzuschließen, öffentlich-rechtliche Vereinbarungen zu treffen und kommunale Arbeitsgemeinschaften zu bilden.[671] Die Umsetzung des Vertrages erfolgte durch eine öffentlich-rechtliche Vereinbarung und die Verbandssatzung des „Internationalen Abwasserklärwerk Echternach-Weilerbach".[672]

Art. 15 des Staatsvertrages bestimmt die Errichtung eines Schiedsgerichtes, welches gemäß Absatz 2 über öffentlich-rechtliche Streitigkeiten der Verbände mit den Aufsichtsbehörden und ihren Mitgliedern, aber auch zwischen den Verbänden und einzelnen Bürgern oder juristische Personen entscheiden soll.[673]

Streitig ist vorliegend, ob eine Übertragung von Hoheitsrechten vorliegt, die verfassungswidrig wäre wegen eines Verstoßes gegen Art. 24 Abs. 1 GG. Im Ergebnis liegt diese Übertragung nicht vor, die Begründung hierfür ist jedoch interessant. Beyerlin[674] argumentiert, aufgrund der in Art. 14 des Vertrages ent-

---

666 Beyerlin, Rechtsprobleme, S. 79 f.

667 Beyerlin, Rechtsprobleme, S. 78 f.

668 Schlögel, S. 295 ff., 319 ff. jeweils mit genauer Analyse der Vertragstexte; Beyerlin, Rechtsprobleme, S. 47.

669 Schlögel, S. 299.

670 GVBl. 1975, S. 55 f.; Beyerlin, Rechtsprobleme, S. 87 ff.

671 Lott, S. 84; eine ausführliche Darstellung des Inhalts der einzelnen Artikel des Staatsvertrages findet sich bei Beyerlin, Rechtsprobleme, S. 87 ff. sowie Oehm, S. 14 ff.

672 Diese Vereinbarung erfolgte zwischen Echtnernach und Irrel am 29.7/18.10.1977, Verbandssatzung vom 10.10.1980/11.3.1981, Beyerlin, Rechtsprobleme, S. 88.

673 Hierzu auch Rudolf, AVR 27 (1989), S. 1 (12).

674 Beyerlin, Rechtsprobleme, S. 256 f.

haltenen Kündigungsklausel sei kein dauerhafter Verzicht auf Hoheitsbefugnisse gewollt gewesen.[675]

c) Regiorat und CIMAB

Die Regio Basiliensis ist privatrechtlich als Arbeitsgruppe organisiert und existiert seit 1963.[676] Sie schloß sich 1995 mit der Regio du Haut-Rhin und der Freiburger Regio Gesellschaft zum Regiorat zusammen in Form einer Arbeitsgemeinschaft.[677] CIMAB, Communauté Moyenne Alsace-Breisgau, ist privatrechtlich organisiert.[678]

d) Saar-Lor-Lux

Die Region Saar-Lor-Lux verbindet die belgische Provinz Luxembourg, das französische Departement Lorraine, das Saarland, Teile von Rheinland-Pfalz und Luxemburg.[679]

Die Kooperation in dieser Region ist vielfältig. Besonders interessant ist der 1986 gegründete Interregionale Parlamentarierrat Saar-Lor-Lux/Rheinland-Pfalz/Belgisch Luxemburg. Er besteht neben den Präsidenten der beteiligten Parlamente und Regionalversammlungen aus jeweils sechs Vertretern der gewählten Gremien.[680] Der Parlamentarierrat kann zwar keine Entscheidungen mit Außenwirkung treffen, ist aber aufgrund der Herkunft seiner Mitglieder in der Lage, Einfluß auf deren Exekutiven auszuüben.[681] Darüber hinaus gründeten sich 1989 ein gemeinsamer Ausschuß und die kommunale Arbeitsgemeinschaft COMREGIO, die sich 1995 in die EUREGIO SaarLorLuxRhein umwandelte und ein Verein nach niederländischem Recht ist.[682]

e) EUREGIO

EUREGIO ist ein Modell für regionale Kooperation geworden. Zusammen mit der Saar-Lor-Lux-Region wird diese Kooperation auch als Pionierphase bezeichnet, die im Fall der EUREGIO von den Regionen selbst eingeleitet wurde.[683] Mittlerweile gibt es 18 EUREGIOS.[684] Jedoch wird der Begriff nicht für

---

[675] Zum weiteren Meinungsstand und Argumentation, Lott, S. 86.
[676] Ausführlich Speiser, S. 37 ff; Groß/Schmitt-Egner, S. 75; Schlögel, S. 378 ff.
[677] Vgl. A. Beck, S. 23.
[678] Heberlein, DÖV 1996, S. 100 (103).
[679] Diese Kooperation läßt sich bis 1969 zurückverfolgen, Raich, S. 101, 107; Groß/Schmitt-Egner, S. 109.
[680] Ausführliche Darstellung bei Raich, S 111; Groß/Schmitt-Egner, S. 115.
[681] Sinewe, S. 168.
[682] Raich, S. 114 f.; Sinewe, S. 172 ff.
[683] Brunn/Schmitt-Egner (Hrsg.), S. 8.

eine einheitliche Form der Kooperation verwendet. So ist Beispielsweise die EUREGIO Watten eine Zusammenarbeit aufgrund eines völkerrechtlichen Vertrages.

Die EUREGIO Gronau-Enschede ist das erste Beispiel für diese Form der Kooperation. Sie wurde 1978 gegründet, eine Zusammenarbeit fand jedoch schon seit den fünfziger Jahren statt.[685] Diese EUREGIO ist eine Arbeitsgemeinschaft mit Sitz in Gronau. Die Kooperation vollzieht sich auf öffentlich-rechtlicher Basis.[686]

Am 15. April 1978 konstituierte sich in Gronau der EUREGIO-Rat als erstes grenzüberschreitendes kommunales parlamentarisches Gremium auf regionaler Ebene innerhalb der EG.[687] Das oberste Entscheidungsorgan der EUREGIO Gronau-Enschede setzt sich aus Parlamentariern zusammen, die die an der EUREGIO beteiligten Gebietskörperschaften in lokalen, regionalen, nationalen Parlamenten sowie dem Europäischen Parlament vertreten.[688] Eine Direktwahl findet bisher nicht statt.

Die EUREGIO Rhein-Waal war zunächst eine Arbeitsgemeinschaft, seit 1993 ist sie ein öffentlich-rechtlicher Zweckverband mit eigener Rechtspersönlichkeit - ein Novum.[689] Der öffentlich-rechtliche Zweckverband EUREGIO Rhein-Waal wurde im übrigen auf Grundlage des Isselburg-Anholt-Abkommens geschlossen.[690] Die EUREGIO Maas-Rhein ist seit 1976 eine grenzüberschreitende Arbeitsgemeinschaft in Form einer niederländischen Stichting und damit privatrechtlich organisiert.[691] Die Ems-Dollart-Region (EDR) ist 1977 gegründet worden und war zunächst privatrechtlich organisiert. Durch das Isselburg-Anholt-Abkommen[692] wurde die Zusammenarbeit seit 1998 auf öffentlich-rechtlicher Basis fortgeführt. Die EDR ist nunmehr ein deutscher Zweckverband und nach niederländischem Recht eine öffentlich-rechtliche Körperschaft.[693]

---

684 EUREGIO Gronau-Enschede; TriRhena, Maas-Rhein, Ems-Dollart, Rhein-Maas-Nord, Rhein-Waal, PAMINA, Neiße, Erzgebirge, Elbe-Labe, Pomerania, Bayerischer Wald/Böhmerwald (eingetragener Verein), Egrensis, Spree-Neiße-Bober, Viadrina, Inn-Salzach, Salzburg/Berchtesgadener Land/ Traunstein, Saar-Lor-Lux.

685 Groß/Schmitt-Egner, S. 49.

686 Raich, S. 144; A. Beck, S. 22; mit Beispielen und zur Entstehungsgeschichte, von Unruh, S. 615, 619 f. ;

687 Raich, S. 145.

688 Albert in : Kohler-Koch, S. 54.

689 Groß/Schmitt-Egner, S.52; Student, S. 77.

690 Dazu unten Kapitel 2 B. I. 1. e).

691 Jansen, S. 4 f., 11; Groß/Schmitt-Egner, S. 55. Ausführliche Auflistung der Projekte, die durch INTERREG I und II gefördert wurden, siehe Jansen, S. 20 ff.

692 Vgl. unten Kapitel 2 B. I. 1. e).

693 Student, S. 120 f.

Die Grenzregion Rhein-Maas-Nord wurde aufgrund eines Staatsvertrages ins Leben gerufen.[694] Mittlerer und Südlicher Oberrhein sind als Arbeitsgemeinschaften organisiert. Sie gehen auf eine zwischenstaatliche Vereinbarung von 1974 zurück.[695] Die ARGE Alp und ARGE Alpen Adria sind ebenfalls Arbeitsgemeinschaften, gegründet 1972 bzw. 1974.[696] Die EUREGIO Egrensis ist ein rechtsfähiger Verein nach deutschem Recht.[697]

Seit 1991 gibt es die Neue Hanse Interregio, eine Kooperation zwischen den deutschen Ländern Bremen und Niedersachsen sowie den niederländischen Provinzen Drenthe, Friesland, Groningen und Overijssel. Sie ist der größte regionenübergreifende Kooperationsverband im Nordwesten der EU und wurde durch eine Regierungsvereinbarung gegründet.[698]

e) Isselburg-Anholt-Abkommen

Dieses Abkommen wurde zwischen Nordrhein-Westfalen und Niedersachsen mit dem Königreich der Niederlande und der Bundesrepublik Deutschland über die Zusammenarbeit zwischen Gebietskörperschaften und anderen öffentlichen Stellen am 23. Mai. 1991 geschlossen.[699] Der Vertrag regelt die grenzüberschreitende Zusammenarbeit von Trägern der kommunalen Verwaltung, mithin Gemeinden, Gemeindeverbänden und Landkreisen, in Form von öffentlich-rechtlichen Zweckverbänden, durch den Abschluß öffentlich-rechtlicher Verträge und die Bildung kommunaler Arbeitsgemeinschaften.[700]

Bei Rechtsstreitigkeiten richtet sich der Rechtsweg jeweils nach dem Recht des Vertragsstaates der öffentlichen Stelle, deren Aufgaben erfüllt worden sind, bei Streitigkeiten zwischen den öffentlichen Stellen ist der Rechtsweg des Vertragsstaates anwendbar, in dem der Beklagte seinen Sitz hat.[701]

Das Abkommen schließt im übrigen ausdrücklich aus, daß ein Zweckverband Dritten irgendwelche Verpflichtungen auferlegen kann.[702] Es dürfen keine Verwaltungsakte unmittelbar an die auf dem Gebiet einer seiner Mitgliedsgemein-

---

694 Groß/Schmitt-Egner, S. 44.
695 Groß/Schmitt-Egner, S. 60.
696 Hierzu ausführlich Strassoldo in: Brunn/Schmitt-Egner, S. 172.
697 Schultze, S. 170 f.; Groß/Schmitt-Egner, S. 69.
698 Student, S. 153 f.
699 Nds. GVBl. 1992, S. 69.
700 Vgl. Art. 1 Abs. 1 des Vertrages, gem. Abs. 3 auch die Zusammenarbeit mit nichtkommunalen öffentlichen Stellen wie etwa Handelskammern in wesentlichen kommunalen Fragen. Hinsichtlich der Form der Zusammenarbeit greift das Abkommen die Regelungsvorschläge der Mustervereinbarungen 1.4 und 1.5 des Rahmenübereinkommens des Europarates auf.
701 Art. 11 des Abkommens, Lott, S. 89.
702 Lott, S. 89 f.

den ansässigen Bürger ergehen.[703] Hierbei bleiben sie auf die Umsetzung ihrer Entscheidungen durch nationale Verwaltungsbehörden angewiesen.[704]

f) Karlsruher Übereinkommen

Das „Übereinkommen zur grenzüberschreitenden Zusammenarbeit zwischen Gebietskörperschaften und örtlichen öffentlichen Stellen", das sog. Karlsruher Abkommen wurde am 23. Januar 1996 geschlossen.[705] Es eröffnet erstmals kommunalen Gebietskörperschaften im gesamten Grenzraum der Bundesrepublik Deutschland mit der Schweiz, Frankreich und Luxemburg umfassend die Möglichkeit, in öffentlich-rechtlicher Form miteinander zu arbeiten.[706]

Hervorzuheben ist, daß das Übereinkommen insbesondere in Art. 2 Abs. 1 keine Beschränkung auf unmittelbare Grenzanlieger vorsieht. Dies bedeutet, daß auch Gemeinden, die nicht im unmittelbaren Grenzraum liegen, mit anderen Gemeinden jenseits der Grenze kooperieren können.[707] Grundlage der im Übereinkommen geregelten grenzüberschreitenden Zusammenarbeit sind sogenannte Kooperationsvereinbarungen.[708] Darauf aufbauend sind als Formen der Zusammenarbeit neben der Bildung von Einrichtungen ohne bzw. mit Rechtspersönlichkeit[709] oder der Beteiligung an solchen insbesondere die Gründung grenzüberschreitender Zweckverbände[710] vorgesehen.

Gem. Art. 5 ist die Übertragung von Hoheitsrechten nicht zulässig. Der in Art. 11 geregelte grenzüberschreitende Zweckverband ist gemäß Absatz 2 eine juristische Person des öffentlichen Rechts, die Rechtsfähigkeit und Finanzhoheit besitzt. Das Übereinkommen definiert ausführlich die Grundzüge dieses Rechtsinstituts, wobei auf die nationalen Rechtsordnungen ergänzend verwiesen wird. So kann man von einer neuen Rechtsfigur multinationalen oder transnationalen Rechts sprechen.[711]

Das Übereinkommen baut teilweise auf der Kooperation der Saar-Lor-Lux-Region auf[712]. Erste Gründung aufgrund dieses Übereinkommens war im Jahre 1997 die Arbeitsgemeinschaft PAMINA.[713]

---

[703] Beyerlin, Neue Entwicklungen, S. 125.
[704] Raich, S. 159.
[705] Vgl. Anhang IV.
[706] Lott, S. 93.
[707] Lott, S. 105.
[708] Art. 3 Abs. 1 des Übereinkommens, diese Vereinbarungen sind wohl ebenfalls öffentlich-rechtlicher Natur.
[709] Art. 9 und 10 des Übereinkommens.
[710] Art. 11 des Übereinkommens.
[711] Lott, S. 111.
[712] Siehe oben Kapitel 2 B. I. 1. d).

g) Mainzer Abkommen

Entsprechend den Zielsetzungen des Karlsruher Übereinkommens gab es speziell für den deutsch-belgischen Grenzraum den Wunsch eines vergleichbaren Abkommens. Am 8. März 1996 wurde das „Abkommen über grenzüberschreitende Zusammenarbeit zwischen Gebietskörperschaften und anderen öffentlichen Stellen", das sog. Mainzer Abkommen, unterzeichnet.[714] Im Rahmen der Zusammenarbeit sollten Befugnisse wahrgenommen werden, die nur öffentlich-rechtlichen Körperschaften zustehen, so daß grenzübergreifend mehr Aufgaben und einige Aufgaben besser erfüllt werden können. Bereits existierende privatrechtliche Formen der Zusammenarbeit können jedoch bestehen bleiben.[715] In Art. 1 des Abkommens werden die öffentlichen Stellen aufgezählt, die unmittelbar in seinen Anwendungsbereich fallen. Die Form der Zusammenarbeit ist wiederum der Zweckverband[716], die öffentlich-rechtliche Vereinbarung[717] und die kommunale Arbeitsgemeinschaft[718]. Die Struktur ähnelt dem Karlsruher Übereinkommen.[719]

h) AGEG

Neben dem schon erwähnten Rat der Gemeinden und Regionen Europas (RGRE) als grenzüberschreitender Form der Zusammenarbeit ist noch die Arbeitsgemeinschaft Europäischer Grenzregionen (AGEG) zu erwähnen.

Sie wurde 1971 ins Leben gerufen und ist ein nichteingetragener Verein. Eine der Hauptaufgaben liegt in der Vertretung der Gesamtinteressen der Grenzregionen gegenüber Organisationen und Behörden auf nationaler und supranationaler Ebene.[720] Die AGEG kooperiert eng mit dem RGRE und der bereits angesprochenen Versammlung der Regionen Europas (VRE). Sie wurde schon 1978 in die Liste der nichtgouvernementalen Organisationen mit beratender Stimme beim Europarat aufgenommen.[721]

---

[713] Lott, S. 101, 114 f., PAMINA (PA = Palatinat/Südpflalz, MI = Mittlerer Oberrhein, NA = Nord Alsace, der PAMINA-Raum umfaßt 6.000 km^2 und 1, 5 Millionen Einwohner); weitere Projekte ebenda.

[714] Text vgl. Anhang V.

[715] LT-Drs. NW 12/879, S. 17.

[716] Vgl. Art. 3 bis 5 des Abkommens.

[717] Art. 6 des Abkommens.

[718] Art. 7 des Abkommens.

[719] Zu ersten Anwendungsbeispielen, die auch durch INTERREG gefördert werden können, Lott, S. 128.

[720] Brunn/Schmitt-Egner (Hrsg.), S. 10.

[721] Vgl. Raich, S. 156 f.

2. Grenzüberschreitende Kooperation in Schleswig-Holstein

a) Region Schleswig/Sønderjylland

aa) Geschichte und Bildung der grenzüberschreitenden Region

Seit 1987 entwickelte sich die grenzüberschreitende Zusammenarbeit zwischen dem Landesteil Schleswig (Kreise Schleswig-Flensburg, Nordfriesland und Stadt Flensburg) und Sønderjylland, der südlichsten Amtskommune Dänemarks mit der einzigen Landgrenze zu Schleswig-Holstein. 1988 wurde ein gemeinsames Programm unterzeichnet, in dem Ziele und Projekte zur Entwicklung der Grenzregion festgelegt wurden. Auf der Grundlage eines wissenschaftlichen Gutachtens zu Struktur und Entwicklungsmöglichkeiten der Wirtschaft in der deutsch-dänischen Grenzregion wurde 1991 ein gemeinsames Entwicklungskonzept beschlossen, das 1994 aktualisiert wurde.

Von 1990 bis 1995 wurden drei grenzüberschreitende Pilotprojekte durchgeführt.[722]

Mit Hilfe der Gemeinschaftsinitiative INTERREG I wurden in der Region Sønderjylland/Schleswig insgesamt 14 grenzüberschreitende Projekte durchgeführt.[723] Dazu gehören unter anderem der gemeinsame deutsch-dänische Studiengang „Betriebliche Bildung und Management“ der Bildungswissenschaftlichen Hochschule/Universität Flensburg und der Handelshøjskole Syd, Sønderborg, die technologische Zusammenarbeit zwischen dem Technologiezentrum Flensburg (TGF) und dem Technikzentrum „Udviklingspark Syd“ in Sønderborg sowie die Beteiligung an dem grenzüberschreitenden Fortbildungsprojekt „Euro-Marketing“ für Arbeitslose aus der deutsch-dänischen Grenzregion.

Im Rahmen von INTERREG II A (1994-1999/2001) wurde die erfolgreiche deutsch-dänische Zusammenarbeit weiter vertieft und ausgebaut. Für die Kofinanzierung deutsch-dänischer Projekte stellte die EU in diesem Zeitraum insgesamt rund 21 Mio. DM zur Verfügung. Von 1995 bis Ende 1999 bewilligte der zuständige Begleitausschuß insgesamt 28 Projekte[724].

---

[722] Förderung durch Europäischen Regionalfonds (EFRE) mit insgesamt rund 6 Mio. DM.

[723] Förderung mit Zuschüssen in Höhe von insgesamt rund 9,5 Mio. DM.

[724] Handlungsfelder waren: Wirtschaftliche Entwicklung, Energie und Umwelt, Forschung, Entwicklung, Bildung und Ausbildung, Schaffung grenzüberschreitender Strukturen. Projekte sind: Kooperation zur grenzüberschreitenden Arbeitsmarktentwicklung, das deutsch-dänische Regional-Fernsehmagazin „HierHer“, die Zusammenarbeit der Gymnasien Niebüll und Tønder, Gründung von zwei weiteren deutsch-dänischen Studiengängen der heutigen Süddänischen Universität Sønderborg und der seit Februar 2000 umbenannten Universität Flensburg.

Neben der Zusammenarbeit im Rahmen der INTERREG-Initiative hat sich die Region Sønderjylland/Schleswig gebildet. Die Bildung dieser europäischen Region soll nach der Präambel der Vereinbarung[725] die Grundlage für eine intensive und langfristige Zusammenarbeit zu dem Zweck bilden, die Entwicklung in der gemeinsamen Grenzregion zu fördern sowie die Region im europäischen Beziehungsrahmen und im Verhältnis zu den angrenzenden Regionen zu stärken.

Die Region Schleswig/Sønderjylland konstituierte sich am 16. September 1997 in Aabenraa (Apenrade).[726] Es ist eine Region mit einer jahrhundertealten Tradition im Schnittpunkt deutscher und dänischer Kultur. Die gesamte Region Schleswig/Sønderjylland ist geprägt von der Industrie, der Landwirtschaft, dem Tourismus sowie einer wachsenden Zahl von leistungsfähigen Handwerks-, Dienstleistungs- und Industriebetrieben, viele von ihnen mit internationaler Ausrichtung oder Zugehörigkeit.

Die Region Schleswig/Sønderjylland bezieht besondere Stärken aus den Erfahrungen ihrer wechselvollen Geschichte und der Überwindung einst trennender Gräben. Mit der Unterzeichnung der Vereinbarung am 16. September 1997 haben die Nachbarn Sønderjyllands Amt sowie die Kreise Nordfriesland und Schleswig-Flensburg und die Stadt Flensburg ihre Zusammenarbeit auf eine völlig neue Grundlage gestellt. Von dieser Kooperation verspricht sich die Region nicht nur neue Impulse für die Wirtschaft, Kultur, Umwelt und Politik. Es soll darüber hinaus ein gemeinsames regionales Profil geformt werden, um im europäischen Wettbewerb erfolgreich zu agieren.[727] Dabei soll es von besonderer Bedeutung sein, die Kontakte der Menschen untereinander und mit den verschiedensten Organisationen zu vertiefen, um dauerhafte grenzüberschreitende Kooperationen zu schaffen.

bb) Die Vereinbarung und ihre Voraussetzung

Die Vereinbarung zur Bildung der Region Schleswig/Sønderjylland baut auf einer jahrzehntelangen pragmatischen Kooperation zahlreicher Akteure auf deutscher und dänischer Seite zur Lösung einzelner Sachfragen auf. Durch eine vorbildliche Minderheitenpolitik ist das Vertrauen der Nachbarländer zueinander gewachsen.[728] So wuchs das Vertrauen für eine institutionalisierte Zusammenarbeit der Partner.

---

725 Vgl. Anhang I.

726 Sie umfaßt eine Fläche von rund 8.100 qkm, wobei der deutsche und der dänische Teil in etwa gleich groß sind. In der Region leben ca. 692.000 Menschen, davon 254.000 nördlich und 438.000 südlich der Grenze.

727 Vgl. eigene Darstellung der Region auf www.region.dk.

728 Vgl. www.region.dk.

Festgelegt wurde vor allem, daß die Vereinbarung auf der Grundlage der Gleichberechtigung und der Achtung vor der besonderen kulturellen Eigenart und Selbständigkeit jeder Seite getroffen wird, daß Beschlüsse nur in grundsätzlicher Übereinstimmung gefaßt werden können sowie daß jede Seite die nationale Gesetzgebung in ihrem eigenen Lande beachtet und auf die rechtlichen Verhältnisse auf der anderen Seite Rücksicht nimmt.

cc) Regionalrat

Der Regionalrat ist das höchste Gremium der Region. Er hat 42 Mitglieder, wobei jede Seite selbständig 21 Mitglieder und zusätzlich bis zu drei Beobachter benennt.[729] Damit die Vielfalt der Region sich in der Mitgliederstruktur des Regionalrates widerspiegelt, sind neben Politikern auch Gewerkschafter, Arbeitgeber und die Minderheiten vertreten.

Der Regionalrat hat zwei Vorsitzende, jeweils einen Vertreter der deutschen und der dänischen Seite, die er aus der Mitte seiner Vorstandsmitglieder wählt.

Der Regionalrat hat laut § 4 Abs. 2 a zwei Funktionen. Er ist zum einen das oberste Beschlußorgan der Region Sønderjylland/Schleswig, zum anderen ist er ein gemeinsames Beratungs- und Koordinierungsorgan für grenzüberschreitende Angelegenheiten. Beschlüsse sind in grundsätzlicher Übereinstimmung zu treffen. Seit seinem Bestehen ist der Regionalrat sechs Mal zusammengetreten.[730] Der Rat trifft sich halbjährlich abwechselnd auf deutscher oder dänischer Seite in öffentlichen Sitzungen.

Der Vorstand vertritt die Region Schleswig/Sønderjylland nach außen.[731] Die deutsche und dänische Seite benennen jeweils 4 Mitglieder. Vorstandsvorsitzende sind die beiden Vorsitzenden des Regionalrates. Der Vorstand tagt in einem Rhythmus von sechs bis acht Wochen, um sich über die grenzüberschreitende Zusammenarbeit auszutauschen und sie zu fördern. Der Vorstand hat bisher 20 Mal getagt.

dd) Arbeitsgruppen und Ausschüsse

Zur Erarbeitung von Vorschlägen für gemeinsame Projekte wurden sieben Arbeitsgruppen eingesetzt. Der Teilnehmerkreis ist nach fachlichen Kriterien zusammengesetzt. Bei den Handlungsfeldern hat der Regionalrat Prioritäten gesetzt: Sprache, Kultur und Tourismus, Jugend, Kindergärten, Frauen, Fördeschiffahrt und Landwirtschaft sowie die besondere Situation der Grenzpendler

---

729 Vgl. § Abs. 2 der Vereinbarung, Anhang I.

730 Vgl. „Erste Überprüfung der Vereinbarung zur Errichtung der Region Sønderjylland/Schleswig“ auf www.region.dk.

731 Vgl. § 4 Abs. 3 der Vereinbarung, Anhang I.

sollen Themen sein, derer sich die Region Schleswig/Sønderjylland besonders annehmen will. Für drei Schwerpunktbereiche sind bereits Facharbeitsgruppen tätig. In dem Bereich "Sprache - interkulturelle Verständigung" hat sich eine Arbeitsgruppe zusammengefunden, deren Mitglieder im regionalen kulturellen Leben oder in der Schule aktiv sind. Eine weitere Arbeitsgruppe beschäftigt sich mit grenzüberschreitender Zusammenarbeit im Bereich der Landwirtschaft auch unter Berücksichtigung ökologischer Bewirtschaftungsformen. Schließlich wird im Tourismus an grenzüberschreitenden Lösungen gearbeitet, wobei man auf lokale integrierte Entwicklungskonzepte zurückgreifen kann.

Als Felder der Zusammenarbeit werden außerdem aufgezählt die Verbesserung der Lebensbedingungen, die Chancengleichheit der Geschlechter, die Förderung der wirtschaftlichen Entwicklung, Bildung, Ausbildung, die Bekämpfung der Arbeitslosigkeit, die Förderung der wirtschaftspolitischen und arbeitsmarktpolitischen Zusammenarbeit, der Austausch von Wissen, die Einrichtung von Informationssystemen mit Daten aus der Region, die Zusammenarbeit auf dem Gebiet der Kultur, Kontakt und Austausch zwischen verschiedenen Bevölkerungsgruppen, die Förderung von Sprachkenntnissen, die Verbesserung der Umwelt, die Entwicklung in den ländlichen Räumen, der Grenz- und Regionalverkehr, die Raumplanung, der Küstenschutz, das Rettungswesen, der Katastrophenschutz, die Beseitigung von Hindernisse im Zusammenhang mit der Grenze und die Grenzpendlerproblematik.[732]

ee) Das Regionskontor

Das Regionskontor, das sich direkt an der deutsch-dänischen Grenze in Bov befindet, ist das gemeinsame Sekretariat der Region Schleswig/Sønderjylland und gleichzeitig Informationsstelle für Bürger. Daten über grenzüberschreitende Kooperationen werden laufend ergänzt. Anregungen aus der Bevölkerung von grundsätzlicher Bedeutung werden hier aufgenommen und an den Regionalrat weitergeleitet. Drei Mitarbeiter und Mitarbeiterinnen koordinieren die tägliche Verwaltung der Organisation.

Das Regionskontor wurde bisher durch die EU-Gemeinschaftsinitiative INTERREG II A gefördert.

ff) Erste Überprüfung

In § 7 Abs. 2 der Vereinbarung wurde festgelegt, daß der Regionalrat in Dreijahresabständen die Erreichung der Ziele dieser Vereinbarung und die Weiter-

[732] Zu den genauen Projekten, für die auch teilweise zusätzliche INTERREG-Mittel angefordert wurden vgl. „Erste Überprüfung der Vereinbarung zur Errichtung der Region Sønderjylland/Schleswig" auf www.region.dk.

entwicklung der Region grundsätzlich beurteilt und hierbei prüft, ob er den Parteien eine Änderung dieser Vereinbarung vorschlagen will.

Im folgenden wird das Ergebnis dieser Überprüfung dargestellt. Es wird zunächst festgestellt, daß mit der Errichtung der Region Sønderjylland/Schleswig die grenzüberschreitende Zusammenarbeit im deutsch-dänischen Grenzraum sowohl eine Stärkung als auch z. T. eine neue Qualität erhalten hat.[733] Durch die Errichtung der Region ist bei vielen gesellschaftlichen Akteuren aber auch bei vielen Privatpersonen die Aufmerksamkeit auf die Potentiale grenzüberschreitender Zusammenarbeit gelenkt worden.

Von der Region Sønderjylland/Schleswig selbst sind zudem vielfältige zusätzliche grenzüberschreitende Kontakte geschaffen und auch neue Formen der Begegnung über die Grenze entwickelt und implementiert worden.

In den Arbeitsgruppen begegnen sich Fachleute von beiden Seiten der Grenze. Diese Treffen haben bestehende Kontakte vertieft und vor allem neue geschaffen. Durch solche Foren wird über die konkrete Sacharbeit, die dort geleistet wird, dazu beigetragen, grenzüberschreitende fachspezifische Netzwerke zu schaffen. Mit dem Regionskontor steht den Verwaltungen, den Vereinen sowie den Bürgern eine Anlaufstelle mit wachsender Kompetenz für die Vermittlung grenzüberschreitender Kontakte zur Verfügung.

Es läßt sich zusammenfassen, daß die bisherigen gemeinsamen Aktivitäten - in unterschiedlichem Ausmaß - die Region in bezug auf die vom Regionalrat festgelegten Aufgabengebiete vorangebracht hat.

Trotz des Erreichten gibt es kritische Stimmen zur Region Schleswig/Sønderjylland. Die einen halten ihre Existenz - insbesondere des Regionalrates - für überflüssig, da sie die grenzüberschreitende Zusammenarbeit nach dem alten Muster der "Fall-zu-Fall-Zusammenarbeit" für ausreichend halten. Darüber hinaus wird die demokratische Legitimation des Regionalrates in Zweifel gezogen. Die andere Kritik zielt darauf ab, daß der Regionalrat die grenzüberschreitende Zusammenarbeit nicht energisch genug betreibt und damit künftige Entwicklungschancen verspielt.

Ob das alte Modell der Fall-zu-Fall-Zusammenarbeit die gleichen Resultate innerhalb der letzten drei Jahre erbracht hätte wie die Region Schleswig/Sønderjylland, läßt sich nur hypothetisch beantworten. Die Schaffung formeller Strukturen, die wiederum informelle Strukturen und Kontakte befördert, läßt jedoch vermuten, daß die grenzüberschreitenden Kontakte zahlreicher und intensiver mit der Region Schleswig/Sønderjylland gewesen sind als ohne sie.

---

[733] Vgl. „Erste Überprüfung der Vereinbarung zur Errichtung der Region Sønderjylland/Schleswig“ auf www.region.dk.

Die basisdemokratische Argumentation, der Regionalrat sei unzureichend demokratisch legitimiert und könne bzw. müsse daher abgeschafft werden, greift zu kurz. Zum einen handelt es sich bei den Regionalratsmitgliedern überwiegend um gewählte Kommunalpolitiker, also Volksvertreter, die in der Öffentlichkeit stehen und ihr Rechenschaft ablegen müssen, zweitens sind die Regionalratssitzungen samt Protokollen der Vorstands- und Regionalratssitzungen öffentlich. Hier entspricht die Argumentation der hinsichtlich der EU.[734] Es muß ein Umdenken stattfinden, denn solange die Transparenz des Verfahrens gegeben ist und eine mittelbare demokratische Legitimation dürfte ein gravierendes Demokratiedefizit kaum zu erkennen sein. Die von den Kritikern favorisierte Alternative der "technokratischen" Fall-zu-Fall-Zusammenarbeit unter der Leitung der jeweiligen Fachleute ohne steuernde politische Instanz ist demgegenüber unter Demokratieaspekten durchaus problematisch.

Der Kritik, daß die Regionszusammenarbeit nicht zügig und zielgerichtet genug vorangebracht wird, kann entgegnet werden, daß sich die relevanten Akteure erst in den neuen Strukturen zurechtfinden und sich gegenseitig kennenlernen müssen. Zunächst ist Vertrauen aufzubauen und notwendige Routinen sind zu entwickeln, um anschließend effektiv zu arbeiten. Dieses Argument darf jedoch nicht vor möglichen Defiziten in der Konstruktion der Region bzw. des Regionalrates blind machen, die die Effektivität der Zusammenarbeit verringern.

In der Tat sind die bisherigen Initiativen und Ergebnisse kaum vom Regionalrat selbst gesteuert worden. Die Steuerung der einzelnen grenzüberschreitenden Maßnahmen lag fast ausschließlich beim Vorstand, den Arbeitsgruppen oder dem Regionskontor. Der Regionalrat als Organ der Region hat selbst kaum Einfluß auf die Prozesse genommen bzw. nehmen können.

Die Aktivitäten der Region sind - entsprechend der breiten Zielstellung - sehr vielfältig. Eine Koordinierung der Aktivitäten findet nur sporadisch statt. Dadurch nimmt man in Kauf, die Ergebnisse der Aktivitäten nicht optimal zu nutzen. Um nachhaltige Effekte durch die Aktivitäten der Region zu erzielen, ist eine zielgerichtetere Koordinierung erforderlich.

Die genannten Mängel, die die Wirkung der grenzüberschreitende Aktivitäten der Region Schleswig/Sønderjylland beeinträchtigen, können zum einen in strukturelle Defizite, wie Größe und Untergliederung, zum anderen in funktionale Defizite, wie mangelnde Steuerungs- bzw. Koordinierungskompetenz eingeteilt werden.

Mit 42 Mitgliedern hat der Regionalrat eine Größe, die in etwa dem eines deutschen Kreistages entspricht. Der Amtsråd in Aabenraa zählt hingegen nur 29 Mitglieder. Dies dürfte erklären, weshalb vor allem von dänischer Seite der Re-

---

[734] Vgl. oben Kapitel 1 B. II.

gionalrat als zu groß angesehen wird. Das Entstehen informeller Kontakte unter den Regionalratsmitgliedern, die für das Zusammenwachsen der Region wichtig sind, würde eher in einem kleineren, überschaubaren Kreis gefördert.

Im Unterschied zu einem Kreistag sind im Regionalrat die Meinungsbildungsprozesse nicht vorab in den Ausschüssen und den politischen Fraktionen vorgenommen werden. Es finden nur für jeweils die deutsche und die dänische Seite Vorgespräche vor der Regionalratssitzung statt.

Die Entscheidung des Regionalrates, zugunsten von Arbeitsgruppen auf Ausschüsse zu verzichten, wirkt sich in diesem Punkt negativ auf das Zusammenwachsen des Regionalrates aus. Zu einer Fraktionsbildung über die nationale Grenze hinweg ist es bisher nicht gekommen. Die jetzige Struktur trägt daher kaum dazu bei, die Regionalratsmitglieder in einen Meinungsbildungsprozeß untereinander - insbesondere quer zur Nationalität - einzubinden.

Die mangelnde Entscheidungskompetenz des Regionalrates wird als funktionales Defizit gesehen. Laut Vereinbarung ist der Regionalrat sowohl Beschlußorgan als auch Beratungsorgan. Da ihm jedoch keine über die eigenen Aufgaben hinausgehenden Kompetenzen übertragen worden sind, wirkt sich seine Beschlußkompetenz nur auf die inneren Angelegenheiten der Region Sønderjylland/Schleswig[735] aus. Da die Übertragung von Kompetenzen in Dänemark - insbesondere in Sønderjylland - auf andere Instanzen als die nationalen ein politisch sehr umstrittenes Thema ist,[736] kommt diese Möglichkeit, den Regionalrat aufzuwerten, nicht in Betracht.

Um ohne formale Beschlußkompetenz politische Prozesse steuern zu können, muß ein Gremium u. a. starke informelle Strukturen aufweisen, die Verläßlichkeit und kurze Abstimmungswege sichern. Die Größe des Regionalrates, wie oben ausgeführt, trägt nicht dazu bei, ein effektives informelles Netzwerk aufzubauen. Ferner findet die Beratungs- und Koordinierungskompetenz des Regionalrates seine Grenzen in der fehlenden Koppelung zwischen Regionalrat und Arbeitsgruppen. Die Arbeit in den Arbeitsgruppen ist zum größten Teil der Selbststeuerung überlassen. Der Regionalrat ist darauf reduziert, die Ergebnisse der Arbeitsgruppen zur Kenntnis zu nehmen. Die Teilnahme von einzelnen Regionalratsmitgliedern an den Arbeitsgruppensitzungen kann die fehlende Rückkoppelung mit dem Regionalrat nicht ausgleichen.

Eine verstärkte politische Koordinierung könnte die nachhaltigen Effekte der grenzüberschreitenden Zusammenarbeit steigern. Eine solche Koordinierung müßte jedoch auf einer konkreteren, operationalisierten Zielformulierung auf-

---

[735] Vgl. § 4 Abs. 2 c der Vereinbarung vom 16. September 1997.

[736] So schon bei den Konzertierungen in den siebziger Jahren, Beyerlin, Rechtsprobleme, S. 103 f.

bauen, die die entscheidenden Faktoren für eine grenzüberschreitende Zusammenarbeit benennt.

gg) Veränderungsvorschläge der Überprüfungskommission

Trotz der festzustellenden Schwächen in der bestehenden Struktur und den praktizierten Verfahren gibt es zur grenzüberschreitenden Zusammenarbeit im Rahmen der Region Sønderjylland/Schleswig keine Alternative, so das Fazit der Überprüfung. Die Zusammenarbeit wird daher fortgesetzt. Die Erfahrungen der ersten drei Jahre sind auszuwerten und daraus abzuleitende Schlußfolgerungen müssen in die Arbeit der Region und seiner Organe einfließen.

Unter der Prämisse, daß die formale abschließende Entscheidungskompetenz bei den nationalen Instanzen verbleibt, ist eine Entwicklung des Regionalrates von einem (Teil-) Sammelpunkt für grenzüberschreitende Aktivitäten hin zu einem Vorentscheidergremium für grenzüberschreitende Aufgaben anzustreben. Nachfolgende Vorschläge werden als geeignet angesehen, die Region Schleswig/Sønderjylland gemäß der gemeinsamen Zielstellung weiter zu entwickeln und die grenzüberschreitende Zusammenarbeit zu vertiefen.

Eine bessere Verzahnung der grenzüberschreitenden Projektarbeit mit dem Regionalrat könnte durch die Einrichtung von Ausschüssen erzielt werden. Da es sich bei den Regionalratsmitgliedern hauptsächlich um ehrenamtliche Kommunalpolitiker handelt, müssen die Ausschüsse schlank und effizient gestaltet werden. Es soll dabei ausreichen, fünf Ausschüsse zu den Aufgabenbereichen Wirtschaftsentwicklung/Verkehr, Kultur/Sprache, Soziales/Gesundheit, Umwelt/Naturschutz und regionale Planung/Koordinierung einzurichten. Den Ausschüssen könnten sechs vom Regionalrat zu bestimmende Personen angehören. Mindestens drei müßten Mitglied des Regionalrates sein. Der Ausschuß sollte selbst darüber befinden, sich zu einzelnen Themen Sachverstand über Fachleute hinzuzuholen. Von den Ausschüssen sollten zu einzelnen Projekten oder Aufgabenstellungen zeitlich befristete Projektgruppen bzw. Workshops eingesetzt werden.

Eine Verkleinerung des Regionalrates erscheint auf den ersten Blick ratsam, um die Funktionsfähigkeit zu stärken. Ein kleines Gremium fördert tendenziell eher die informellen Kontakte unter den Mitgliedern als ein großes. Der Verkleinerung des Regionalrates sind jedoch durch das Repräsentationsprinzip Grenzen gesetzt. Die Akzeptanz des Regionalrates hängt stark davon ab, daß sich alle relevanten Gruppierungen der zusammenarbeitenden Gebietskörperschaften im Regionalrat wiederfinden. Eine Reduzierung der Anzahl der Regionalratsmitglieder würde daher zur Zeit - vor allem auf deutscher Seite - zu erheblichen Schwierigkeiten führen. Die Einführung von Ausschüssen wird dazu führen, daß sich die Regionalratsmitglieder in kleineren und national gemischten Gruppen treffen. Diese wird den grenzüberschreitenden Meinungsbildungsprozeß befördern und die Debatte im Regionalrat beleben. Der Vorstand schlägt daher vor, die jetzige Größe beizubehalten.

Die fehlende formale Kompetenz könnte darüber hinaus durch fachlich-politische Kompetenz ausgeglichen werden, indem der Regionalrat auf der Grundlage eines gemeinsam formulierten Entwicklungsszenariums und operationeller Ziele mittel- und langfristige Themen von grenzüberschreitender Bedeutung auf die politische Tagesordnung setzt. Dadurch kann u. a. die Aufmerksamkeit sowohl der regionalen wie der nationalen Akteure gezielt auf wichtige Probleme der Regionalentwicklung gelenkt werden. Dieses befördert wiederum ein gemeinsames, abgestimmtes Vorgehen.

Während die Handlungsfelder "Bildung, Aus- und Weiterbildung, Sprachunterricht" und "Kultur, Jugend und Sport" permanente Aufgaben darstellen, sollte der Fokus in der Arbeit der Region Sønderjylland/Schleswig in gewissen Zeiträumen wechseln und neue Handlungsfelder zu Schwerpunkten erklärt werden.

Als neue Handlungsfelder für grenzüberschreitende Aktivitäten bieten sich in Ergänzung zu den Ausschüssen „Verkehr“ und „regionale Planung“ an. Die grenzüberschreitenden Wechselwirkungen dieser Politikbereiche liegen auf der Hand und sollten daher auch verstärkt Gegenstand der Arbeit des Regionalrates werden.

b) Storstrøms Amt und der Kreis Ostholstein

Seit 1989 intensivierte sich die Zusammenarbeit zwischen dem Kreis Ostholstein/Lübeck und der dänischen Amtskommune Storstrøm, dem südlichen Teil der Insel Seeland und seiner vorgelagerten Inselwelt. Für die Programmlaufzeit von INTERREG I (1990-1993/95) bewilligte die Europäische Kommission dieser zweiten deutsch-dänischen Kooperation zur Entwicklung erster Projektideen rund eine Mio. DM. Mit dieser Hilfe wurden Projekte in den Bereichen Umwelt, Tourismus, Energie und (Land-) Wirtschaft umgesetzt.

Basierend auf dem Erfolg dieser ersten Phase wurde die Zusammenarbeit in der Zeit von 1995 bis Ende 1999 erheblich ausgebaut. Durch die Bereitstellung weiterer 10 Mio. DM seitens der EU für die Kofinanzierung grenzüberschreitender Zusammenarbeit konnten 27 Projekte zur Entwicklung der Region bewilligt werden.[737]

Storstrøms Amt und der Kreis Ostholstein haben innerhalb des Rahmens ihrer Partnerschaft die Erfahrung gemacht, daß die grenzübergreifende Zusammenar-

---

[737] Im Rahmen der Projekt arbeiteten beispielsweise deutsche und dänische Lehrlinge des Bauhandwerks gemeinsam an konkreten Projekten, um die Ausbildung zu internationalisieren und die Kooperation der Fernsehsender NDR und TV Øst wurde gestartet.

beit und das Verständnis hieraus in der Praxis ohne bürokratische Arbeitsgänge funktionieren kann und daß das Interesse für die Zusammenarbeit und die wirtschaftlichen Entwicklungsmöglichkeiten der Region wahrgenommen und gefördert werden können.[738]

Ausgangsbasis einer intensivierten Zusammenarbeit zwischen Storstrøms Amt und dem Kreis Ostholstein im Jahre 1989 war die Befürchtung beider Kreise, daß durch den vom dänischen Folketing beschlossenen Bau der innerdänischen festen Querung des Großen Belt die Gefahr bestand, daß die internationalen Verkehrsströme zwischen Skandinavien und Zentraleuropa über Jütland abgelenkt und die Vogelfluglinie ihre Bedeutung als wirtschaftliche Lebensader für den hiesigen Raum verlieren würde. Diese Situation veranlaßte die beiden Kreise, am 16.03.1989 in einer gemeinsamen Resolution einen Ausbau und eine Stärkung der Vogelfluglinie zu fordern. Gleichzeitig wurde in dieser Resolution gefordert, den Europäischen Binnenmarkt für die Entwicklung der beiden Kreise bestmöglich zu nutzen und zu diesem Zwecke die Verbindung zwischen den beiden Kreisen zu stärken und gemeinsam die Möglichkeit zu untersuchen, in Zusammenarbeit mit der Kommission der Europäischen Gemeinschaften grenzüberschreitende Projekte zu initiieren, die die Entwicklung der Region fördern.

Zur Realisierung dieser Zielsetzung gründeten die beiden Kreise den Arbeitskreis: "Deutsch-dänische Region Vogelfluglinie" oder umgangssprachlich "Der deutsch-dänische Ausschuß".[739] Der Ausschuß bildet den Kern in dieser dänisch/deutschen Partnerschaft.

Die Regionen Storstrøm/Ostholstein haben sich bislang in der Randzone der Europäischen Union befunden, aber auch national waren die beiden Kreise Randgebiete. Der große Abstand zu den nationalen und europäischen Wachstumszentren hat dazu beigetragen, die Entwicklung in der Region zu bremsen. Aber der Binnenmarkt, die politische und marktwirtschaftliche Öffnung von Osteuropa und die erfolgte Erweiterung der EU nach Norden, sowie die kommende Erweiterung nach Osten, bieten den Regionen ganz neue Herausforderungen. Storstrøms Amt und Kreis Ostholstein sind sich darin einig, daß ein gemeinsamer Einsatz notwendig ist, um die gegenwärtigen Entwicklungsprobleme und die neuen Herausforderungen zu bewältigen.

Förderfähig sind grenzübergreifende Projekte, die in der Trägerschaft mindestens je eines Trägers aus dem Kreis Ostholstein und/oder der Hansestadt Lübeck und dem dänischen Kreis Storstrøm durchgeführt werden.

---

[738] Vgl. hierzu insgesamt www.schleswig-holstein.de/landsh und www.lace.aebr-ageg.de; LACE (Linkage Assistance and Cooperation for the European Border Regions) ist eine von der Kommission 1990 gegründete Einrichtung zur Unterstützung grenzüberschreitender Kooperation, vgl. Raich, S. 51 f.

[739] Vgl. http://europa.eu.int/comm/regional_policy/interreg3/doc/pdf/dk-de_en.pdf.

Zusätzlich besteht die Möglichkeit, Projektträger aus Polen, den baltischen Staaten und Weißrußland einzubeziehen, die hierfür die Möglichkeit haben, das EU-Programm PHARE in Anspruch zu nehmen.

Auf diesem Gebiet hat Storstrøms Amt in einer Reihe von Jahren bedeutende Erfahrungen auf dem Gebiet der Energieeinsparung in dem privaten und öffentlichen Sektor gemacht. Unter INTERREG I wurde dieses Wissen teilweise auf den Kreis Ostholstein übertragen, jedoch wird dieser Bereich weiterhin vorteilhaft als Gegenstand der Zusammenarbeit angewendet werden können. Dies gilt insbesondere für die Energiesteuerung, bei der auch kleinere Einheiten, beispielsweise Gemeinden zusammenarbeiten können, des weiteren der Ausbildung in der Anwendung von energiesparenden Technologien und der Entwicklung alternativer Energiequellen, insbesondere von der umfangreichen Landwirtschaft in der Region. Das steigende Bewußtsein der Erschöpfbarkeit von bestimmten Ressourcen hat in beiden Kreisen zu einem verstärkten Interesse zum Schutz der örtlichen Ressourcen geführt, die den Rahmen für sowohl die Bevölkerung wie auch für die Betriebe bilden. Die Aktivitäten auf diesem Handlungsfeld sind relativ neu in beiden Regionen. Die beiden Partner sehen diese Aktion als Beginn einer Reihe von weiteren Projekten.

Das Interesse gilt auch der Anwendung von Ressourcen im öffentlichen Sektor selbst, der unmittelbar beeinflußt werden kann. In Dänemark sind eine Reihe Projekt mit Untersuchungen bezüglich des Ressourcenverbrauchs der öffentlichen Institutionen durchgeführt worden, aber dieser Bereich ist verhältnismäßig neu. Man erhofft sich von diesem Projekt eine Reduzierung des Verbrauchs von Ressourcen durch den öffentlichen Sektor. Gefördert werden sollen die örtliche Gas- und Stromversorgung, die Entwicklung erneuerbarer Energiequellen, die Verschmutzungsverhütung und Umweltschutzprogramme[740].

c) K.E.R.N.-Region

Seit dem 1. Januar 1996 erhalten auch die Region K.E.R.N. (Kiel, Rendsburg, Eckernförde, Neumünster und seit 1997 auch Plön)[741] und Fyns Amt auf dänischer Seite Fördermittel aus INTERREG II A für die grenzüberschreitende Zusammenarbeit.[742] Damit ist der gesamte deutsch-dänische Grenzraum von der Nord- bis zur Ostseeküste von der Förderung der EU umfaßt.

---

[740] In Betracht kommen insbesondere folgende Maßnahmen: Förderung der Entwicklung und des Einsatzes alternativer Energiequellen, z. B. Energie aus Biomasse, aus Wasserkraft und Solarenergie, Ressourcenmanagement, z. B. hinsichtlich des Schutzes und der Bewirtschaftung des Grundwassers und des Gewässerschutzes in küstennahen und maritimen Gebieten Förderung des Umweltmanagements in öffentlichen Einrichtungen und privaten Betrieben.

[741] www.kern.de.

[742] www.interreg.kern.de/de/index.htm.

Im Rahmen ihrer Kooperation haben die Regionen K.E.R.N. und Fyn mit Hilfe des EU-Zuschusses in Höhe von etwa 4,9 Mio. DM verschiedene Projekte entwickelt und umgesetzt. Besonders hervorzuheben sind hierbei Projekte aus dem Bereich Technologie, beispielsweise in der Entwicklung der Lasertechnik oder in der Ausbildung zum Export- und Umwelttechniker.[743]

d) Ostseekooperation und STRING

Die Zusammenarbeit erfolgt einerseits auf staatlicher Ebene. Die Ostseeanlieger Dänemark, Deutschland, Estland, Finnland, Lettland, Litauen, Norwegen, Polen, Rußland und Schweden mit ihren über 70 Mio. Einwohnern entspringen gemeinsamen historischen Wurzeln und kulturellen Traditionen. Organisatorischer und wirtschaftlicher Höhepunkt dieser Gemeinsamkeiten rund um das Mare Baltikum war zweifellos die Hanse, in deren Mittelpunkt jahrelang die Hansestadt Lübeck stand. Historische Entwicklungen und nicht zuletzt der Kalte Krieg, dessen Eiserner Vorhang mitten durch die Ostseeregion verlief, ließen die Gemeinsamkeiten und die Zusammengehörigkeit der Region fast in Vergessenheit geraten. 1988 machte Schleswig-Holstein die Zusammenarbeit im Ostseeraum zu einem der politischen Schwerpunkte des Landes und gab damit den Anstoß zur Ostseekooperation. Mit der Öffnung des Ostblocks und dem Umbau der EG zu einem „Europa der Regionen" nahm auch der Gedanke der Ostseekooperation auf den verschiedensten Gebieten Form an.[744]

Ziel der von Schleswig-Holstein forcierten Kooperation ist eine pragmatische Zusammenarbeit nicht nur aller an die Ostsee angrenzenden Staaten und Regionen, sondern auch von Verbänden, Institutionen und privaten Initiativen. Im März 1992 bildeten die Außenminister der Anrainerstaaten einen Ostseerat (CBSS - Council of the Baltic Sea States), der einmal jährlich tagt und die politischen Prioritäten definiert. Das parlamentarische Gegenstück zum Ostseerat ist die 1992 gebildete Parlamentarische Ostseekonferenz (Parliamentary Conference on Cooperation in the Baltic Sea Region). In enger Zusammenarbeit mit dem Ostseerat stehen die Ostsee-Subregionen-Konferenzen (BSSSC - Baltic Sea States Subregional Co-operation), auf denen konkrete Projekte der Zusammenarbeit in den Bereichen Wirtschaft, Umwelt, Energie, Jugendbewegung und Infrastrukturmaßnahmen vereinbart werden.[745]

Mit dem Ziel den Umgestaltungsprozeß im Ostseeraum fördernd zu begleiten, ist ein Netzwerk vom PRO BALTICA FORUM aufgebaut worden, welches das Engagement interessierter Unternehmen mit den Einflußmöglichkeiten einzel-

---

743 www.lace.aebr-ageg.de.

744 Jann in: Böhret/Wewer, S. 190 f.

745 Vgl. Jann in: Böhret/Wewer, S. 191f. und Übersicht zu den zahlreichen Organisationen in Anhang III.

ner Persönlichkeiten aus Politik, Wissenschaft, Wirtschaft und Verwaltung verbindet. Aktivitäten dieses Zusammenschlusses sind u. a. Service anzubieten, Workshops zu organisieren, staatenübergreifende Infrastrukturen aufzubauen, Förderung von Einzelprojekten im kulturellen oder wissenschaftlichen Bereich.

Die Städtekooperation im Ostseeraum wird mit der Hanse verglichen, die Besonderheit ist jedoch die nicht die rein wirtschaftliche Kooperation, sondern auch die der Verwaltungen und Behörden der Städte.[746]

Im nichtstaatlichen Bereich ergänzen unterschiedliche Formen der Zusammenarbeit dieses Netzwerk. Hierzu gehören z.B. in der Wirtschaft die „Baltic Sea Chambers of Commerce Association" (der Zusammenschluß der Industrie- und Handelskammern), auf kommunaler Ebene die „Union of the Baltic Cities" oder in der Wissenschaft die „Conference of the Baltic University Rectors".

Im Bereich Umwelt wurde ein Aktionsplan zur Ostseesanierung verabredet, im Bereich Transeuropäischer Verkehrsnetze ist die Vernetzung der Ostseehäfen einschließlich des Ausbaus der Hinterlandverbindungen geplant, im Bereich der Wissenschaft und der Ausbildung kooperieren die einzelnen Bildungsträger im Rahmen der Parlamentarischen Ostseekonferenz (Parliamentary Conference on Cooperation in the Baltic Sea Region).[747]

Wichtiger Promotor der Beziehungen sind neben den staatlichen Akteuren auch zahlreiche Nichtregierungsorganisationen. Die typische Form der Zusammenarbeit sind dezentrale Netzwerke, nicht die von oben konstruierten Institutionen.[748] Besonders beachtenswert ist hierbei das Projekt STRING[749]. STRING steht für: South-Western Baltic Sea TransRegional Area - Inventing New Geography.

Das Projekt startete im Januar 1999 und wird bis Juni 2001 laufen. Ziel ist es, eine langfristige Zusammenarbeit innerhalb der südwestlichen Ostseeregion zu etablieren, um ihre Potentiale grenzüberschreitend zu nutzen und Lösungen für gemeinsame Probleme und Herausforderungen zu finden. STRING wird zum Teil aus der Europäischen Gemeinschaftsinitiative INTERREG IIC finanziert und gilt als eine der wichtigsten transregionalen Kooperationen in Europa. Die Teilnehmer des dänisch-schwedisch-deutschen Projekts sind die Partner des Öresund Komitees (u. a. Kopenhagen, Malmö und die Region Skåne), Storstrøms Amt, Vestsjllands Amt sowie die deutschen Bundesländer Schleswig-Holstein und Hamburg. Ziel ist es, die südwestliche Ostseeregion zwischen

---

746 Söderlund, S. 77; Jann in: Böhret/Wewer, S. 200.

747 Vgl. zur Ostseepolitik Anhang III und http://landesregierung.schleswig-holstein.de/coremedia/generator/Aktueller_20Bestand/StK/Information/Ostsee_20im_20Internet__Linkliste.html.

748 Jann in: Böhret/Wewer, S. 197.

749 Weitere Informationen zu STRING unter www.balticstring.net.

Hamburg, Schleswig-Holstein und der Öresundregion zu einer wirtschaftlich führenden Region innerhalb Europas zu machen.

In dem Projekt erarbeiten über 100 Experten aus Politik, Wirtschaft, Wissenschaft und Verbänden der schwedischen, dänischen und deutschen Partnerregionen gemeinsame Strategien, um die langfristige Zusammenarbeit innerhalb der südwestlichen Ostseeregion zu etablieren, um ihre Potentiale grenzüberschreitend zu nutzen und Lösungen für gemeinsame Probleme und Herausforderungen zu finden. Ziel der Kooperation ist, ein regionales Profil zu entwickeln, das dazu beiträgt, aus der Region ein "Kraftzentrum südwestliche Ostsee" zu bilden.

Eine Fortsetzung und Intensivierung der Zusammenarbeit ist zu erwarten. Die Projektteilnehmer kamen überein[750], die Zusammenarbeit im STRING-Gebiet fortzusetzen. Sie beabsichtigen, die Dachstruktur zu bilden und die Realisierung der Gemeinschaftsprojekte und Aktivitäten innerhalb der strategischen Felder zu fördern und zu unterstützen, um so den konkreten Nutzen der Kooperation des STRING-Gebiets sichtbar zu machen. Das STRING-Projekt ist ein wichtiger Beitrag zur transnationalen EU-Politik. Die unterzeichnenden Partner bitten daher die Europäische Union, alle Aktivitäten zu unterstützen, die die Kooperation innerhalb des transregionalen europäischen Gebiets verstärken.[751]

II. Grenzüberschreitende Kooperation als transnationale Rechtsform

1. Rechtsverbindliche Kooperation

Für die Anfänge der grenzüberschreitenden Zusammenarbeit ist augenfällig, daß die Parteien meist auf eine Institutionalisierung oder Verrechtlichung ihrer Kooperationsbeziehungen verzichteten. Typisch hierfür sind „Absprachen", „Vereinbarungen" oder „Gemeinsamer Erklärungen".[752] Nachteilig hierbei sind Unsicherheiten über die rechtlichen Befugnisse. Jedoch ist ein schnelleres und flexibleres Handeln möglich. So ist es nicht verwunderlich, daß diese Form der Kooperation auch noch heute attraktiv ist.[753] Es fällt zudem auf, daß viele Kooperationen aufgrund praktischer Bedürfnisse des Einzelfalles entstanden. Bei der Abfassung der Verträge spielten rechtstheoretische Überlegungen keine

---

[750] Vgl. Resolution anläßlich des Fünften Politischen Forum zum String-Projekt, siehe Anhang II.

[751] Resolution anläßlich des Fünften Politischen Forum zum String-Projekt, siehe Anhang II.

[752] Vgl. Beispiele für die Bundesländer Nr. 15, 17, 21, 30, 31, 32, 34, 39, 44 46, 48, 52, 54, 55 und 78 bei Beyerlin/Lejeune; auch „Konzertierungen" sind der Anfang für weitere Zusammenarbeit, so z. B. im Osten Deutschlands, welche für einen raschen Beitritt Polens zur EU unabdingbar ist, Lott, S. 81 Fn. 194.

[753] Lott, S. 81.

oder nur eine untergeordnete Rolle. So wurde die Frage, welchem Recht der Vertrag unterstehen soll, nur selten gestellt.[754]

a) auf völkerrechtlicher Ebene

Eine verstärkte Zusammenarbeit gibt es ausweislich des Staatsvertrages von 1974, des Isselburg-Anholt-Abkommens von 1991 sowie des Karlsruher Übereinkommens und des Mainzer Abkommens von 1996.[755]

Das Rahmenübereinkommen über die grenzüberschreitende Zusammenarbeit des Europarates hat Impulse gesetzt, jedoch wurde das Zusatzprotokoll von 1995 erst von acht Staaten, das zweite Zusatzprotokoll von 1998 nur von vier unterzeichnet.[756]

Die regionalen Spitzenverbände wie RGRE, VRE, AGEG beweisen, daß die Regionen sich auch auf internationaler Ebene eine Stimme verschaffen und in der europäischen und internationalen Ordnung repräsentiert sind.

b) aufgrund privatrechtlicher Verträge

Von der klassischen Form der internationalen Zusammenarbeit unterscheidet sich die überwiegende Art der Zusammenarbeit der hier zu untersuchenden Regionen.[757] Vielfach wird sie aufgrund von Verträgen, die nicht hoheitlicher Natur sind, durchgeführt, denn die Anwendung innerstaatlichen öffentlichen Rechts ist wegen des Grundsatzes der Territorialität ausgeschlossen. Allerdings haben sich die Beteiligten einer Kooperation - selbst wenn sie juristisch beraten wurden - oft keine Meinung darüber gebildet, ob der Vertrag privatrechtlicher oder öffentlich-rechtlicher Natur ist.[758] Das Privatrecht wird sozusagen behelfsmäßig eingesetzt.[759] Eine mögliche Form der Zusammenarbeit ist die durch Gründung eines privatrechtlichen Vereins.[760] Unter die privatrechtliche Zusammenarbeit fallen auch z. B. Stromlieferungs- oder Abwasserabkommen.[761] Sie sind vielfach den Einzelfall beschränkt und beziehen sich meist auf eine Rechtsordnung eines Unterzeichners.

Privatrechtliche Verträge bieten jedoch wenig Gestaltungsmöglichkeiten und demokratische Kontrolle.[762] Außerdem sind die Gemeinden durch das Gemein-

---

754 Schlögel, S. 396.
755 Siehe oben Kapitel 2 B. I. 1 g) und Anhang V.
756 Vgl. Liste der Staaten auf www.conventions.coe.int.
757 Malchus in: Jurczek, S. 35.
758 Schlögel, S. 396; Frensch, S. 71.
759 Malchus, Partnerschaft, S. 7.
760 Vgl. Beispiele oben unter Kapitel 2 B. I. 1. und Schlögel, S. 90.
761 Beispiele siehe oben Kapitel 2 B. I. 1.; weitere Beispiele bei Schlögel, S. 221 ff.
762 Lott, S. 49.

dewirtschaftsrecht in ihrer wirtschaftlichen Betätigung[763] eingeschränkt. Grundsätzlich dürfen sich Gemeinden nur wirtschaftlich betätigen, wenn der öffentliche Zweck das Unternehmen rechtfertigt.[764]

c) auf öffentlich-rechtlicher Basis

Die öffentlich-rechtliche Zusammenarbeit hat den Vorteil, daß beispielsweise öffentlich-rechtliche Körperschaften gebildet werden können, die grenzüberschreitend mehr Aufgaben wahrnehmen können als Organisationen in privatrechtlicher Form.[765] Zudem ist die demokratische Kontrolle besser.[766] Dies ist aufgrund der o. g. völkerrechtlichen Abkommen ermöglicht worden, teilweise fand sie auch ohne die entsprechende Ermächtigung vorwiegend in Form des öffentlich-rechtlichen Zweckverbandes statt.[767] Weitere Betätigungsformen sind die öffentlich-rechtliche Vereinbarung, wie beispielsweise bei der Region Schleswig-Sønderjylland, die öffentlich-rechtliche Arbeitsgemeinschaft und der öffentlich-rechtliche Vertrag.[768] Die Region Schleswig-Sønderjylland ist allerdings aufgrund der Weigerung Dänemarks eine Kooperation ohne Rechtsverbindlichkeit.[769] Es sind jedoch Ansätze vorhanden, die Kooperation weiter zu institutionalisieren.

Das Isselburg-Anholt-Abkommen und auch das Karlsruher Übereinkommen sehen jedoch keine Übertragung von Hoheitsrechten vor.

Normalfall der Zusammenarbeit war daher lange Zeit, daß ein Mitglied Befugnisse für die anderen Beteiligten an der Kooperationsvereinbarung ausüben kann und zwar nach deren Weisung und in deren Namen. Diese Ausgestaltungen werden auch als Mandatslösung und unechte Hoheitsübertragung bezeichnet.[770] Sie entstanden vor der Einführung des Art. 24 Abs. 1a GG. Bestrebung war, die Regelung des Art. 24 Abs. 1 GG und damit das Erfordernis eines Bundesgesetzes zu umgehen.[771]

Beispiele für die Mandatslösung sind in den Verträgen von Karlsruhe und Mainz enthalten. Der Grundgedanke ist, daß der einer Hoheitsrechtsübertragung immanente Durchgriffseffekt bei der Aufgabenerfüllung dadurch vermieden wird, daß die Hoheitsbefugnisse nicht als solche auf eine zwischenstaatliche

[763] In Form einer GbR, GmbH, AG; Schlögel, S. 92 ff.

[764] Vgl. hinsichtlich der grenzüberschreitenden Tätigkeit, Schlögel, S. 86 f..

[765] Lott, S. 49, die Einrichtung von zwischenstaatlichen oder grenznachbarschaftlichen Einrichtungen gem. Art. 24 Abs. 1a GG ist ohnehin nur in öffentlich-rechtlicher Form denkbar.

[766] Malchus in: Jurczek, S. 36.

[767] A. Beck, S. 53 f.; Schlögel, S. 118.

[768] Schlögel, S. 119 ff.

[769] So auch Brunn/Schmitt-Egner (Hrsg.), S. 18.

[770] Grotefels in: Hoppe/Apphold, S. 66

[771] Lott, S. 139.

Einrichtung übertragen werden, sondern dieser nur zur Ausübung überlassen werden.[772] Die Befugnis selbst verbleibt beim Hoheitsträger, mit der Folge, daß z. B. der Bürger nach wie vor die Erfüllung der Aufgabe von seiner ursprünglich hierzu verpflichteten Gemeinde verlangen und gegenüber dieser notfalls klagweise durchsetzen kann.[773]

Die Unterscheidung zwischen Mandat und Übertragung von Hoheitsbefugnissen wird im Karlsruher Abkommen dadurch deutlich, daß gerade eine Übertragung von Hoheitsrechten unzulässig ist, während ihre Ausübung, also das Mandat, den grenzüberschreitenden Zweckverbänden als Regelfall der Zusammenarbeit zugewiesen wird.[774] Die jeweiligen Regelungen über die Zuständigkeit bei Rechtsstreitigkeiten lassen auch keine Bedenken im Hinblick auf eventuell ungelöste Rechtschutzprobleme aufkommen.[775]

Bezüglich des Staatsvertrages von 1974 zwischen Luxemburg und Rheinland-Pfalz, d. h. bei Länderbeteiligung auf deutscher Seite, spricht man von einer unechten Hoheitsübertragung. Diese Modell setzt einen völkerrechtlichen Vertrag voraus, der nur von kurzer Laufzeit ist und/oder jederzeit kündbar, wie im Falle des Staatsvertrages.[776] Ausgangspunkt dieser Konstruktion ist, daß sich eine Übertragung von Hoheitsrechten im Sinne von Art. 24 Abs. 1 GG nicht ohne Rechtfertigung rückgängig machen lassen kann.[777] Die Länder delegieren ihre Souveränität nicht auf Dauer und handeln damit nicht entgegen Art. 24. Abs. 1 GG.

Diese Argumentation entspricht in erstaunlicher Weise der hinsichtlich der Übertragung von Hoheitsrechten auf die EU.[778] Jedoch ist zu bedenken, daß je mehr Rechte nur zeitweise übertragen werden, um so weniger Kontrolle bleibt dem einzelnen Staat in diesen Bereichen und schließlich um so weniger an Hoheitsrechten. Diese Tendenz spricht für eine zunehmende Erosion staatlicher Kompetenzen und damit für die Denationalisierung.

Die Tatsache, daß das Isselburg-Anholt-Abkommen in der Gesetzesbegründung zu Art. 24 Abs. 1a GG wiederholt erwähnt wird, zeigt, daß nunmehr eine so weitreichende Norm ausdrücklich erwünscht war.[779] Jedoch ist nicht die Norm an sich der Startschuß zu einer offeneren Staatlichkeit gewesen. Im Lichte der bereits vielfältigen grenzüberschreitenden Kooperationen muß klargestellt wer-

---

[772] Beyerlin, AVR 27 (1989), S. 286 (309 f.).
[773] Lott, S. 139.
[774] Vgl. auch oben Kapitel 2 B. I. 1 f) und Anhang IV.
[775] So aber ein Ansicht, ausführlich dargestellt von Lott, S. 141 f.
[776] Beyerlin, AVR 27 (1989), S. 286 (309), der davon spricht, der Anschein der Verfassungswidrigkeit solle vermieden werden.
[777] BK-Tomuschat, Art. 24 Rdnr. 99.
[778] Vgl. die Ausführungen des Bundesverfassungsgerichts in Kapitel 1 B II. 2.
[779] Lott, S. 59.

den, daß die Verfassung hier eine bestehende Entwicklung aufgegriffen und normiert hat. Daß diese Normierung wenig praktikabel ist, wurde schon festgestellt. Zur weiteren Förderung der grenzüberschreitenden Kooperation ist es notwendig, hier klare Vorschriften zu schaffen.

Auch wenn die Übertragung von Hoheitsbefugnissen umstritten ist, ist zumindest de facto davon auszugehen. Dogmatisch hat man sich mit der sog. Mandatslösung beholfen. Bei den Schiedsgerichten wird aber weitgehend von einer zwischenstaatlichen oder transnationalen Einrichtung ausgegangen.[780]

Ein Wandel in der Beurteilung der grenzüberschreitenden Kooperation zeigt sich im übrigen an den Städtepartnerschaften. Früher rechtlich umstritten, werden sie nunmehr für rechtlich unbedenklich gehalten und in den Bereich der - zulässigen - rechtlich unverbindlichen Kontaktpflege eingeordnet.[781] Sie fallen auch nicht unter Art. 24 Abs. 1a GG, weil sie gar nicht als Instrument zur Lösung der aus dem engen räumlichen Zusammenleben von Nachbarn resultierenden gemeinsamen Sachproblemen geschlossen werden, sondern meist nur ideelle Ziele verfolgen.[782]

Eine institutionalisierte grenzüberschreitende Zusammenarbeit der lokalen und regionalen und überregionalen Körperschaften auf öffentlich-rechtlicher Basis war lange Zeit in Europa juristisch nicht möglich. Öffentlich-rechtliche Kooperation vollzog sich auf Grundlagen, d. h. Strukturen und Organisationen, die auf nationalen Vorschriften und Gesetzen basieren.[783] Grenzüberschreitende Rechtsbeziehungen in Form des öffentlichen Rechts waren nur möglich in Form von Anhörungs-, Einspruchs- oder gar Parteirechte, wenn eine rechtliche Betroffenheit gegeben war. Dies traf im Bereich von Umweltschutzverfahren und Raumplanungen zu.[784]

2. Rechtliche Einordnung: soft institutions

Obwohl teilweise aufgrund völkerrechtlicher Verträge errichtet, ist die Einordnung der Regionen selbst als Völkerrechtssubjekte jedoch sehr fraglich.[785] Sie stimmen nicht mit den klassischen Formen der Völkerrechtssubjekte überein. Als Internationale Organisation sind sie schon deshalb nicht einzuordnen, weil sie zwar aus Ländern, Selbstverwaltungskörperschaften oder deren Mitgliedern

---

780 So Beyerlin und Rauser für den Staatsvertrag mit Luxemburg von 1974, Nachweise bei Lott, S. 87.

781 Streinz, S. 64; Lott, S. 40 m w. Nachw.

782 Beyerlin, Rechtsprobleme, S. 8; Oehm, S. 5.

783 Hierzu auch Frensch, S. 71.

784 Pernthaler in: Bayerischer Landtag, S. 210 m. w. Nachw; Pernthaler in: FS v. d. Heydte, S. 1110.

785 Beyerlin, Rechtsprobleme, S. 183 ff.

bestehen, aber keine staatsgebundenen Akteure sind.[786] Sie sind auch keine Nichtregierungsorganisationen. Eine Völkerrechtssubjektivität der grenzüberschreitenden Regionen ist daher ähnlich problematisch wie bei der EU.

In diesem Zusammenhang ist der Begriff der „soft institutions" in die Diskussion gebracht worden.[787] Ausgehend von der Rechtsetzungsform des „soft law" ist der Versuch unternommen worden, diese Idee nicht nur auf Resolutionen oder Verträge, sondern auch auf den grenzüberschreitenden Regionalismus anzuwenden.

a) Exkurs: Soft law

Die schwer einzuordnenden Akte internationaler Organisationen, vor allem die Flut von Empfehlungen, Beschlüssen, Resolutionen und Deklarationen zahlreicher Gremien, Organe und Sonderorganisationen der UNO und regionaler Einrichtungen haben die Diskussion über das System der völkerrechtlichen Rechtsquellen stark angeregt und diesen Begriff des „weichen Völkerrechts" ins Spiel gebracht.[788].

„Soft law" ist keine eigene Völkerrechtsquelle[789]. Bestimmte Resolutionen der UN-Generalversammlung und der Repräsentativorgane anderer internationaler Organisationen sowie manche Erklärungen von Staatenkonferenzen (insbesondere im Rahmen der OSZE) fallen unter die o. g. Akte. Sie werden als rechtlich relevant eingestuft, aber ohne unmittelbare Rechte und Pflichten zu begründen und sind damit Instrumente in der Grauzone zwischen unverbindlicher Proklamation und rechtsverbindlicher Festlegung.[790] Es sind Normen, die nicht vor internationalen Gerichten angeführt werden können und deren Verletzung nicht die Staatenhaftung auslöst.[791] Dieser Ansatz ist allerdings umstritten. Die Anhänger einer Meinung sehen das Konzept des soft law als bequemen Ausweg aus dogmatischen Schwierigkeiten an, wenn eine internationale Organisation oder Konferenz sich zwar nicht auf die Schaffung einer verbindlichen Völkerrechtsnorm einigen kann, aber trotzdem in feierlicher Form eine Prinzipienerklärung verkündet. Diese kann dann so aussehen, daß erklärt wird, man habe Zeichen gesetzt und moralische Verpflichtungen begründet, die sogar noch mehr wert seien, als „bloße Rechtsbindungen". Hiergegen wird vielfach angeführt, wie unsinnig es sei, von einem Recht ohne Rechtsbindung ausgehen zu wollen, und daß das soft law Symptom einer tiefgreifenden Krise des Völker-

---

786 Beyerlin, Rechtsprobleme, S. 42.
787 Lang, AVR 27 (1989), S. 253 ff.
788 Kimminich/Hobe, Völkerrecht, S. 192.
789 Siehe zu den Völkerrechtsquellen im einzelnen Dahm/Delbrück/Wolfrum, Band I/1, S. 49 ff.
790 Herdegen, S. 146 f.
791 Kimminich/Hobe, Völkerrecht, S. 192.

rechts sei.[792] Diese Ansicht basiert auf der inflationären Verwendung des Begriffes „soft law".

Anders betrachtet kann man die Verwendung des Begriffs „soft law" auf eine bloße juristische Verlegenheit in der Zuordnung solcher Instrumente zurückführen, hinter denen kein klar erkennbarer Rechtsbindungswille steht. Es geht demnach um Stufen eines Entwicklungsprozesses, der zur Entstehung von Gewohnheitsrecht oder zur Konkretisierung allgemeiner Grundsätze des Gewohnheitsrechts führen kann.[793]

b) Darstellung der Idee und Anwendung auf die grenzüberschreitenden Regionen

Im Sinne eines Analogieschlusses können die wesentlichen Differenzpunkte zwischen „hartem" Völkerrecht und „soft law" auf die grenzüberschreitenden Regionen angewendet werden.[794]

Die Merkmale von „soft law" sind die fehlende Rechtsverbindlichkeit, verschiedene Gesetzgebungswege und der subjektive Wille der Parteien, keine verbindlichen Normen des Völkerrechts zu schaffen.[795]

Da eine Gesetzgebungskompetenz fehlt - es werden lediglich Beschlüsse gefaßt-, sind nur das erste und dritte Merkmal auf die grenzüberschreitenden Regionen übertragbar. Angesichts der nunmehr entstehenden Zweckverbände mit eigener Rechtspersönlichkeit und Hoheitsrechten[796] kann man sogar noch einen Schritt weitergehen. Es handelt sich in diesem Fall nicht mehr nur um soft institutions, sondern um eine institutionalisierte Form der Kooperation in Form einer grenzüberschreitenden Region.

Solange jedoch die Kooperation in einer Rechtsform, privatrechtlich oder öffentlich-rechtlich, stattfindet, die keine eigenen Hoheitsrechte trägt, ist der Begriff „soft institutions" passend. Vielfach wird gerade bestimmt, daß der grenzüberschreitenden Region keine Hoheitsrechte übertragen werden. Es ist nicht gewollt, daß die Region gar als Träger von Hoheitsrechten zum Völkerrechtssubjekt wird.[797]

In grenzüberschreitenden Regionen vereinigen sich Gebietsteile benachbarter Staaten, um ihre spezifischen Aufgaben in enger Abstimmung miteinander, vielleicht sogar gemeinsam zu besorgen. Wesentlich ist hierbei, daß diese Ko-

---

[792] Vgl. Kimminich/Hobe, Völkerrecht, S. 192 Fn. 53 + 54.
[793] Herdegen, S. 147.
[794] Lang, AVR 27 (1989), S. 253.
[795] Schoch, S. 187.
[796] Zumindest theoretisch gem. Art. 24 Abs. 1a GG möglich.
[797] Schoch wendet den Begriff der soft institutions nur auf die Länderkooperation an, S. 188.

operation, die erst im Laufe der sechziger und siebziger Jahre Konturen anzunehmen begann, die gewachsenen, nationalstaatlichen Grenzen nicht nur überschreitet, sondern auch zerschneidet.[798] Die grenzüberschreitenden Regionen haben hinsichtlich ihrer Rechtsform und auch der Anzahl eine lange Konjunkturphase hinter sich. Die ad-hoc entstehende Kooperation hat dabei Einflüsse auf die später beispielsweise in den Karlsruher und Mainzer Verträgen gewählten Rechtsformen der Kooperation gehabt und somit eine dem „soft law" vergleichbare Wirkung. Doch auch die Beschlüsse oder Entschließungen der Regionen haben wie dargestellt keine direkte, aber indirekte Wirkung auf die Entscheidungsfindung in nationalen Gremien.[799]

In breiten Bereichen der Daseinsvorsorge wird grenzüberschreitend zusammengearbeitet, namentlich in den Bereichen Kultur, Bildung, Jugendaustausch, Fremdenverkehr, Abwasserbeseitigung, Verkehrsplanung sowie Standortförderung.[800] Es zeigt sich, daß es nicht nur bei der Daseinsvorsorge an sich zu einem „Spill-over-Effekt" kommt[801], sondern auch die grenzüberschreitende Kooperation sich dementsprechend entwickelt. Dieser Schluß bestätigt sich, betrachtet man Zweckverbandstheorie Ipsens[802] zur rechtlichen Einstufung der Europäischen Union. Diese Theorie aus dem Jahre 1972 wird dem heutigen Stand der europäischen Integration nicht mehr gerecht.[803] Doch lag die Motivation einer Zusammenarbeit in den der Europäischen Gemeinschaften in der Bewältigung von begrenzten wirtschaftlichen und sozialpolitischen Aufgaben.[804] Auch die grenzüberschreitende Zusammenarbeit ist vornehmlich auf begrenzte Aufgaben beschränkt.

3. Ergebnis

Lang[805] geht bei seiner Konstruktion der „soft institutions" von dem Phänomen der Entgrenzung aus und ist damit der Denationalisierungsthese zuzuordnen. Er beschreibt die grenzüberschreitenden Regionen insgesamt als soft institutions.

Somit kann man sich anlehnend an die Idee des „soft law" fragen, welches Ziel hier angesteuert wird. Im Mehrebenensystem bedeutet die grenzüberschreitende Kooperation die Stärkung der unteren und mittleren Ebene. Sobald die demokratische Legitimation beispielsweise durch Direktwahlen der grenzüberschrei-

---

798 Lang, AVR 27 (1989), S. 253.
799 So auch Schoch, S. 194.
800 Vgl. Kapitel 2 B. 1.; hierzu auch Heberlein, DÖV 1996, S. 100 (101).
801 Vgl. hierzu Kapitel 1 B. II.
802 Vgl. Kapitel 1 B. I. 2. a).
803 So auch Tomuschat in: Nettesheim/Schiera, S.172.
804 Ipsen, Europäisches Gemeinschaftsrecht, S. 197.
805 Siehe oben Kapitel 2 B II. 2.

tenden Gremien erhöht wird, dürfte man sich auch von der Bezeichnung „soft institutions“ verabschieden.

Als neues Instrument der grenzüberschreitenden Kooperation erlaubt es Art. 24 Abs. 1a GG zum ersten Mal, grenzüberschreitende Institutionen mit eigener Hoheitsgewalt auszustatten, ohne dadurch bisherige Kooperationsformen nachträglich oder zukünftig zu unterbinden.[806]

Daß sich trotz des vorher herrschenden bundesgesetzlichen rechtsfreien oder besser rechtsneutralen Raumes eine Vielfalt an grenzüberschreitender Kooperation entwickelt hat und entwickeln konnte, zumeist über zunächst rechtsunverbindliche Vereinbarungen und Einzelfallkooperation, die dann rechtsverbindlich gestaltet wurde, zeigt, daß dieses Bedürfnis an Zusammenarbeit nicht nur ein Trend ist. Nicht zuletzt aufgrund der Förderung durch die INTERREG-Initiative ist von einer weiteren Institutionalisierung der grenzüberschreitenden Kooperation auszugehen.[807] So ist der 1989 entwickelte Begriff der „soft institutions“ durchaus noch angebracht. Die Herausbildung von grenzüberschreitenden Regionen mit eigener Rechtspersönlichkeit und Hoheitsrechten ist das Ziel. Gleichzeitig entsteht zumindest teilweise eine Rechtsordnung, die nicht mehr nur auf den Nationalstaat zurückzuführen und damit transnational ist.[808] Sie entspringt den transnationalen oder transföderalen[809] Beziehungen.

III. Globalisierung des Rechts und Denationalisierung durch grenzüberschreitende Kooperation?

1. Erweiterung des Regionenbegriffs

Die oben angeführte Definition kann um die Begriffe der transnationalen Region oder der grenzüberschreitenden Region erweitert werden und ist auch heutzutage schon weitgehend akzeptiert.[810] Sie blickt nicht notwendig auf eine territorial und rechtlich übergeordnete Autorität, denn z. B. der Zweckverband ist nicht in einer hierarchischen Struktur z. B. der Gemeinde gegenüber zu fassen. Sie ist auch nicht rein staatenorientiert. Ohne diesen Aspekt trifft die Definition des Rahmenübereinkommens von 1980 zu, nach der die grenzüberschreitende Region örtliche und regionale Aufgaben wahrnimmt. Diese Definition sollte lediglich dahingehend erweitert werden, daß eine demokratische Legitimation erforderlich ist, die direkt oder indirekt sein sollte.

---

[806] Lott, S. 279.
[807] Schultze, S. 169.
[808] Levrat, S. 339 spricht vom „droit transnational public“.
[809] Krämer, S. 18 f. verwendet diesen Begriff, jedoch nur für Regionen die national gesehen mit gewissen Kompetenzen ausgestattet sind.
[810] Siehe oben Kapitel 2 B. II; Grom, S. 16.; Speiser, S. 198.

2. Einordnung hinsichtlich der Globalisierung: Denationalisierung und Mehrebenensystem

Aufgrund der Entstehung der grenzüberschreitenden Regionen „von unten" her, ist eine Akzeptanz in der Bevölkerung vorhanden. Demokratische Strukturen sind jedoch die Ausnahme. Grundsätzlich bestehen die Gremien der öffentlichrechtlich kooperierenden Regionen aus gewählten Mitgliedern der beteiligten Körperschaften, so daß hier eine mittelbare Legitimierung gegeben ist.

Das Bedürfnis nach Kooperation zeigt zudem, daß nationalstaatliche Interessen wie auch Gesichtspunkte der Rechtmäßigkeit zurücktreten und ein grenzüberschreitendes Interesse an Zusammenarbeit in örtlichen Angelegenheiten besteht. Ziel der grenzüberschreitenden Region muß sein, diesen Gemeinwillen zu begreifen und daraus ihre Legitimität zu herzuleiten.[811] Eine direkte Legitimation des Gemeinwesens der grenzüberschreitenden Region ist wünschenswert. Entscheidend ist die Stärkung der Regionen durch Zuweisung eigener Kompetenzen, wie in Art. 24 Abs. 1a GG geregelt, und damit die Festigung einer eigenen Identität. Zur Verwirklichung dieser Kompetenzen sollten sie zur Rechtsetzung in beschränkten Rahmen berechtigt sein. Bisher besitzen die Regionen keine legislative Gewalt.[812]

Europäische Integration und die Zukunft Gesamteuropas bedeuten auch immer Kooperation der Regionen Europas. Die grenzüberschreitende Zusammenarbeit ist das notwendige Bindeglied, um das Schlagwort vom „Europa der Regionen" mit Leben erfüllen zu können und die Menschen an den Grenzen einander näher zu bringen. Ostseekooperation gilt heute als beispielhaftes Modell regionaler Eigeninitiative in einem zusammenwachsenden Europa.

Dem oben dargestellten Ansatz der Fortentwicklung der grenzüberschreitenden Zusammenarbeit von unten her folgt auch der Europarat, der sich von der Erkenntnis leiten läßt, daß der Gedanke der europäischen Einigung zunächst einmal von den Bürgern selbst - mittels demokratisch legitimierter Vertreter - aktiv mitgetragen werden muß, um wirklich lebendig zu werden. Die Integration darf also nicht nur aufgepfropft sein, sondern muß von der Basis selbst als Ziel betrachtet werden, für das es sich lohnt, Engagement und Eigeninitiative zu entwickeln.[813] Sie muß Ausdruck eines gemeinsamen öffentlichen Interesses sein.

Sämtliche in der AGEG vertretenen Grenzregionen sind bloße kooperative transnationale Regionen ohne autonome gemeinsame Organe direkter demokratischer Legitimation, auch wenn der EUREGIO-Rat der EUREGIO Gronau ein grenzüberschreitend wirkendes parlamentarisch-demokratisches Gremium ge-

---

[811] Für die EUREGIO Maas-Rhein wird Umweltschutz als gemeinschaftliches Interesse genannt, Jansen, S. 41.

[812] Jansen, S. 56.

[813] Beyerlin, Rechtsprobleme, S. 34.

schaffen hat und damit rudimentäre Ansätze zu einem autonomen Wirkungsmechanismus zeigt.[814]

Die dargestellten Netzwerkstrukturen sind Zeichen der Glokalisierung. Die verschiedenen lokalen Besonderheiten werden berücksichtigt und genutzt, um die Sichtbarkeit der Regionen im globalen Raum zu erhöhen.[815] Hierbei geht es nicht nur um einen Standortwettbewerb. Die Interaktionen sind wie dargestellt vielfältiger und reichen von Informations-, Kultur- und Reiseströmen bis zur Arbeitsmarktpolitik. Die Qualität dieser Interaktionen bestimmt dann auch die Position der Region im Wettbewerb, auf ortsgebundene Faktoren wie etwa Ausstattung mit natürlichen Ressourcen kommt es nicht mehr entscheidend an.

Für die rechtliche Analyse ist es wichtig die drei tatsächlichen Faktoren der Glokalisierungstrends zu berücksichtigen: die Durchdringung und Überwölbung lokaler Gegebenheiten durch globale Strukturen und Prozesse, umgekehrt die Gebundenheit dieser globalen Strukturen und Prozesse an lokale Strukturen und Prozesse; die Relativität der letzten dieser beiden Bindungen und daraus folgend die Diffusion der räumlichen Grenzen des Lokalen. Wird die Vernetzung kleiner Räume auch stets als zukunftsweisende Handlungsstrategie unter den Bedingungen der Globalisierung herangezogen, bereitet die Meßbarkeit des Erfolges dieser Strategien Schwierigkeiten, da die überwiegenden Daten staatenbezogen sind.[816] Gerade im Bereich der zahlreichen neu entstehenden EUREGIOS[817], könnte die Vermutung naheliegen, daß es hier eher um den Zufluß von Zuschüssen aus den Regionalfonds der EU, als um Institutionalisierung neuer politischer und wirtschaftlicher Räume eines nachweislichen globalen Systems gehen wird. Es gibt keine Nachweise für eine das Maß des Üblichen übersteigende Vernetzung, außer der Vielfalt und Vielzahl symbolischer Verbindungen.[818] Das Experimentierstadium scheint noch nicht endgültig verlassen, die Bandbreite der Experimente läßt jedoch hoffen. So kann die EUREGIO Gronau[819] als Beispiel für die Möglichkeit demokratischer Legitimation jenseits des Territorialstaates dienen. Eine systematische Bestandsaufnahme der Formen demokratischer Legitimation solcher grenzüberschreitenden Kooperationen steht allerdings noch aus. Eine solche Bestandsaufnahme könnte zwar kaum die Konturen der Demokratie im internationalen System des 21. Jahrhunderts identifizieren, sie wäre aber durchaus in der Lage, praktische Gedankenspiele dafür zu liefern, wie eine demokratische Legitimation von dena-

[814] Beyerlin, Rechtsprobleme, S. 16.
[815] Albert in: Kohler-Koch, S. 52.
[816] Albert in: Kohler-Koch, S. 53.
[817] Siehe Kapitel 2 B. I. 1. e).
[818] Albert in: Kohler-Koch, S. 54.
[819] Siehe Kapitel 2 B. I. 1. e).

tionalisierten Räumen mit dem territorialstaatlichen Demokratiemodell in Einklang gebracht werden könnte.[820]

Zwar wird Art. 24 Abs. 1a GG als Bekenntnis zu einer offenen Staatlichkeit angesehen[821], die Norm wird jedoch bisher nicht angewendet. Ihre Entstehungsgeschichte und die anderweitigen Formen der grenzüberschreitenden Kooperation zeigen, daß nur normiert wurde, was schon gängige Praxis ist.

Die Nationalstaaten bleiben die zentralen (politischen) Akteure. Sie müssen sich jedoch transformieren. Der Nationalstaat büßt seine Rolle als allmächtiger und allzuständiger Problemlöser tendenziell ein.[822] Der demokratisch legitimierte Rechtsstaat bleibt jedoch eine entscheidende Instanz, die das Gemeinwohl wahrzunehmen hat,[823] dennoch sind auf EU-Ebene auch in dieser Hinsicht mehr als nur Ansätze vorhanden.

---

[820] Albert in: Kohler-Koch, S. 54.
[821] Auch zur Entstehungsgeschichte des Begriffs, Lott, S. 77.
[822] Messner (Hrsg.), S. 21.
[823] Messner (Hrsg.), S. 21.

Ausblick

Die Entwicklung eines transnationalen Systems von „institutional authorities" beweist, daß es keine einzelstaatliche Antwort auf die Auswirkungen der Globalisierung gibt.

Entgrenzung bedeutet nicht Grenzenlosigkeit, sondern beendet die Abtrennung von Räumen und schafft neue[824]. Entstaatlichung bedeutet daher auch nicht Staatenlosigkeit. Der Abbau des allumfassenden und klar begrenzten Raumes, dem des souveränen Staates, führt allerdings zwangsläufig zu einer Veränderung der Beherrschung des Raumes, d. h. der Form des Regierens.[825] Damit ändert sich auch die Form des Rechts. Durch zunehmende Vernetzung von Staaten und Menschen werden immer mehr Sachbereiche Gegenstand eines gemeinsamen öffentlichen Interesses[826], eines global public interest.

Es ist ein nachhaltiger Wandel staatlicher Strukturen feststellbar, der sowohl Entstaatlichungs- als auch Fusionstendenzen aufweist. Dies signalisiert eine Neuorientierung und neue Phase der Geschichte westeuropäischer Staaten.[827] Die Einheit von Staat und Recht wird aufgehoben, es bildet sich ein transnationales Recht heraus.

Mit der Gründung der Europäischen Union hat sich ein Mehrebenensystem herausgebildet, in dem die Staaten öffentliche Aufgaben auf der Ebene erfüllen, die am besten dazu geeignet ist.[828] In Deutschland gibt nunmehr vier Ebenen, die europäische eingerechnet. Dieses föderale Mehrebenenmodell erlaubt es, sich von der Vorstellung zu lösen, daß jeder weitere Integrationsschritt im Rahmen der EU zu einem Verlust der souveränen Staatlichkeit der Mitgliedstaaten beiträgt.[829] So kann man statt von einem Verlust an Souveränität von schwebender oder geteilter Souveränität sprechen.[830]

Für den Erfolg der EU als Modell regionaler governance sprechen nicht nur die grenzüberschreitende Zusammenarbeit, sondern auch die Umsetzung eines gemeinsamen Konzeptes hinsichtlich der Daseinsvorsorge.

Mit Beteiligung der Nationalstaaten und neben der EU müssen weitere Modelle für eine transnationale Demokratie entstehen. Die grenzüberschreitenden Regionen haben in dieser Hinsicht ausbaufähige Grundzüge.

[824] Kohler-Koch/Edler in: Kohler-Koch, S. 169.
[825] Kohler-Koch/Edler in: Kohler-Koch, S. 169.
[826] So auch Hingst, S. 306.
[827] Wessels, S. 11.
[828] Hobe, Verfassungsstaat, S. 390 ff; König, S. 662 f.
[829] König, S. 662.
[830] Oeter, ZaöRV 1995 (55), S. 663 (686) m. w. Nachw.

Transregionale Kooperation europäischer Netzwerke kann eine hilfreiche Ergänzung sein, ein Allheilmittel ist sie nicht.[831] Diese Art von Kooperation ist nicht neu. Allerdings spricht die zunehmende Zahl regionaler Netzwerke dafür, daß sie auch nicht aus der Mode kommt.

Eine für das Individuum befriedigende Lösung ist im übrigen nur möglich, wenn Demokratie zu einer transnationalen Angelegenheit wird.[832] Die Global Governance-Architektur muß auf leistungsfähigen regionalen Kernen aufbauen.[833]

Regionen im klassischen Sinne, Länder, Kreise und Gemeinden, sind Teile des Staates, aber ihre Bedeutung nimmt nicht proportional zu der des Staates ab. Im Gegenteil, die Regionen werden Akteure im Wettbewerb, sie finden eine neue Rolle und haben die Möglichkeit, sich zu behaupten. Dies bedeutet, daß sich nicht nur ihre Stellung im staatlichen Gefüge ändert und sie selbst zur Denationalisierung beitragen, sondern auch daß die EU tatsächlich zu einem Europa der Regionen wird und daß eine Neuorganisation stattfindet. Gleichzeitig ist die EU ist nicht nur selbst ein Beispiel für grenzüberschreitende Kooperation, sie fördert sie auch auf substaatlicher Ebene.

Für Schleswig-Holstein muß man feststellen, daß es grenzüberschreitende Kooperation gibt, sie aber nicht so ausgeprägt ist wie in anderen Teilen Deutschlands. Es zeigt sich jedoch, daß demokratische Ansätze vorhanden sind und auch gefördert werden. Obwohl es auf dänischer Seite eine Opposition gibt, bleibt zu hoffen, daß die grenzüberschreitende Kooperation in Schleswig/Sønderjylland institutionalisiert werden wird, um die Aktionsmöglichkeit der Region zu vergrößern. Betrachtet man die Entwicklung im übrigen Teil Deutschlands, darf man berechtigt hoffen, daß die Entwicklung in Schleswig-Holstein fortschreitet.

Die Politik der Nationalstaaten hat vor allem im letzten Jahrhundert aus übersteigerten Souveränitätsbestrebungen politische Grenzen geschaffen, die Abschließungseffekte aufgebaut haben, die lange Zeit gemeinsames grenzüberschreitendes Handeln behinderte oder sogar verhinderte.[834] Die Untersuchung der grenzüberschreitenden Regionen hat ergeben, daß die Regionen teils aus Eigeninitiative teils auf Anreiz der EU diese Grenzen überschritten, sie durchlässig gemacht haben, ohne dabei den Weg der klassischen Außenpolitik mit dem Staat als Mittler zu beschreiten.

Die untere Ebene des Staates hat sich verselbständigt. Dies spricht auf den ersten Blick für einen Verlust an Souveränität. Obwohl in der grenzüberschrei-

---

[831] Voigt, Aus Politik und Zeitgeschichte 1998, Bd. 29-30, S. 5.
[832] Bauer, Barbara, S. 260.
[833] Messner (Hrsg.), S. 21.
[834] Malchus, Partnerschaft, S. 216.

tenden Zusammenarbeit bisher tatsächlich kaum Hoheitsrechte delegiert werden, hat die Untersuchung ergeben, daß sowohl auf europäischer als auch auf regionaler Ebene die Akteure sich de facto Kompetenzen zu eigen machen. Es wurde deutlich, daß weder nationales und noch europäisches Recht diese Verselbständigung verbietet, sie sogar gebietet. Dies spricht für eine wenigstens teilweise auch geduldete Entwicklung. Globalisierung bewirkt also auf der einen Seite Denationalisierung durch Auflösung von außen und von innen. Auf der anderen Seite hat sie eine Neuorganisation in Form von suprastate und substate global governance, die sich über und um den Staat herum bildet, aber auch mit ihm. Die unterschiedlichen Ebenen verschmelzen, fusionieren zu einer neuen Form.

Interessant ist, daß sich in der grenzüberschreitenden transnationalen Zusammenarbeit die Rechtsform des Zweckverbandes immer weiter durchsetzt. Denn schließlich wird die EU auch als Zweckverband ohne Zwangsgewalt bezeichnet, der trotzdem erfolgreich arbeitet. Beiden ist somit gemeinsam, daß es sich um einen Zusammenschluß zu einem bestimmten Zweck handelt, der im unbedingten Interesse der Akteure liegt und dessen Regelungen daher auch befolgt werden. Der Zweckverband ermöglicht eine Integration ohne den Staat. Diese Integration liegt im öffentlichen Interesse der Bewohner der jeweiligen Region.

Es erscheint durchaus möglich, daß beispielsweise die WTO eine der Europäischen Union entsprechenden Entwicklung durchläuft.[835] Die Europäische Union als Modell für die künftige transnationale Zusammenarbeit zeigt Möglichkeiten und Grenzen auf. Einerseits bestehen konkrete Implementationsmechanismen wie etwa die Richtlinie.[836] Im internationalen Bereich gibt es dafür keine Entsprechung. Die gegenwärtige Diskussion in Deutschland und Frankreich über die Zukunft der EU und auch über die Osterweiterung zeigt, das eine institutionelle Reform notwendig ist. Die Europäische Kommission hat durch ihr Weißbuch zum Europäischen Regieren und den Europäischen Konvent einen Schritt in diese Richtung getan.

---

835 Von Bogdandy in: Loth/Wessels, Theorien europäischer Integration, S. 143 f.
836 Hobe, Verfassungsstaat, S. 368.

ANHANG I Vereinbarung Schleswig/Sønderjylland

VEREINBARUNG ZUR ERRICHTUNG DER REGION SCHLESWIG/SØNDERJYLLAND VOM 16. SEPTEMBER 1997

Diese Vereinbarung ist zwischen

der kreisfreien Stadt Flensburg, dem Kreis Nordfriesland, dem Kreis Schleswig-Flensburg - auf der deutschen Seite - sowie

Sønderjyllands Amt - auf der dänischen Seite -

nach Beschlußfassung durch die jeweiligen politischen Vertretungen (Flensburger Ratsversammlung, Kreistage Nordfriesland und Schleswig-Flensburg und Sønderjyllands Amtsråd),

am 16. September 1997 getroffen.

Im Folgenden werden die kreisfreie Stadt Flensburg, der Kreis Nordfriesland, der Kreis Schleswig-Flensburg und Sønderjyllands Amt als Parteien der Vereinbarung bezeichnet.

Präambel

Die Parteien bilden eine europäische Region, die die Grundlage für eine intensive und langfristige Zusammenarbeit zu dem Zweck bildet, die Entwicklung in der gemeinsamen Grenzregion zu fördern sowie die Region im europäischen Beziehungsrahmen und im Verhältnis zu den angrenzenden Regionen zu stärken.

Die Vereinbarung wird getroffen auf der Grundlage der Gleichberechtigung und der Achtung vor der besonderen kulturellen Eigenart und Selbständigkeit jeder Seite als Grundsätze für die Zusammenarbeit. Hieraus folgt, daß Beschlüsse in der Organisation in grundsätzlicher Übereinstimmung gefaßt werden.

Die Europäische Charta der Grenz- und grenzübergreifenden Regionen, welche von der Arbeitsgemeinschaft Europäischer Grenzregionen am 1. Dezember 1995 beschlossen wurde, bildet die gedankliche Grundlage für Zusammenarbeit und Entwicklung in der Region.

§ 1

Name - Sitz

Die europäische Region umfaßt das Gebiet der kreisfreien Stadt Flensburg, des Kreises Nordfriesland, des Kreises Schleswig-Flensburg und von Sønderjyllands Amt. Sie erhält die Bezeichnung *Region Schleswig/Sønderjylland*. Die Region hat ihren Sitz dort, wo entsprechend der Entscheidung der Parteien das Sekretariat der Organisation untergebracht wird.

§ 2

Ziel und Mittel

1) Ziel der Zusammenarbeit in der Region ist es, gemeinsame Aktivitäten zu verwirklichen, die die Entwicklung der Region fördern und gleichzeitig nähere Kontakte zwischen der Bevölkerung, der Wirtschaft und den Verbänden auf beiden Seiten der Grenze herstellen sowie im übrigen die Zusammenarbeit über die Grenze zu intensivieren. Die Region wird im europäischen Beziehungsrahmen als Einheit auftreten.

2) Mittel zur Erreichung dieses Zieles sind *insbesondere:*

Verbesserung der Lebensbedingungen der Bevölkerung, einschl. der Chancengleichheit der Geschlechter, insbesondere durch gemeinsame Maßnahmen zur Förderung der wirtschaftlichen Entwicklung, der Bildung und Ausbildung und der Bekämpfung der Arbeitslosigkeit in der Region;

Förderung der wirtschaftspolitischen und arbeitsmarktpolitischen Zusammenarbeit über die Grenze hinweg, Austausch von Wissen - auch auf technologischem Gebiet - und die Einrichtung von Informationssystemen mit Daten aus der ganzen Region;

Förderung der Zusammenarbeit auf dem Gebiet der Kultur;

Zusammenarbeit durch Kontakt und Austausch zwischen verschiedenen Bevölkerungsgruppen, z. B. auf den Gebieten von Wirtschaft, Wissenschaft, Kultur, Sport und Jugend, in einer Art und Weise, die in besonderem Maße das gegenseitige Verständnis und das Wissen voneinander fördert;

Förderung der Kenntnis der Sprache auf der anderen Seite der Grenze mit dem Ziel, daß jeder seine eigene Sprache anwenden kann und verstanden wird;

Erhaltung und Verbesserung der Umwelt;

Förderung der Entwicklung in den ländlichen Räumen;

Ausbau und Anpassung der Infrastruktur an die besonderen Bedürfnisse des Grenz- und Regionalverkehrs;

Entwicklung einer abgestimmten grenzüberschreitenden Raumplanung;

Zusammenarbeit im Küstenschutz, beim Rettungswesen sowie bei der Bekämpfung von Bränden und den Folgen schwerer Katastrophenlagen;

Beseitigung von Hindernissen und Barrieren in der Zusammenarbeit sowie Beiträge zur Lösung der besonderen Probleme der Grenzpendler;

Förderung der Idee der europäischen Zusammenarbeit und der internationalen Verständigung.

§ 3

Rechte und Pflichten

1) Initiativen und Projekte mit grenzüberschreitender Reichweite beschließen die Parteien in grundsätzlicher Übereinstimmung. Dies gilt auch für die Anwendung der Bezeichnung „Region Schleswig/Sønderjylland" in Verbindung mit bestimmten Projekten.

2) Jede Seite beachtet die nationale Gesetzgebung in ihrem eigenen Lande und nimmt Rücksicht auf die rechtlichen Verhältnisse auf der anderen Seite.

3) Die Parteien der Vereinbarung unterrichten sich gegenseitig über Maßnahmen und Initiativen, die grenzüberschreitende Bedeutung haben können.

4) Die Parteien gewähren den Organisationen und Verbänden der Region im Rahmen der zur Verfügung stehenden Arbeitskapazität Zugang zum Dienstleistungs- und Informationsangebot des Sekretariats.

§ 4

Die Organisation der Region

1) Die Organisation besteht aus:

dem Regionalrat,

dem Vorstand,

dem Sekretariat,

Arbeitsgruppen und Ausschüssen.

2) Regionalrat

Der Regionalrat ist das oberste Beschlußorgan der Organisation. Der Regionalrat ist ein gemeinsames Beratungs- und Koordinierungsorgan bei grenzüberschreitenden Angelegenheiten.

Der Regionalrat besteht aus 42 Mitgliedern, wovon jede Seite 21 Mitglieder benennt. Ferner werden von jeder Seite bis zu 3 Beobachter/innen (mit Rederecht, aber ohne Stimmrecht) zur Teilnahme an den Sitzungen des Regionalrates benannt. Hiervon werden dem dänischen Folketing und dem Landtag in Kiel angeboten, jeweils 2 Beobachter/innen zu benennen.

Jede Seite entscheidet selbst über die Zusammensetzung der Delegationen.

Die Wahlperiode entspricht der Wahlperiode, die für die Parteien der Vereinbarung gilt.

Zu den Aufgaben des Regionalrates gehören insbesondere:

Wahl eines/einer deutschen und eines/einer dänischen Vorsitzenden aus dem Kreis der Mitglieder des Vorstandes im Zweijahresrhythmus;

Festlegung des Rahmens für die Tätigkeit der Organisation;

Verabschiedung der Geschäftsordnung für die Tätigkeit des Regionalrates und anderer erforderlicher Richtlinien für die Tätigkeit der Organe der Organisation;

Beschlußfassung über größere Zusammenarbeitsprojekte und Billigung des Budgets für solche Projekte;

Verabschiedung von Budget und Rechnungslegung der Organisation;

Beratung und Beschluß über den jährlichen Bericht über durchgeführte einzelne Projekte von größerer Bedeutung.

Der Regionalrat hält zweimal jährlich eine ordentliche Versammlung ab. Die ordentlichen Versammlungen finden im Wechsel bei der deutschen und dänischen Seite statt. Außerordentliche Versammlungen können jederzeit stattfinden auf Initiative des Vorstandes oder auf Verlangen von mindestens 10 Mitgliedern des Regionalrates.

3) Vorstand

Der Vorstand besteht aus 8 Mitgliedern, wovon jede Seite 4 Mitglieder benennt.

Die Vorsitzenden des Regionalrates sind gleichzeitig die Vorsitzenden des Vorstandes. Die Vorsitzenden treten bei Angelegenheiten von größerer Bedeutung gemeinsam auf; Entscheidungen über Angelegenheiten der laufenden Geschäftsführung stimmen sie miteinander ab. Die Vorsitzenden leiten im Wechsel die Sitzungen des Vorstandes.

Zu den Aufgaben des Vorstandes gehören:

Vertretung der Region Schleswig/Sønderjylland nach außen,

Vorbereitung und Vorlage von Beschlußangelegenheiten für den Regionalrat,

Ausführung von Beschlüssen, die der Regionalrat gefaßt hat,

Stellung eines Sekretariates und Leitung der Arbeit des Sekretariates,

Einsetzung von Arbeitsgruppen oder Ausschüssen auf eigene Initiative oder im Auftrag des Regionalrates.

4) Sekretariat

Es wird ein Sekretariat für die Organisation eingerichtet, welches seinen Sitz auf der dänischen Seite hat.

Das Sekretariat kümmert sich um die laufende Verwaltung der Organisation einschließlich der Vorbereitung der Sitzungen des Regionalrates, des Vorstandes sowie der Arbeitsgruppen und Ausschüsse.

Die Ausgaben für die Tätigkeit des Sekretariates werden - nach Abzug von Zuschüssen Dritter - von den Parteien der Vereinbarung gemeinsam getragen, d. h., daß jede Seite die Hälfte der Nettoausgaben deckt.

5) Arbeitsgruppen - Ausschüsse

Zur Erarbeitung von Vorschlägen für gemeinsame Projekte können Arbeitsgruppen sowie zur mehr dauerhaften Wahrnehmung bestimmter Aufgabengebiete Ausschüsse eingesetzt werden.

In die Arbeitsgruppen und Ausschüsse können Vertreter einschlägiger Interessengruppen oder Institutionen berufen werden.

§ 5

Beschlußfassung

Die Beschlüsse im Regionalrat werden in grundsätzlicher Übereinstimmung gefaßt, wofür erforderlich ist, daß mindestens 34 stimmberechtigte Mitglieder des Regionalrates anwesend sind, hiervon 17 Mitglieder auf jeder Seite, sowie daß mindestens 12 auf jeder Seite anwesende Mitglieder für den Beschlußvorschlag stimmen.

Jedes Mitglied des Regionalrates hat eine Stimme.

Beschlüsse des Vorstandes werden einstimmig getroffen.

§ 6

Finanzen

1) Beide Seiten haben vollen Zugang zu allen Informationen über die Finanzen der Organisation.

Die Finanzierung der gesamten Tätigkeit der Organisation geschieht durch Beiträge der Parteien der Vereinbarung, Zuschüsse Dritter, z. B. von den Europäischen Strukturfonds; Einnahmen erzielende Tätigkeit.

2) Das Budget, welches die Ausgaben und Einnahmen für ein Kalenderjahr ausweist, wird vom Regionalrat vor Ablauf des Monats Oktober des vorhergehenden Jahres verabschiedet.

Der Regionalrat stellt den Jahresbericht mit der Rechnungslegung über Ausgaben und Einnahmen der Organisation für ein Kalenderjahr bis Ablauf des Monats März im darauffolgenden Jahr fest.

§ 7

Schlußbestimmungen

1) Änderungen dieser Vereinbarung können nur in Übereinstimmung zwischen den Parteien der Vereinbarung vorgenommen werden.

2) Der Regionalrat wird in Dreijahresabständen die Erreichung der Ziele dieser Vereinbarung und die Weiterentwicklung der Region grundsätzlich beurteilen und hierbei prüfen, ob er den Parteien eine Änderung dieser Vereinbarung vorschlagen will.

3) Die Vereinbarung wird mit Rücksicht auf die langfristige Zielsetzung in der Präambel auf unbestimmte Zeit getroffen.

4) Die Vereinbarung wird aufgelöst, wenn die deutsche oder die dänische Seite mitteilt, daß sie die Vereinbarung aufheben möchte. Der Regionalrat ist in einem solchen Falle mindestens 6 Monate vor dem Zeitpunkt der Aufhebung zu unterrichten; danach trifft der Regionalrat die Entscheidung, auf welche Weise die Organisation aufgelöst wird und wie Verpflichtungen erfüllt werden, die die Organisation eingegangen ist.

5) Die vorliegende Vereinbarung wird zur Unterschrift auf deutsch und dänisch in vier Exemplaren ausgefertigt. Beide Fassungen haben die gleiche Gültigkeit.

6) Die Vereinbarung tritt im Zeitpunkt der Unterzeichnung in Kraft.

ANHANG II STRING Resolution vom 12. Juni 2001

RESOLUTION ANLÄSSLICH DES FÜNFTEN POLITISCHEN FORUM ZUM STRING-PROJEKT

(Nykøbing F. d. 12. Juni 2001)

South-Western Baltic Sea TransRegional Area - Inventing New Geography

Das STRING-Projekt wird am 30. Juni 2001 beendet. Es ist als ein erster Schritt eines langfristigen Prozesses gedacht, der zu einem integrierten transnationalen Gebiet führen soll. Zugleich ist es Ausgangspunkt und Meilenstein unserer neuen transregionalen Zusammenarbeit. Ziel ist es, die Integration innerhalb des STRING-Gebiets, das zu den führenden Regionen Europas gehört, zu verbessern. In den letzten zwei ein halb Jahren ist ein neuer geographischer Raum in der südwestlichen Ostsee entstanden. Jetzt ist das STRING-Projekt nicht mehr nur eine Idee, es hat sich als ein lebendiger Prozeß etabliert.

Dies ist unser fünftes Politisches Forum. Wir wollen nun unseren Willen zu einer weiteren Zusammenarbeit bekräftigen. In früheren Resolutionen haben wir die Verbesserung der bestehenden Infrastruktur und der Nachhaltigkeit herausgestellt. Wir stimmten ebenfalls möglichen konkreten Projekten zu.

Ein gemeinsames Entwicklungskonzept

Durch gemeinsame Bemühungen von Politikern, Entscheidungsträgern, Experten und Repräsentanten verschiedener Organisationen wurde eine Vision für ein künftig besser integriertes Gebiet mit hoher Lebensqualität geschaffen. Zur Verwirklichung dieser Vision wurde ein gemeines Entwicklungskonzept erarbeitet.

Indem es Prioritäten festlegt und Schlüsselaktivitäten vorschlägt, bildet das Entwicklungskonzept sowohl einen Rahmen als auch eine allgemeine Plattform für die zukünftige Zusammenarbeit der STRING-Partner. Ein Hauptziel besteht darin, die transregionale Zusammenarbeit zu erweitern und zu stärken, indem zunehmend mehr Menschen in gemeinsame Projekte einbezogen werden und eine gemeinsame Dachstruktur für die Umsetzung eingerichtet wird.

Durch verstärkte Zusammenarbeit in den kommenden Jahren und durch die Umsetzung der vorgesehenen Aktivitäten und Projekte, wird das STRING-Gebiet als eine innovative und integrierte europäische Spitzenregion gestärkt.

Weitere Erfordernisse der Entwicklung des Gebietes

Die Entwicklung im STRING-Gebiet wird nicht alleine von den STRING-Partnern bestimmt. Andere Einrichtungen, Kooperationen und ökonomische Entwicklungen beeinflussen ebenfalls das Gebiet. Aus dem Grunde ist es wichtig, daß alle im Gebiet ansässigen Akteure und Organisationen mit ihren Bemühungen dazu beitragen die Entwicklung zu einem gemeinsamen Gebiet voranzutreiben. Dieses ist notwendig, um räumliche und institutionelle Strukturen zu schaffen, die für die Entwicklung des Gebiets von Vorteil sind. Hierzu liegen bei den drei Staaten große Verantwortung. Die STRING-Partner fordern die deutsche, dänische und schwedische Regierungen und Parlamente auf, mögliche Folgen ihrer Entscheidungen auf das STRING-Gebiet zu beachten. Eine wichtige nationale Aufgabe ist die bald möglichste Entscheidung über die feste Fehmarnbelt-Querung. Die STRING-Partner werden sich sehr bemühen positive regionale Auswirkungen aus der international bedeutsamen Querung zu erzielen, die das STRING-Gebiet noch enger verbinden wird.

Zukünftige Struktur der Zusammenarbeit

Die STRING-Partner stimmen darin überein, das die Struktur jeder zukünftigen Zusammenarbeit schlank, transparent und wirkungsvoll sein ums. Eine „Dachstruktur" soll den übergeordneten Rahmen bilden; sie wird für die Koordinierung und das Management der gemeinsamen Aktivitäten verantwortlich zeichnen und mit Rat, Bewertungen und Hilfestellungen darauf hinwirken, das den übergeordneten Zielen der STRING-Zusammenarbeit entsprochen wird.

Die Öffentlichkeitsarbeit ist ein wesentlicher Teil der weiteren Zusammenarbeit. Das STRING-Gebiet wird nur dann ein integrierter Raum, wenn der Nutzen der Kooperation den Bürgerinnen und Bürgern deutlich wird. Information von Zielgruppen und der breiten Öffentlichkeit ist ein weiterer wichtiger Aspekt der Zusammenarbeit.

Die Vorteile der weiteren Zusammenarbeit

Durch gemeinsame Bemühungen können die Partner die Position des Gebiets als eine der dynamischsten Regionen Europas bewahren und künftig noch stärken. Zusammen erreichen die Partner die kritische Masse, die benötigt wird, um in einer Spitzenposition der europäischen Regionen in einer globalen Wirtschaft konkurrenzfähig zu bleiben.

Die Projekte und Aktivitäten, die im Rahmen von STRING zusammengeführt werden, bringen unter dem Aspekt, daß wir Teil eines größeren Gebiets sind, einen gegenseitigen Mehrwert. Außerdem profitieren wir – dadurch von dem gemeinsamen Wissen über die Region, kooperierende Organisationen, unterschiedlichen Methoden und Verwaltungskulturen etc.

Der südwestliche Ostseeraum hat eine weites Feld von Potentialen: Hochwertige Wirtschaftssektoren und Bildungseinrichtungen, wichtige Metropolen, eine attraktive natürliche Umwelt und ein gemeinsames kulturelles Erbe. Das kann auch zukünftig eines der dynamischsten Gebiete in Europa ergeben. Eine enge Zusammenarbeit ist jedoch die Grundvoraussetzung, um von diesen gemeinsamen Potentialen zu profitieren.

Die unterzeichnenden Partner kommen überein, die Zusammenarbeit im STRING-Gebiet fortzusetzen. Sie beabsichtigen, die „Dachstruktur" zu bilden und die Realisierung der Gemeinschaftsprojekte und Aktivitäten innerhalb der strategischen Felder zu fördern und zu unterstützen, um so den konkreten Nutzen der Kooperation des STRING-Gebiets sichtbar zu machen.

Das STRING-Projekt ist ein wichtiger Beitrag zur transnationalen EU-Politik. Die unterzeichnenden Partner bitten daher die Europäische Union alle Aktivitäten zu unterstützen, die die Kooperation innerhalb des transregionalen europäischen Gebiets verstärken.

ANHANG III Organisationen des Ostseeraumes

ÜBERBLICK ÜBER ORGANISATIONEN DES OSTSEERAUMES (AUSWAHL):

Ostseerat der Außenminister (CBSS):

Gegründet 1992. Zusammenarbeit der Außenminister aller zehn Ostseeanrainerstaaten sowie Islands unter Mitwirkung der Europäischen Kommission. Legt Grundzüge und Prioritäten der Ostsee-Zusammenarbeit fest, so zuletzt 1996 die drei Ostsee-Aktionsprogramme in Kalmar. Hat einen Beauftragten für Minderheiten- und Menschenrechte (Ole Espersen, Dänemark) eingesetzt.

Jährliche Sitzungen unter wechselndem Vorsitz (Juni 1998 in Nyborg/Fyn, Juni 1999 in Vilnius, Juni 2000 in Bergen/Norwegen, 2001 in Hamburg, 2002 in Svetlogorsk). Im Januar 1998 fand in Riga zum zweiten Mal ein „Ostsee-Gipfeltreffen" der Regierungschefs der Ostseeanrainerstaaten statt.

Vorsitz 2002/2003: Finnland.

Sekretariat: P.O. Box 2010, Strömsborg , 10311 Stockholm, Schweden

Internet: www.cbss.st

Ostsee-Parlamentarierkonferenz (BSPC):

Seit 1991. Zunächst jährliche Konferenz; hat sich 1999 neu als permanente Zusammenarbeit der Parlamente konstituiert. Ziele der BSPC: die gemeinsame Identität der Ostseeanrainer durch eine enge Zusammenarbeit zwischen den nationalen und regionalen Parlamenten stärken, regierungsseitiges Handeln begleiten und ihm zusätzliche demokratische Legitimation verleihen.

Jährliche Konferenzen (September 1998 in Lübeck, September 1999 in Mariehamn/ Aland, September 2000 in Malmö, 2001 in Greifswald, 2002 in St. Petersburg). Im Ständigen Ausschuß, der die Arbeit zwischen den jährlichen Konferenzen wahrnimmt, sind jeweils ein Mitglied des Nordischen Rates, der Baltischen Versammlung sowie aus Polen, Deutschland und Rußland vertreten.

Sekretariat: c/o Nordic Council, Ms. Paivikki Lindroos, Postbox 3043,
1021 København, Denmark

Kontakt/Deutsches Mitglied des Ständigen Ausschusses:
Der Präsident des Schleswig-Holsteinischen Landtages.

Internet: www.norden.org/bspc

Konferenz der Subregionen des Ostseeraumes (BSSSC):
Seit 1993. Zusammenarbeit von 162 Regionen aus allen zehn Ostseeanrainerstaaten (Länder, läns, Wojewodschaften, Regierungsbezirke usw.). Berät Kooperationsprojekte, wirkt an Umsetzung der Ostsee-Aktionsprogramme von Kalmar und an Formulierung einer umfassenden Ostseepolitik mit und vertritt die Interessen der Subregionen gegenüber CBSS oder der EU.
Jährliche Konferenz (Roskilde/Dänemark Oktober 1998, Kaunas/Litauen 28.-30. Oktober 1999, Pärnu/Estland Oktober 2000, Riga 2001, Lillehammer 2002).
Sprecher (seit 2000): Bruno Synak, Stellv. Vorsitzender des pommerischen Regionalparlaments; (1997-1999) Knud Andersen, Amtsborgmester von Bornholms Amt; (1994-96): Gerd Walter, Minister für Justiz, Bundes- und Europaangelegenheiten des Landes Schleswig-Holstein.
Sekretariat: Baltic Sea States Subregional Co-operation, ul. Okupowa 21/27, 80 810 Gdánsk, Polen
Internet: www.bsssc.com

Union of the Baltic Cities (UBC):
Gegründet 1991. Zusammenschluß von zur Zeit 86 Städten des Ostseeraumes (darunter Kiel, Lübeck, Wismar, Butzow und Rostock); vermittelt Kooperationsprojekte und Erfahrungsaustausch. Jährliche Konferenzen (September 1997 in Gdánsk/ Danzig, September 1999 in Stockholm, 2001 in Rostock).
Präsident: Per Bodker Andersen, Kolding, Dänemark.
Sekretariat: Waly Jagiellonski 1, 80-853 Gdánsk, Polen.
Internet: www.ubc.net

Baltic Sea Chambers of Commerce Association (BCCA):
Gegründet 1992. Zusammenschluß von 52 Handelskammern des Ostseeraumes. Vermittelt Kooperationen zwischen Unternehmen; hat u. a. Vorschläge zum Abbau von Handelsbarrieren und zur Förderung der wirtschaftlichen Entwicklung im Ostseeraum vorgelegt.
Präsident: Stephan Müchler.
Sekretariat: c/o IHK in Südschweden, Skeppsbronn 2, 211 20 Malmö, Schweden.
Internet: www.bcca.de, www.ihk-kiel.de

Baltic Sea Alliance (BSA):
Gegründet im Oktober 1996 als gemeinsames Projekt von BCCA, BSSSC und UBC (siehe dort); unterstützt vom Baltic Institute of Finland. Erstes Ziel: Aufbau eines Informationsnetzes für leichteren Informationszugang für alle Ostseeakteure.
Adresse: c/o Union of the Baltic Cities, Box 611, S - 39126 Kalmar.
Internet: www.balticsea.net

Baltic Sea Network:
Seit 1998. Offenes Netzwerk der Gewerkschaften und anderer Organisationen zur Verbesserung der Arbeits- und Lebensbedingungen im Ostseeraum. Projekt- und Themenbezogene Zusammenarbeit, an der neben dem Nordischen Gewerkschaftsrat (NFS) alle zentralen Gewerkschaftsverbände der Länder Schweden, Dänemark, Finnland, Polen, Rußland, der baltischen Staaten Lettland, Estland, Litauen sowie der Bundesländer Mecklenburg-Vorpommern, Schleswig-Holstein und Hamburg beteiligt sind.
Sekretariat: c/o DGB Landesbezirk Nordmark - Besenbinderhof 60 - 20097 Hamburg
Internet:: www.baltic-sea.org/

Nordischer Rat (Nordic Council):
Gegründet 1952. Kooperation der Parlamente und Regierungen der nordischen Staaten mit eigenen Organen (Nordischer Rat, Nordischer Ministerrat) und Organisationen (z.B. Nordische Investitionsbank NIB); u. a. freier Reiseverkehr zwischen den Mitgliedstaaten, gemeinsamer Arbeitsmarkt.
Mitglieder: Dänemark, Island, Norwegen, Schweden, Finnland (seit 1955), Färöer (1970), Åland (1970) und Grönland (1984).
Sekretariat: Store Strandstræde 18, 1255 København K, Denmark
Internet: www.norden.org

Helsinki Commission (HELCOM):
seit 1980, Zusammenschluß der Ostseeanrainerstaaten zum Schutz und zur Sanierung der Ostsee; verwaltet das "Gemeinsame Umweltaktionsprogramm Ostsee" (beschlossen von der "Rønneby Baltic Sea Conference" 1993; bis 2012 rund 20 Milliarden Dollar unter Beteiligung von u. a. EU, Weltbank, EIB, EBRD, Nordische Investitionsbank).
Sekretariat: Katajanokanlaituri 6B, FIN - 00160 Helsinki, Finnland.
Internet: www.helcom.fi

Task Force "Organisierte Kriminalität im Ostseeraum":
1996 von Regierungschefs der Ostseeanrainerstaaten (Ostsee-Gipfel in Visby) eingesetzte Arbeitsgruppe der persönlich Beauftragten der Regierungschefs zur Bekämpfung der organisierten Kriminalität. Leitung durch den schwedischen Beauftragten Pär Nuder. Schwerpunkte: Verstärkung des Informationsaustausches (nationale Kontaktstellen, Netz für verschlüsselten Datenaustausch (BALTCOM), Durchführung gemeinsamer Operationen von Zoll, Polizei, Grenzschutz (Baltic Guard). Unterstützung seit 1998 durch ein multidisziplinäres Expertengremium (Operative Committee - OPC), das über laufende gemeinsame Maßnahmen berichtet.
Sekretariat: The Task-Force Secretariat, Naional Commissoner of Danish Police, Polititorvet 14, 1780 Copenhagen, Denmark
Internet: www.balticseataskforce.dk

Ostsee-Verkehrsministerkonferenz:
März 1992 in Szczeczin/Polen, Februar 1994 in Kaliningrad, April 1997 in Berlin. Fachministerkonferenz des Ostseerates: Entwicklung der Verkehrsinfrastrukturen und Transporttechnologien, Harmonisierung der Verkehrsregelungen im Ostseeraum.
Kontakt: Ministerium für Wirtschaft, Technik und Verkehr Schleswig-Holstein.

Ostsee-Wirtschaftsministerkonferenz:
September 1995 in Helsinki (Schleswig-Holstein war Mitglied der deutschen Delegation), März 1998 in Gdánsk. Fachministerkonferenz des Ostseerates: Abbau von Handelshemmnissen, Verbesserung der Investitions- und Kooperationsbedingungen im Ostseeraum. Nächste Konferenz: Februar 2000 in Bergen.

Kontakt: Ministerium für Wirtschaft, Technik und Verkehr Schleswig-Holstein.

Ostsee-Kulturministerkonferenz:
Mai 1993 in Stockholm, September 1995 in Tallinn, September 1997 in Lübeck, September 1999 in Gdansk (Deutschland vertreten durch Kulturministerin Erdsiek-Rave, Schleswig-Holstein).
Fachministerkonferenz des Ostseerates: Ausbau der kulturellen Zusammenarbeit.
Kontakt: Ministerium für Bildung, Wissenschaft, Forschung und Kultur Schleswig-Holstein.

Ostseefrauenkonferenz (Baltic Sea Women's Conference):
Erste Konferenz im März 1997 in Lübeck-Travemünde; Folgekonferenz im März 2000 in Helsinki. Zielt auf die Zukunft der Gleichstellungspolitik durch den Ausbau von Netzwerken und durch die Zusammenarbeit von Kooperationsprojekte von Frauen im Ostseeraum.
Kontakt: Ministerium für Frauen, Jugend, Wohnungs- und Städtebau Schleswig-Holstein.

Ostsee-Jugendministerkonferenz:
Erste Konferenz im Juni 1998 in Visby/Schweden; zielt auf Stärkung der Jugendpolitik in den Ostseeanrainerstaaten sowie des Jugendaustausches im Ostseeraum. Als Nachfolgeveranstaltung ist die Conference on Baltic Sea Youth Cooperation (15. bis 18. Juni 2000, Lübeck); zentrale Inhalte: Bewertung der Kooperation im Ostseeraum seit der Visby-Konferenz und eine darauf aufbauende Planung für die Zukunft.
Kontakt: Ostseejugendsekretariat, c/o Landesjugendring Schleswig-Holstein
Internet: www.jugendsh.de, www.jugendserversh.de

Visions and Strategies around the Baltic Sea 2010 (VASAB 2010):
Gegründet 1992. Konferenz der Raumordnungsminister; arbeitet mit verschiedenen regionalen und nationalen Akteuren zusammen. Hat 1994 Regionalentwicklungsstudie "Visions and Strategies around the Baltic Sea 2010" vorgelegt und 1996 Aktionsplan zur Umsetzung beschlossen ("From Vision to Action"). 1999 im Rahmen der EU-Gemeinschaftsinitiative INTERREG II C das Projekt "VASAB 2010 plus" begonnen zur Weiterentwicklung der Zusammenarbeit.

Sekretariat: Mr. Jan Kuligowski, ul. Dlugi Targ 24, PL - 80-828 Gdánsk Polen.
Internet: www.vasab.org.pl

BALTIC 21 (regional Agenda 21 for the Baltic Sea region):
Erarbeitet im Auftrag des ersten "Ostseegipfels" (Mai 1996, Visby/Schweden) ein Konzept zur Umsetzung der 1992 in Rio de Janeiro angenommenen "Agenda 21" für den Ostseeraum; zielt auf die Stärkung nachhaltiger Entwicklung im Ostseeraum. Aktuelle Aufgabe: Implementierung der im Juni 1998 vom Ostseerat beschlossenen Leitprojekte.
Sekretariat: Baltic 21 Secretariat, Strömsborg, P.O. Box 2010, 103 11 Stockholm, Schweden
Internet: www.ee/baltic21

Ostsee-Energieministerkonferenz:
Erste Konferenz Dezember 1998 in Stavanger. Fachkonferenz des Ostseerates. Gemeinsam mit der "Baltic Energy Task Force" (EU-Kommission, EU-Ostseeanrainerstaaten) "Ostsee-Energiegipfel" in Helsinki (24./25. Oktober 1999, Schleswig-Holstein Mitglied der deutschen Delegation). Zielt auf nachhaltige Energieversorgung, Nutzung regenerativer Energiequellen und Aufbau ostseeweiter Energieversorgungsnetze.
Kontakt: Ministerium für Finanzen und Energie Schleswig-Holstein.
Internet: www.balticenergy.net

Ars Baltica:
1990 auf Initiative Schleswig-Holsteins gegründete kulturelle Gemeinschaftsinitiative der Ostseeanrainer; gemeinsame Ausstellungs- und Musikprojekte, Förderung von Austausch, Begegnung und Zusammenarbeit im Bereich Kultur (u. a. "Jazz Baltica", "Ars Baltica Photo Triennale" mit Start in der Kieler Stadtgalerie und Schlußstation Moderna Museet Stockholm).
Organisationskomitee: c/o Ministerium für Bildung, Wissenschaft, Forschung und Kultur Schleswig-Holstein (Gert Haak), Düsternbrooker Weg 64, 24105 Kiel.
Internet: www.ars-baltica.net

Öresund-Komitee:
Zusammenschluß der Kommunen und Kreise (Amtskommunen, läns) in der Öresund-Region (Greater Copenhagen, Malmö/Skåne, Vestsjælland; seit 1999

auch Storstrøms Amt und Bornholm). Verwaltet als Geschäftsstelle zugleich das grenzüberschreitende INTERREG II A-Programm für die Öresund-Region.
Sekretariat: Gammel Kongevej 1, 1610 København V, Dänemark
Internet: www.oresundskomiteen.dk

Conference of Baltic University Rectors (CBUR):
Gegründet 1990. Zusammenarbeit von Universitäten und Hochschulen; Schwerpunkte: Stärkung des Austauschs von Studierenden und Dozenten, gegenseitige Anerkennung von Studiengängen und -abschlüssen. Austausch und Projekte im Rahmen des "Baltic University Programme".
Internet: www.balticuniv.uadm.uu.se

Baltic Sea Secretariat for Youth Affairs (Ostseejugendforum):
Zusammenschluß der nationalen Jugendringe der Ostseeregion, der die Jugendpolitik im Ostseeraum begleitet (z.B. Auswertung der Ostseejugendministerkonferenz 1998). Deutschland vertreten durch das „Deutsches Nationales Komitee" (in Zusammenarbeit mit den Landesjugendringen Schleswig-Holstein und Mecklenburg-Vorpommern).
Sekretariat: Sandra Weidemann, Baltic Sea Secretariat for Youth Affairs Ostseesekretariat für Jugendangelegenheiten Holtenauer Str. 99, 24105 Kiel, Germany
Internet: www.balticsea-youth.org

Ostseejugendsekretariat:
Im März 1999 als "Ostsee-Sekretariat für Jugendangelegenheiten" neu beim Landesjugendring Schleswig-Holstein angesiedelt; auf drei Jahre finanziert von der Bundesregierung sowie der schwedischen und der finnischen Regierung. Aufgaben: Vorbereitung der nächsten Ostseejugendministerkonferenz im Juni 2000, Informationsverteilung und Koordination aller Formen und Aktivitäten der Zusammenarbeit zwischen Strukturen der Jugendpolitik, zwischen öffentlichen und freien Trägern der Jugendarbeit sowie zwischen verschiedenen Projekten der Zusammenarbeit.
Adresse: Ostseejugendsekretariat, c/o Landesjugendring Schleswig-Holstein, Holtenauer Straße 99, 24105 Kiel.
Internet: www.jugendsh.de

Ostsee-Jugendbüro:
Seit 1990. Kontakt- und Informationsstelle für Jugendverbände im Ostseeraum; einmal jährlich "Ostsee-Jugendkonferenz".
Adresse: c/o Landesjugendring Schleswig-Holstein, Holtenauer Straße 99, 24105 Kiel.
Internet: www.jugendserversh.de

Pro Baltica Forum:
1992 gegründete public-private partnership-Initiative von Unternehmern, Institutionen und Organisationen aus Finnland, Deutschland und den baltischen Staaten. Unterstützt die europäische Integration der baltischen Staaten und wirtschaftliche Zusammenarbeit im Ostseeraum.
Adresse: Brodschrangen 4, 20457 Hamburg.
Internet: www.probaltica.org

Baltic Ports Organization (BPO):
1991 begründete Zusammenarbeit von Häfen der Ostseeregion, u. a. zur Verbesserung der Seetransport- und Hafenwirtschaftsbedingungen. Jährliche Konferenzen, Arbeitsgruppen. 55 Mitglieder (darunter: Hafengesellschaften Kiel und Lübeck)
Sekretariat: Ports of Stockholm, P.O.Box 27314, 102 54 Stockholm, Schweden
Internet: www.bpoports.com

Baltic Tourism Commission (BTC):
Gegründet 1983. Zusammenschluß von Organisationen, Verbänden, Agenturen und Unternehmen im Fremdenverkehrsbereich; vermittelt Kooperationsprojekte.
Sekretariat: Baltic Tourism Cooperation, S - 60224 Norrköping, Schweden.
Internet: www.btc.se

ANHANG IV Karlsruher Übereinkommen vom 23. Januar 1996

ÜBEREINKOMMEN
ZWISCHEN
DER REGIERUNG DES GROßHERZOGTUMS LUXEMBURG,
DER REGIERUNG DER BUNDESREPUBLIK DEUTSCHLAND,
DER REGIERUNG DER FRANZÖSISCHEN REPUBLIK,
UND DEM SCHWEIZERISCHEN BUNDESRAT,
HANDELND IM NAMEN DER KANTONE
SOLOTHURN, BASEL-STADT, BASEL-LANDSCHAFT, AARGAU UND JURA,

Die Regierung des Großherzogtums Luxemburg,
die Regierung der Bundesrepublik Deutschland,
die Regierung der Französischen Republik,
und der Schweizerische Bundesrat,
handelnd im Namen der Kantone
Solothurn, Basel-Stadt, Basel-Landschaft, Aargau und Jura -
im Bewußtsein der wechselseitigen Vorteile, welche die Zusammenarbeit zwischen Gebietskörperschaften und örtlichen öffentlichen Stellen beiderseits der Grenze bietet,
in dem Wunsch, die bewährte Politik guter Nachbarschaft zwischen den Vertragsparteien zu fördern und die Grundlage für eine vertiefte grenzüberschreitende Zusammenarbeit zu schaffen,
im Bewußtsein der unterschiedlichen politischen und administrativen Ordnung der Staaten im Hinblick auf ihre Gebietskörperschaften,
in dem Wunsch, die Zusammenarbeit zwischen den Gebietskörperschaften der Vertragsparteien zu erleichtern und zu fördern,
in dem Wunsch, den durch das Europäische Rahmenübereinkommen vom 21. Mai 1980 über die grenzüberschreitende Zusammenarbeit zwischen Gebietskörperschaften vorgegebenen rechtlichen Rahmen zu ergänzen, an dessen wesentlichen Grundsätzen sich diese Zusammenarbeit orientiert,
entschlossen, diese Zusammenarbeit unter Beachtung des innerstaatlichen Rechts und der völkerrechtlichen Verpflichtungen der Vertragsparteien zu erleichtern und zu fördern -
sind wie folgt übereingekommen:

Artikel 1

Zweck dieses Übereinkommens ist es, die grenzüberschreitende Zusammenarbeit zwischen deutschen, französischen, luxemburgischen und schweizerischen Gebietskörperschaften und örtlichen öffentlichen Stellen im Rahmen ihrer Befugnisse und unter Beachtung des innerstaatlichen Rechts und der völkerrechtlichen Verpflichtungen der Vertragsparteien zu erleichtern und zu fördern.

Artikel 2

Anwendungsbereich

(1) Dieses Übereinkommen findet auf folgende Gebietskörperschaften und örtliche öffentliche Stellen Anwendung:
1. in der Bundesrepublik Deutschland
a) im Land Baden-Württemberg auf Gemeinden und Landkreise,
b) im Land Rheinland-Pfalz auf Gemeinden, Verbandsgemeinden, Landkreise und den Bezirksverband Pfalz,
c) im Saarland auf Gemeinden, Landkreise und den Stadtverband Saarbrücken
sowie deren Verbände und rechtlich selbständige öffentliche Einrichtungen;
2. in der Französischen Republik auf die Region Elsaß und die Region Lothringen, auf die Gemeinden, Departements und deren Verbände im Gebiet dieser Regionen, sowie auf deren öffentliche Einrichtungen, soweit dabei die Gebietskörperschaften an dieser grenzüberschreitenden Zusammenarbeit beteiligt sind;
3. im Großherzogtum Luxemburg auf Gemeinden, Gemeindesyndikate und Anstalten des öffentlichen Rechts unter Aufsicht der Gemeinden sowie auf Naturparks in ihrer Eigenschaft als Gebietskörperschaft;
4. in der Schweizerischen Eidgenossenschaft
a) im Kanton Solothurn auf Gemeinden und Bezirke,
b) im Kanton Basel-Stadt auf Gemeinden,
c) im Kanton Basel-Landschaft auf Gemeinden,
d) im Kanton Aargau auf Gemeinden,
e) im Kanton Jura auf Gemeinden und Bezirke
sowie deren Verbände und rechtlich selbständige öffentliche Einrichtungen.

(2) Auch die in Absatz 1 Nummer 1 genannten Länder und die in Absatz 1 Nummer 4 genannten Kantone können sowohl miteinander als auch mit den in Absatz 1 dieses Artikels genannten Gebietskörperschaften und örtlichen öffentlichen Stellen nach Maßgabe dieses Übereinkommens Vereinbarungen nicht völkerrechtlichen Charakters über Vorhaben der grenzüberschreitenden Zusammenarbeit treffen, soweit diese nach dem innerstaatlichen Recht in ihre Zuständigkeit fallen und auswärtige Belange und insbesondere internationale Verpflichtungen nicht entgegenstehen.

(3) Die Vertreter des Staates in den französischen Departements und Regionen sind befugt, gemeinsam mit den zuständigen Behörden der betreffenden Länder und der betreffenden Kantone zu untersuchen, auf welche Weise Initiativen zwischen französischen Gebietskörperschaften einerseits und den Ländern und den Kantonen andererseits erleichtert werden können, wenn deren wirksame Umsetzung durch unterschiedliche innerstaatliche Rechtsvorschriften in den betroffenen Staaten behindert wird; die französischen Gebietskörperschaften werden hierdurch in der freien Ausübung ihrer Befugnisse nicht beeinträchtigt.

(4) Die Vertragsparteien können im Einvernehmen miteinander auf schriftlichem Wege den Anwendungsbereich dieses Übereinkommens auf weitere Gebietskörperschaften oder deren Verbände und öffentliche Einrichtungen sowie auf sonstige juristische Personen des öffentlichen Rechts erstrecken; Voraussetzung ist, daß die Beteiligung nach innerstaatlichem Recht zulässig ist und an den Formen der grenzüberschreitenden Zusammenarbeit auch Gebietskörperschaften beteiligt sind.

(5) Gebietskörperschaften und örtliche öffentliche Stellen im Sinne dieses Übereinkommens sind die in den Absätzen 1, 2 und 4 genannten Körperschaften.

(6) In diesem Übereinkommen bedeutet der Ausdruck „grenzüberschreitende Zusammenarbeit" die grenzüberschreitende Zusammenarbeit zwischen Gebietskörperschaften und örtlichen öffentlichen Stellen unter Ausschluß der von den souveränen Staaten praktizierten grenzüberschreitenden Zusammenarbeit, die durch dieses Übereinkommen nicht geregelt wird.

Artikel 3
Kooperationsvereinbarungen

(1) Gebietskörperschaften und örtliche öffentliche Stellen können in den Zuständigkeitsbereichen, die sie aufgrund des jeweils anwendbaren innerstaatlichen Rechts gemeinsam haben, miteinander Kooperationsvereinbarungen schließen. Die Kooperationsvereinbarungen bedürfen der Schriftform. Sie werden in jeweils einer Urschrift in der Sprache jeder der Vertragsparteien erstellt, wobei jeder Wortlaut gleichermaßen verbindlich ist. Kooperationsvereinbarungen mit einer luxemburgischen oder schweizerischen Gebietskörperschaft oder örtlichen öffentlichen Stelle können in deutscher oder französischer Sprache verfaßt sein.

(2) Mit Kooperationsvereinbarungen soll den Partnern ermöglicht werden, ihre Entscheidungen aufeinander abzustimmen sowie Leistungen zu erbringen und öffentliche Einrichtungen, die von gemeinsamem örtlichem Interesse sind, zu betreiben. Kooperationsvereinbarungen können zu diesem Zweck die Schaffung von Einrichtungen der Zusammenarbeit vorsehen, die nach dem jeweiligen innerstaatlichen Recht der Vertragsparteien Einrichtungen mit oder ohne eigene Rechtspersönlichkeit sein können.

(3) Im Fall der Bundesrepublik Deutschland kann im Einzelfall, wenn und soweit die Voraussetzungen nach innerstaatlichem Recht hierfür vorliegen, durch die Länder die Übertragung von Hoheitsrechten auf grenznachbarschaftliche Einrichtungen im Sinne des Artikels 24 Absatz 1a des Grundgesetzes für die Bundesrepublik Deutschland in Betracht kommen.

Artikel 4
Vorschriften für Kooperationsvereinbarungen

(1) Jede Gebietskörperschaft oder örtliche öffentliche Stelle, die eine Kooperationsvereinbarung schließt, hat vor dem Abschluß die auf sie nach innerstaatlichem Recht anwendbaren Verfahren und Kontrollen einzuhalten. In derselben Weise unterliegen Maßnahmen, die eine Gebietskörperschaft oder örtliche öffentliche Stelle zur Umsetzung einer Kooperationsvereinbarung ergreift, den nach innerstaatlichem Recht hierfür vorgesehenen Verfahren und Kontrollen.

(2) In der Kooperationsvereinbarung ist ihre Geltungsdauer festzulegen. Ebenso sind die Voraussetzungen für eine Beendigung der Zusammenarbeit zu regeln.

(3) Befugnisse, die eine örtliche Behörde im Auftrag oder gemäß Weisung ausübt, sowie Regelungs- und polizeiliche Befugnisse können nicht Gegenstand einer Kooperationsvereinbarung sein.

(4) Eine Kooperationsvereinbarung kann keine Änderung der Rechtsstellung oder der Befugnisse der an ihr beteiligten Gebietskörperschaften oder örtlichen öffentlichen Stellen zur Folge haben.

(5) In der Kooperationsvereinbarung ist zu regeln, in welchem Verhältnis untereinander die beteiligten Gebietskörperschaften oder örtlichen öffentlichen Stellen Dritten gegenüber haften.

(6) In Kooperationsvereinbarungen ist festzulegen, welches Recht auf die in ihnen enthaltenen Verpflichtungen anzuwenden ist. Es muß sich dabei um das Recht einer der Vertragsparteien handeln. Für Streitigkeiten über die Einhaltung dieser Verpflichtungen sind die Gerichte der Vertragspartei zuständig, deren Recht gewählt worden ist.

Artikel 5
Übertragung und Überlassung von Aufgaben bei der Erbringung öffentlicher Dienstleistungen

(1) In der Kooperationsvereinbarung kann insbesondere geregelt werden, daß eine Gebietskörperschaft oder örtliche öffentliche Stelle Aufgaben einer anderen Gebietskörperschaft oder örtlichen öffentlichen Stelle in deren Namen und nach deren Weisung unter Wahrung des innerstaatlichen Rechts der weisungsbefugten Stelle wahrnimmt.

(2) Wird die Erbringung öffentlicher Dienstleistungen von der Gebietskörperschaft oder örtlichen öffentlichen Stelle einer Vertragspartei einer Gebietskörperschaft oder örtlichen öffentlichen Stelle einer anderen Vertragspartei oder

einer der in den Artikeln 10 und 11 genannten Einrichtungen der grenzüberschreitenden Zusammenarbeit überlassen oder übertragen, so finden hierauf die Vorschriften und Verfahren des innerstaatlichen Rechts jeder der Vertragsparteien Anwendung.

Artikel 6
Vergabe öffentlicher Aufträge

(1) Sieht eine Kooperationsvereinbarung die Vergabe öffentlicher Aufträge vor, so unterliegt die Vergabe dem Recht der Vertragspartei, das auf die Gebietskörperschaft oder die in den Artikeln 10 und 11 genannten Einrichtungen der Zusammenarbeit anwendbar ist, in deren Verantwortung die Vergabe erfolgt.

(2) Beteiligen sich Gebietskörperschaften oder örtliche öffentliche Stellen der anderen Vertragsparteien unmittelbar oder mittelbar an der Finanzierung des öffentlichen Auftrags, so sind in der Kooperationsvereinbarung die Verpflichtungen jeder Gebietskörperschaft oder örtlichen öffentlichen Stelle aufzuführen, die sich für die Verfahren der Bekanntgabe, der öffentlichen Ausschreibung und der Auswahl der Bewerber unter Berücksichtigung der Art und der Kosten einer solchen Maßnahme ergeben.

(3) Gebietskörperschaften und örtliche öffentliche Stellen treffen alle geeigneten Maßnahmen, um zu ermöglichen, daß jede von ihnen unbeschadet des auf diese öffentlichen Aufträge anwendbaren Rechts ihren nach innerstaatlichem Recht bestehenden Verpflichtungen nachkommen kann.

Artikel 7
Haftung der Vertragsparteien

(1) Kooperationsvereinbarungen verpflichten nur die Gebietskörperschaften und örtlichen öffentlichen Stellen, zwischen denen sie geschlossen sind. Die Vertragsparteien haften in keiner Weise für die Folgen der vertraglichen Pflichten aus Kooperationsvereinbarungen, die von Gebietskörperschaften oder örtlichen öffentlichen Stellen geschlossen werden, oder für die Umsetzung dieser Kooperationsvereinbarungen.

(2) Wird eine Kooperationsvereinbarung in einer der beteiligten Vertragsparteien in Übereinstimmung mit deren innerstaatlichem Recht für nichtig erklärt, so werden die anderen Vertragsparteien unverzüglich von der Nichtigkeitserklärung in Kenntnis gesetzt.

Artikel 8
Einrichtungen der grenzüberschreitenden Zusammenarbeit

(1) Zur Begründung einer wirksamen grenzüberschreitenden Zusammenarbeit kann in Kooperationsvereinbarungen die Schaffung von Einrichtungen ohne Rechtspersönlichkeit (Artikel 9), die Schaffung von Einrichtungen mit Rechtspersönlichkeit oder die Beteiligung an ihnen (Artikel 10) oder die Schaffung

von grenzüberschreitenden örtlichen Zweckverbänden (Artikel 11) vorgesehen werden.
(2) Beabsichtigt eine Gebietskörperschaft oder örtliche öffentliche Stelle, eine Einrichtung der grenzüberschreitenden Zusammenarbeit außerhalb des Staates, dem sie zugehört, zu schaffen oder sich an einer solchen Einrichtung zu beteiligen, so bedarf sie der vorherigen Genehmigung nach Maßgabe des innerstaatlichen Rechts der Vertragspartei, der sie zugehört.
(3) Die zuständige Aufsichtsbehörde unterrichtet die zuständigen Behörden der Vertragsparteien über die Maßnahmen, die sie zu ergreifen beabsichtigt, sowie über die Ergebnisse der Kontrolle, soweit sich die Unterrichtung auf die Zusammenarbeit der Gebietskörperschaften oder örtlichen öffentlichen Stellen, die an ihr teilhaben, auswirken kann.
(4) Satzungen und Entscheidungen einer Einrichtung der grenzüberschreitenden Zusammenarbeit sind in der Sprache jeder der Vertragsparteien abzufassen. Bei Einrichtungen der grenzüberschreitenden Zusammenarbeit, an denen eine luxemburgische oder eine schweizerische Gebietskörperschaft oder örtliche öffentliche Stelle beteiligt ist, können sie in deutscher oder französischer Sprache abgefaßt werden.

Artikel 9
Einrichtungen ohne Rechtspersönlichkeit

(1) Gebietskörperschaften und örtliche öffentliche Stellen können nach Artikel 3 gemeinsame Einrichtungen ohne Rechtspersönlichkeit und ohne Finanzhoheit schaffen; hierzu gehören insbesondere Konferenzen, kommunale Arbeitsgemeinschaften, Experten- und Reflexionsgruppen sowie Koordinierungsausschüsse, die Fragen von gemeinsamem Interesse untersuchen, Vorschläge für die Zusammenarbeit erarbeiten, Informationen austauschen oder dazu beitragen, daß betroffene Stellen diejenigen Maßnahmen ergreifen, die zur Erreichung der angestrebten Ziele erforderlich sind.
(2) Eine Einrichtung ohne Rechtspersönlichkeit kann keine die Mitglieder oder Dritte bindenden Beschlüsse fassen.
(3) Eine Kooperationsvereinbarung, in der die Schaffung einer Einrichtung ohne Rechtspersönlichkeit vorgesehen ist, hat Bestimmungen zu enthalten über
a) die Bereiche, in denen sich die Einrichtung betätigen soll,
b) die Errichtung und Arbeitsweise der Einrichtung,
c) die Dauer, für welche die Einrichtung errichtet wird.
(4) Eine Einrichtung ohne Rechtspersönlichkeit unterliegt dem in der Kooperationsvereinbarung festgelegten Recht.

Artikel 10
Einrichtungen mit Rechtspersönlichkeit

Gebietskörperschaften und örtliche öffentliche Stellen können sich an Einrichtungen mit Rechtspersönlichkeit beteiligen oder solche schaffen, wenn diese zu den Einrichtungen gehören, die nach dem innerstaatlichen Recht der Vertragspartei, in der sie ihren Sitz haben, ausländische Gebietskörperschaften aufnehmen können.

Artikel 11
Grenzüberschreitende örtliche Zweckverbände

(1) Gebietskörperschaften und örtliche öffentliche Stellen können grenzüberschreitende örtliche Zweckverbände schaffen, die Aufgaben und Dienstleistungen übernehmen sollen, an denen bei jeder von ihnen ein Interesse besteht. Der grenzüberschreitende örtliche Zweckverband unterliegt dem auf öffentliche Einrichtungen der kommunalen Zusammenarbeit anwendbaren innerstaatlichen Recht der Vertragspartei, in deren Hoheitsgebiet er seinen Sitz hat.

(2) Der grenzüberschreitende örtliche Zweckverband ist eine juristische Person des öffentlichen Rechts. Ihm kommt eigene Rechtspersönlichkeit ab dem Tag zu, an dem der Gründungsbeschluß rechtswirksam wird. Er besitzt Rechtsfähigkeit und Finanzhoheit.

Artikel 12
Satzung der grenzüberschreitenden örtlichen Zweckverbände

(1) Die an einem grenzüberschreitenden örtlichen Zweckverband beteiligten Gebietskörperschaften oder örtlichen öffentlichen Stellen vereinbaren eine Satzung.

(2) Die Satzung eines grenzüberschreitenden örtlichen Zweckverbands hat insbesondere Bestimmungen zu enthalten über

1. die Gebietskörperschaften oder örtlichen öffentlichen Stellen, aus denen er sich zusammensetzt,
2. das Verbandsziel, die Verbandsaufgaben und die Beziehungen zwischen dem Verband und den Gebietskörperschaften oder örtlichen öffentlichen Stellen, aus denen er sich zusammensetzt, insbesondere hinsichtlich der Haftung für Aktivitäten, die der Verband auf deren Rechnung durchführt,
3. den Namen und den Sitz des Verbands sowie das Verbandsgebiet,
4. die Zuständigkeiten der Verbandsorgane, die Arbeitsweise des Verbands sowie die Anzahl der Vertreter der Verbandsmitglieder in den Organen,
5. das Verfahren zur Einberufung der Mitglieder,
6. die Beschlußfähigkeit,
7. die Art und Weise der Beschlußfassung und die hierfür erforderlichen Mehrheiten,

8. die Arbeitsweise des Verbands, insbesondere hinsichtlich der Personalverwaltung,
9. die Kriterien, nach denen die Verbandsmitglieder zur Deckung des Finanzbedarfs beizutragen haben, sowie Haushalts- und Buchungsvorschriften,
10. die Voraussetzungen zur Änderung der Satzung, insbesondere bei Beitritt oder Austritt von Verbandsmitgliedern,
11. die Dauer, für die der Zweckverband errichtet wird, und die Bedingungen für seine Auflösung vorbehaltlich der nachfolgend aufgeführten Bestimmungen,
12. die Bedingungen für die Abwicklung des Zweckverbands nach Auflösung.

(3) Die Satzung des grenzüberschreitenden örtlichen Zweckverbands hat die Bedingungen festzulegen, unter denen die Satzung geändert werden kann. Änderungen der Satzung bedürfen einer Zweidrittelmehrheit der satzungsgemäßen Zahl der Vertreter der Gebietskörperschaften und örtlichen öffentlichen Stellen in der Verbandsversammlung. Die Satzung kann zusätzliche Vorschriften vorsehen. Bei grenzüberschreitenden örtlichen Zweckverbänden, welche Gebietskörperschaften oder örtliche öffentliche Stellen aus drei der vier Vertragsparteien umfassen, ist eine Dreiviertelmehrheit erforderlich.

Artikel 13
Organe

(1) Organe des grenzüberschreitenden örtlichen Zweckverbands sind die Verbandsversammlung, der Verbandsvorsitzende sowie ein oder mehrere stellvertretende Vorsitzende. Die stellvertretenden Vorsitzenden sind unter den Mitgliedern zu wählen, die als Gebietskörperschaften und örtliche öffentliche Stellen nicht der Vertragspartei angehören, deren Staatsangehöriger der Vorsitzende ist. Jede Gebietskörperschaft oder örtliche öffentliche Stelle verfügt über mindestens einen Sitz in der Verbandsversammlung; keine Gebietskörperschaft oder örtliche öffentliche Stelle darf allein über mehr als die Hälfte der Sitze verfügen. Die Satzung des grenzüberschreitenden örtlichen Zweckverbands kann unter Einhaltung des innerstaatlichen Rechts jeder der Vertragsparteien zusätzliche Organe vorsehen.

(2) Die Entsendung der Vertreter der Gebietskörperschaften oder örtlichen öffentlichen Stellen in die Verbandsversammlung und ihr Mandat richten sich nach dem innerstaatlichen Recht der Vertragspartei, der die betreffende Gebietskörperschaft oder örtliche öffentliche Stelle zugehört.

(3) Die Verbandsversammlung entscheidet über die Angelegenheiten, die sich aus dem Verbandszweck ergeben.

(4) Der Vorsitzende sorgt für die Ausführung der Entscheidungen der Verbandsversammlung und vertritt den grenzüberschreitenden örtlichen Zweckverband in allen rechtlichen Angelegenheiten. Er kann unter eigener Verantwortung und Aufsicht Teile seiner Aufgaben an einen oder mehrere stellvertretende Vorsitzende delegieren.

Artikel 14
Finanzierung

(1) Der grenzüberschreitende örtliche Zweckverband wird durch Beiträge seiner Mitglieder finanziert; dabei handelt es sich um zwangsläufige Ausgaben der Mitglieder. Der Verband kann sich ferner durch Einnahmen aus von ihm erbrachten Dienstleistungen finanzieren.
(2) Der grenzüberschreitende örtliche Zweckverband legt einen jährlichen Haushaltsplan vor, über den die Verbandsversammlung beschließt; er erstellt eine Haushaltsrechnung und einen Jahresabschluß, die von Sachverständigen bestätigt werden; die Sachverständigen haben unabhängig von den den Zweckverband bildenden Gebietskörperschaften oder örtlichen öffentlichen Stellen zu sein.
(3) Soweit ein grenzüberschreitender örtlicher Zweckverband zur Darlehensaufnahme befugt ist, ist über die Aufnahme und die Einzelheiten der Rückzahlung des Darlehens eine Vereinbarung zwischen allen Verbandsmitgliedern zu treffen. Im Fall von Schwierigkeiten oder der Auflösung des grenzüberschreitenden örtlichen Zweckverbands haften die Gebietskörperschaften oder örtlichen öffentlichen Stellen im Verhältnis ihrer früheren Beteiligung, soweit die Satzung nichts anderes bestimmt. Die Haftung der Gebietskörperschaften oder örtlichen öffentlichen Stellen als Mitglieder des Zweckverbands für dessen Verbindlichkeiten bleibt bis zu deren Erfüllung bestehen.

Artikel 15
Auflösung

Die Auflösung eines grenzüberschreitenden örtlichen Zweckverbands erfolgt qua lege entweder nach Ablauf der Zeitdauer, für die er errichtet worden ist, oder mit Erreichung des Ziels, das mit seiner Gründung verfolgt worden ist. Die Auflösung kann auch aufgrund einstimmigen Beschlusses der Verbandsmitglieder erfolgen, soweit die Ansprüche Dritter durch die Bedingungen der Abwicklung gewährleistet sind.

Artikel 16
Übergangsvorschriften

(1) Dieses Übereinkommen gilt auch für Abkommen über grenzüberschreitende Zusammenarbeit zwischen Gebietskörperschaften und örtlichen öffentlichen Stellen, die vor seinem Inkrafttreten geschlossen worden sind. Diese werden innerhalb von fünf Jahren nach Inkrafttreten dieses Übereinkommens an dessen Bestimmungen angepaßt, soweit dies möglich ist.
(2) Zuständigkeiten und Befugnisse sonstiger im Rahmen der zwischenstaatlichen grenzüberschreitenden Zusammenarbeit bestehender Gremien bleiben unberührt.

Artikel 17
Inkrafttreten

Dieses Übereinkommen tritt am ersten Tag des zweiten Monats nach dem Tag in Kraft, an dem die letzte Vertragspartei den anderen Vertragsparteien mitteilt, daß die erforderlichen innerstaatlichen Voraussetzungen für das Inkrafttreten des Übereinkommens erfüllt sind.

Artikel 18
Geltungsdauer und Kündigung

(1) Dieses Übereinkommen wird auf unbestimmte Zeit geschlossen.

(2) Jede Vertragspartei kann dieses Übereinkommen mit einer Frist von mindestens einem Jahr zum Ablauf eines Kalenderjahrs gegenüber den anderen Vertragsparteien schriftlich kündigen.

(3) Wird dieses Übereinkommen gekündigt, so bleiben die vor dem Außerkrafttreten wirksam gewordenen Maßnahmen der Zusammenarbeit und die Bestimmungen, die sich unmittelbar auf die Formen der Zusammenarbeit beziehen, davon unberührt.

Geschehen zu Karlsruhe am 23. Januar 1996

ANHANG V Mainzer Abkommen vom 8. März 1996

ABKOMMEN ZWISCHEN DEM LAND NORDRHEIN-WESTFALEN,
DEM LAND RHEINLAND-PFALZ,
DER WALLONISCHEN REGION UND
DER DEUTSCHSPRACHIGEN GEMEINSCHAFT BELGIENS
ÜBER GRENZÜBERSCHREITENDE ZUSAMMENARBEIT
ZWISCHEN GEBIETSKÖRPERSCHAFTEN UND ANDEREN
ÖFFENTLICHEN STELLEN

Das Land Nordrhein-Westfalen, das Land Rheinland-Pfalz, die Wallonische Region und die Deutschsprachige Gemeinschaft Belgiens –

im Bewußtsein der aus der grenzüberschreitenden Zusammenarbeit erwachsenden Vorteile, wie sie in dem am 21. Mai 1980 in Madrid geschlossenen Europäischen Rahmenübereinkommen über die grenzüberschreitende Zusammenarbeit aufgezeigt sind,

in dem Wunsch, diesen Körperschaften und anderen öffentlichen Stellen die Möglichkeit zu verschaffen, auf öffentlich-rechtlicher Grundlage zusammenzuarbeiten -,

haben folgendes vereinbart

Artikel 1

Anwendungsbereich

(1) Dieses Abkommen findet im Rahmen der den Vertragspartner nach innerstaatlichem Recht zustehenden Befugnisse Anwendung

1. in der Wallonischen Region auf „communes" und „Centre public d'aide sociale",
2. in der Deutschsprachigen Gemeinschaft auf „Gemeinden" und „Öffentliche Sozialhilfezentren",
3. im Land Nordrhein-Westfalen auf Gemeinden, Kreise, Landschaftsverbände und den Kommunalverband Ruhrgebiet,

4. im Land Rheinland-Pfalz auf Gemeinden, Verbandsgemeinden und Landkreise.

(1) „Intercommuales", „Interkommunale" und Zweckverbände können sich an der grenzüberschreitenden Zusammenarbeit beteiligen, wenn ihre innerstaatlichen Organisationsstatuten dies zulassen.

(2) Im Einvernehmen mit den anderen Vertragspartnern kann jeder Vertragspartner andere kommunale Körperschaften benennen, auf die die Reglungen dieses Abkommens zusätzlich Anwendung finden sollen.

(3) Absatz 3 findet auf sonstige juristische Personen des öffentlichen Rechts entsprechende Anwendung, wenn ihre Beteiligung nach innerstaatlichem Recht zulässig ist und an den Formen der grenzüberschreitenden Zusammenarbeit auch innerstaatliche kommunale Körperschaften beteiligt sind. Unter diesen Voraussetzungen ist auch die Beteiligung von Personen des Privatrechts mit Ausnahme einer Zusammenarbeit nach Artikel 6 zulässig.

(4) Diese Abkommen findet keine Anwendung auf Formen der Zusammenarbeit, an denen nur deutsche oder nur belgische öffentliche Stellen beteiligt sind.

(5) Öffentliche Stellen diese Abkommens sind die in den Absätzen 1, 2 und 3 genannten sowie die in Absatz 4 einbezogenen Personen.

Artikel2

Ziel und Formen der Zusammenarbeit

(1) Öffentliche Stellen können im Rahmen der ihnen nach innerstaatlichem Recht zustehenden Befugnisse nach Maßgabe dieses Abkommens zusammenarbeiten, um eine wirtschaftliche und zweckmäßige Erfüllung ihrer Aufgaben im Wege der grenzüberschreitenden Zusammenarbeit zu fördern.

(2) Die Zusammenarbeit kann unbeschadet der zivilrechtlich gegebenen Möglichkeiten erfolgen durch

1. Bildung von Zweckverbänden,
2. Abschluß öffentlich-rechtlicher Vereinbarungen,
3. Bildung kommunaler Arbeitsgemeinschaften.

Artikel 3

Zweckverband

(1) Öffentliche Stellen können zur gemeinsamen Erfüllung von Aufgaben, die nach dem für sie jeweils geltenden innerstaatlichen Recht von einem öffentlich-rechtlichen Verband wahrgenommen werden dürfen, einen Zweckverband bilden.

(2) Der Zweckverband ist eine öffentlich-rechtliche Körperschaft. Er besitzt Rechtsfähigkeit.

(3) Soweit diese Abkommen keine anderen Regelungen enthält, gelten für den Zweckverband die innerstaatlichen Vorschriften des Sitzstaates.

Artikel 4

Satzung und innere Struktur des Zweckverbandes

(1) Zur Bildung des Zweckverbands vereinbaren die beteiligten öffentlichen Stellen eine Verbandssatzung.

(2) Organe des Zweckverbands sind die Verbandsversammlung und der Verbandsvorstand. Die Verbandsversammlung kann unter Beachtung des jeweils anzuwendenden innerstaatlichen Rechts weitere Organe vorsehen.

(3) Die Verbandssatzung muß Bestimmungen enthalten über

1. die Verbandsmitglieder,
2. die Aufgaben und Befugnisse des Zweckverbands,
3. den Namen und den Sitz des Zweckverbands,
4. die Zuständigkeiten der Organe des Zweckverbandes und die Zahl der Vertreter der öffentlichen Stellen in den Organen,
5. das Einladungsverfahren,
6. die zur Beschlußfassung erforderlichen Mehrheiten,
7. die Öffentlichkeit der Sitzungen,
8. Sprache und Form der Sitzungsniederschriften,
9. die Art der Rechnungsführung,
10. die Festsetzung der Beiträge der Verbandsmitglieder,
11. Beitritt und Austritt von Verbandsmitgliedern,
12. die Auflösung des Zweckverbands und

13. die Abwicklung des Zweckverbands nach seiner Auflösung.

(1) Änderungen der Verbandssatzung bedürfen mindestens einer Zweidrittelmehrheit der satzungsgemäßen Zahl der Vertreter der öffentlichen Stellen in der Verbandsversammlung. Die Verbandssatzung kann zusätzliche Voraussetzungen vorsehen.

(2) Die Entsendung von Vertretern der öffentlichen Stellen in die Verbandsversammlung richtet sich nach dem innerstaatlichem Recht des jeweiligen Staates. Gleiches gilt für die Rechte und Pflichten dieser Vertreter im Verhältnis zu ihren entsendenden Stellen, soweit diese Abkommen nichts anderes regelt.

Artikel 5

Befugnisse des Zweckverbandes gegenüber Dritten

(1) Der Zweckverband ist nicht berechtigt, Dritten durch Rechtsnorm oder Verwaltungsakt Verpflichtungen aufzuerlegen.

(2) Die Mitglieder des Zweckverbands sind ihm gegenüber verpflichtet, im Rahmen ihrer innerstaatlichen Befugnisse die Maßnahmen zu ergreifen, die zur Erfüllung seiner Aufgaben erforderlich sind.

Artikel 6

Öffentlich-rechtliche Vereinbarung

(1) Öffentliche Stellen können miteinander eine öffentlich-rechtliche Vereinbarung abschließen, soweit der Abschluß nach dem innerstaatlichem Recht der beteiligten öffentlichen Stellen zulässig ist. Die Vereinbarung bedarf der Schriftform.

(2) Durch eine öffentlich-rechtliche Vereinbarung kann insbesondere geregelt werden, daß eine öffentliche Stelle Aufgaben einer anderen öffentlichen stelle in deren Namen und nach deren Weisung unter Beachtung des innerstaatlichen Rechts der weisungsbefugten öffentlichen Stelle wahrnimmt. Die Vereinbarung, Aufgaben einer anderen öffentlichen Stelle im eigenen Namen wahrzunehmen, kann nicht getroffen werden.

(3) Die öffentlich-rechtliche Vereinbarung muß eine Regelung darüber enthalten, ob und in welchem Umfang im Verhältnis zwischen den beteiligten Stellen eine Freistellung von der Haftung gegenüber Dritten erfolgt, soweit das innerstaatliche Rechts dies zuläßt.

(4) Die öffentlich-rechtliche Vereinbarung muß eine Regelung über die Voraussetzungen für eine Beendigung der Zusammenarbeit enthalten.

(5) Soweit in diesem Abkommen keine anderweitige Regelung getroffen ist, ist das Recht des Staates anwendbar, auf dessen Gebiet die jeweilige Verpflichtung aus der Vereinbarung erfüllt werden soll.

Artikel 7

Kommunale Arbeitsgemeinschaft

(1) Öffentliche Stellen können durch schriftliche Vereinbarung eine kommunale Arbeitsgemeinschaft bilden. Eine kommunale Arbeitsgemeinschaft berät nach Maßgabe der getroffenen Vereinbarung Angelegenheiten, die ihre Mitglieder gemeinsam berühren.

(2) Eine kommunale Arbeitsgemeinschaft kann keine die Mitglieder oder Dritte bindenden Beschlüsse fassen.

(3) Die Vereinbarung muß Bestimmungen enthalten über:

1. die Aufgabengebiete, auf denen sich die kommunale Arbeitsgemeinschaft betätigen soll,
2. die Durchführung der Arbeitsgemeinschaft,
3. den Sitz der Arbeitsgemeinschaft.

(1) Soweit in diesem Abkommen keine anderweitige Regelung getroffen ist, ist auf die kommunaler Arbeitsgemeinschaft das Recht des Staates anwendbar, in dem die Arbeitsgemeinschaft ihren Sitz hat.

Artikel 8

Wirksamkeitsvoraussetzungen für Maßnahmen der grenzüberschreitenden Zusammenarbeit

(1) Die in Artikel 2 Absatz 2 vorgesehenen Formen der Zusammenarbeit können nur rechtsverbindliche vereinbart werden, wenn die Vorschriften des innerstaatlichen Rechts der beteiligten öffentlichen Stellen über

1. Zuständigkeit und Beschlußfassung der Organe der öffentlichen Stellen,
2. Formerfordernisse,
3. Genehmigungen und
4. Bekanntmachungen

eingehalten worden sind.

(1) Öffentliche Stellen haben die öffentlichen Stellen, die im Gebiet anderer Vertragspartner gelegen sind, auf die Erfordernisse des Absatzes 1 hinzuweisen.

Artikel 9

Aufsicht

(1) Wenn das innerstaatliche Recht dies vorsieht, unterrichten die beteiligten öffentlichen Stellen ihre Aufsichtsbehörden über die Begründung, Änderung und Beteiligung von Formen der Zusammenarbeit nach Artikel 2 Absatz 2, an denen sie beteiligt sind.

(2) Die Befugnisse der Aufsichtsbehörden über öffentliche Stellen und über nach diesem Abkommen gebildete Zweckverbände richten sich nach dem innerstaatlichen Recht des Sitzstaates und bleiben von diesem Abkommen unberührt. Über vorgesehene Aufsichtsmaßnahmen und deren Durchführung gegen einen nach diesem Abkommen gebildeten Zweckverband unterrichtet der Zweckverband seine Mitglieder.

Artikel 10

Rechtsweg und Ansprüche Dritter

(1) Dritte behalten gegenüber einer öffentlichen Stelle, zu deren Gunsten oder in deren Manen ein Zweckverband oder eine andere öffentliche Stelle Aufgaben wahrnehmen, alle Ansprüche, die ihnen zustehen würden, wenn diese Aufgaben nicht im Wege der grenzüberschreitenden Zusammenarbeit erfüllt worden wären. Der Rechtsweg richtet sich nach dem innerstaatlichen Recht der öffentlichen Stelle, deren Aufgabe erfüllt worden ist.

(2) Neben der nach Absatz 1 verpflichteten öffentlichen Stelle haften auch der Zweckverband oder die öffentliche Stelle, die Aufgaben wahrnehmen. Ansprüche gegen sie richten sich nach dem innerstaatlichen Recht des Sitzstaates.

(3) Wird ein Anspruch nach Absatz 1 gegen eine öffentliche Stelle erhoben, für die ein Zweckverband gehandelt hat, so ist der Zweckverband gegenüber der öffentlichen Stelle verpflichtet, diese von der Haftung gegenüber Dritten freizustellen, soweit das innerstaatliche Recht dies zuläßt.

(4) Richtet sich der Anspruch gegen eine öffentliche Stelle, die aufgrund einer Vereinbarung nach Artikel 6 gehandelt hat, so gilt für die Haftung im Verhältnis zwischen diesen beiden öffentlichen Stellen die in der Vereinbarung nach Artikel 6 Absatz 3 enthaltene Regelung.

Artikel 11

Rechtsweg bei Streitigkeiten zwischen den öffentlichen Stellen

(1) Bei öffentlich-rechtlichen Streitigkeiten zwischen den öffentlichen Stellen, Zweckverbänden oder kommunalen Arbeitsgemeinschaften aufgrund der grenzüberschreitenden Zusammenarbeit ist der Rechtsweg nach den Vorschriften des Staates gegeben, in dem der Beklagte seinen Sitz hat.

(2) Die innerstaatlichen Regelungen über ein vor Beschreiten des Rechtsweges durchzuführendes Vorverfahren (Schlichtung, „conciliation“) bleiben unberührt.

Artikel 12

Inkrafttreten

Das Abkommen tritt am ersten Tag des zweiten Monats nach dem Tag in Kraft, an dem der letzte Vertragspartner den anderen Vertragspartner mitteilt, daß die erforderlichen innerstaatlichen Voraussetzungen für das Inkrafttreten des Abkommens erfüllt sind.

Artikel 13

Geltungsdauer und Kündigung

(1) Dieses Abkommen wird auf unbestimmte Zeit geschlossen.

(2) Jeder Vertragspartner kann dieses Abkommen mit einer Frist von zwei Jahren zum Ablauf eines Kalenderjahres gegenüber den anderen Vertragspartnern schriftliche kündigen.

(3) Kündigt das Land Rheinland-Pfalz oder das Land Nordrhein-Westfalen, bleibt das Abkommen zwischen den übrigen Vertragspartnern wirksam. Im Falle der Kündigung eines dieser Länder kann das jeweils andere Land erklären, daß es sich dieser anschließt.

(4) Wird das Abkommen gekündigt, so bleiben die vor dem Außerkrafttreten des Abkommens wirksam gewordenen Maßnahmen der Zusam-

menarbeit und die Bestimmungen des Abkommens, die sich unmittelbar auf die Formen der Zusammenarbeit beziehen, davon unberührt.

Artikel 14

Beitrittsklausel für die französische Gemeinschaft

Die Vertragspartner räumen der Französischen Gemeinschaft Belgiens die Möglichkeit ein, diesem Abkommen beizutreten, sofern diese das wünscht.

Zu Urkund dessen haben die hierzu gehörig befugten Bevollmächtigten dieses Abkommen unterschrieben.

Geschehen zu Mainz, am 08. März 1996

In vier Urschriften, jede in deutscher und französischer Sprache, wobei der Wortlaut gleichermaßen verbindlich ist.

Literaturverzeichnis

ABROMEIT, Heidrun
SCHMIDT, Thomas
Grenzproblem der Demokratie: konzeptionelle Überlegungen
in: Kohler-Koch, Beate (Hrsg.), Regieren in entgrenzten
Räumen, Politische Vierteljahreszeitschrift, Sonderheft 29, Opladen 1998, S. 293 ff.
(zit.: Abromeit/Schmidt in: Kohler-Koch)

ADLERSTEIN, Wolfgang
Globalisierung und Recht
Recht und Politik 1997, S. 95 ff.

AHLKE, Brigitte
GÖDDECKE-STELLMANN, Jürgen
ILLÈS, Iván
SCHÖN, Karl-Peter
Regionen und regionale Zusammenarbeit
Informationen zur Raumentwicklung 1999, S. 687 ff.

ALBERT, Mathias
Entgrenzung und Formierung neuer politischer Räume
in: Kohler-Koch, Beate (Hrsg.), Regieren in entgrenzten Räumen, Politische Vierteljahreszeitschrift, Sonderheft
29, Opladen 1998, S. 49 ff.
(zit.: Albert in: Kohler-Koch)

ders.
Entgrenzung und Globalisierung des Rechts
in: VOIGT, Rüdiger (Hrsg.), Globalisierung des Rechts, Baden-Baden 1999/2000, S. 115 ff.
(zit.: Albert in: Voigt)

ALBROW, Martin
Abschied vom Nationalstaat
Frankfurt am Main 1998

AMAN, Alfred C. Jr.
The Globalizing State: A Future-Oriented Perspective on the Public/Private Distinction, Federalism and Democracy
Vanderbilt Journal of Transnational Law 1998, S. 769 ff.

ders.	Proposals for Reforming the Administrative Procedures Act: Globalization, Democracy and the Furtherance of a Global Public Interest Indiana Journal of Global Legal Studies 1999, S. 397 ff.
AMELN, Ralf von	Auswirkungen des Europäischen Binnenmarktes auf Kommunalpolitik und Kommunalrecht der EG-Mitgliedstaaten DVBl. 1992, S. 477
ANNACKER, Claudia.	Die Durchsetzung von erga omnes Verpflichtungen vor dem Internationalen Gerichtshof Hamburg 1994
BAUER, Barbara	Der völkerrechtliche Anspruch auf Demokratie Frankfurt am Main 1998
BAUER, Joachim	Europa der Regionen 2. Auflage Berlin 1992
BAYERISCHER GEMEINDETAG	EG-Förderprogramme für Kommunen München Stand Mai 1999
BAYLIS, John SMITH, Steve	The Three Theories and Globalization in: BAYLIS, John/SMITH, Steve, The Globalization of World Politics, Oxford 1997, S. 6 ff.
BECK, Andreas	Die Übertragung von Hoheitsrechten auf kommunale grenznachbarschaftliche Einrichtungen Baden-Baden 1995
BECK, Joachim	Netzwerke in der transnationalen Regionalpolitik Baden-Baden 1997
BECK, Ulrich	Die Politik der Globalisierung Frankfurt am Main 1998
ders.	Was ist Globalisierung? Frankfurt am Main 1998

ders. | Das Demokratie-Dilemma im Zeitalter der Globalisierung
Aus Politik und Zeitgeschichte B 38-39/1998, S. 3 ff.

BELL, John | Public Interest: Policy or Principle?
in: BROWNSWORD, Roger (Hrsg.), Law and the Public Interest, Stuttgart 1993, S. 27

BENZ, Arthur | Verwaltungskooperation im Mehrebenensystem der Europäischen Union - Das Beispiel der regionalen Strukturpolitik
in: SCHMIDT-AßMANN, Eberhard/HOFFMANN-RIEM, Wolfgang (Hrsg.), Strukturen des Europäischen Verwaltungsrechts, Baden-Baden 1999, S. 45 ff.
(zit.: Benz in: Schmidt-Aßmann/Hoffmann-Riem)

BERG, Axel | Zum Übereinkommen zwischen Dänemark, Finnland, Norwegen und Schweden über grenzüberschreitende Zusammenarbeit von Gemeinden in nordischen Staaten
ZaöRV 1980, S. 600 ff.

BEYERLIN, Ulrich | Dezentrale grenzüberschreitende Zusammenarbeit als transnationales Rechtsphänomen
Archiv des Völkerrechts 27 (1989), S. 286 ff.

ders. | Neue rechtliche Entwicklungen der regionalen und lokalen Zusammenarbeit
in: BRUNN, Gerhard; SCHMITT-EGNER, Peter (Hrsg.), Grenzüberschreitende Zusammenarbeit in Europa, Baden-Baden 1998, S. 118 ff.
(zit.: Beyerlin, Neue Entwicklungen)

ders. | Rechtsprobleme der lokalen grenzüberschreitenden Zusammenarbeit
Berlin 1988
(zit.: Beyerlin, Rechtsprobleme)

ders.
LEJEUNE, Yves

Sammlung der internationalen Vereinbarungen der Länder der Bundesrepublik Deutschland
Berlin 1994
(zit.: Beyerlin/Lejeune)

BLANKE, Hermann-Josef

Föderalismus und Integrationsgewalt: die Bundesrepublik Deutschland, Spanien, Italien und Belgien als dezentralisierte Staaten in der EG
Berlin 1991

BÖCKENFÖRDE, Ernst-Wolfgang

Staat, Nation, Europa: Studien zur Staatslehre, Verfassungstheorie und Rechtsphilosophie
Frankfurt am Main 1999

BÖHMER, Alexander

Die Europäische Union im Lichte der Reichsverfassung von 1871 - Vom dualistischen zum transnationalen Föderalismus
Berlin 1999

BODIN, Jean

Les Six Livres de la République
Erstausgabe Paris 1583
Nachdruck Aalen 1961

BOGDANDY, Armin von

Stand und Entwicklungsperspektiven rechtswissenschaftlicher Konzepte zum europäischen Integrationsprozeß
in: LOTH, Wilfried, WESSELS, Wolfgang, Theorien europäischer Integration, 2001 Opladen, S. 107 ff.
(zit.: von Bogdandy in: Loth/Wessels, Theorien europäischer Integration)

BREDOW, Wilfried von

Abschied vom Westfälischen System? Die Zukunft der internationalen Staatenwelt
in: Lutz, Dieter S. (Hrsg.), Globalisierung und nationale Souveränität, Festschrift für Wilfried Röhrich, Baden-Baden 2000, S. 159 ff.

BRUNN, Gerhard
SCHMITT-EGNER, Peter

Die grenzüberschreitende Zusammenarbeit von Regionen in Europa als Feld der Integrationspolitik und Gegenstand der Forschung

in: BRUNN, Gerhard; SCHMITT-EGNER, Peter (Hrsg.), Grenzüberschreitende Zusammenarbeit in Europa, Baden-Baden 1998, S. 7 ff.
(zit.: Brunn/Schmitt-Egner (Hrsg.))

BRUNNÉE, Jutta — „Common Interest" - Echoes from an Empty Shell?
ZaöRV 1989, S. 791 ff.

CALLIES, Christian
RUFFERT, Mathias (Hrsg.) — Kommentar des Vertrages über die Europäische Union und des Vertrages zur Gründung der Europäischen Gemeinschaft
Neuwied 1999

CLARK, Ian — Globalization and Fragmentation: International Relations in the Twentieth Century
Oxford 1997

CLOSE, Paul
OHKI-CLOSE, Emiko — Supranationalism in the New World Order: Global Process Reviewed
London 1999

DAHM, Georg
DELBRÜCK, Jost
WOLFRUM, Rüdiger — Völkerrecht
2. Auflage
Band I/1 Die Grundlagen, Die Völkerrechtssubjekte
Berlin 1989
Band I/2 Der Staat und andere Völkerrechtssubjekte, Räume unter internationaler Verwaltung
Berlin 2002

DAHRENDORF, Ralf — Plädoyer für die Europäische Union
München 1973

DELBRÜCK, Jost — Globalization of Law, Politics and Markets - Implications for Domestic Law - A European Perspective
Indiana Journal of Global Legal Studies 1993, S. 9 ff.
(zit.: Delbrück, Globalization of Law, IJGLS)

ders. | Internationale und nationale Verwaltung - Inhaltliche und Institutionelle Aspekte
in: JESERICH, Kurt G. A./POHL, Hans/UNRUH, Georg-Christoph von, Deutsche Verwaltungsgeschichte, Band V, S. 386 ff.
(zit.: Delbrück, Internationale Verwaltung)

ders. | Structural Changes in the International System and its legal order: International Law in the era of globalization
Schweizerische Zeitschrift für Internationales und Europäisches Recht (SZIER) 2001, S. 1 ff.

ders. | Wirksames Völkerrecht oder neues „Weltinnenrecht",
in: ders. Die Konstitution des Friedens als Rechtsordnung, DICKE, HOBE, MEYN, RIEDEL, SCHÜTZ (Hrsg.), Berlin 1996, S. 318 ff.
(zit.: Delbrück, Weltinnenrecht)

ders. | Die Konstitution des Friedens als Rechtsordnung - Zum Verständnis rechtlicher und politischer Bedingungen der Friedenssicherung im internationalen System der Gegenwart
DICKE, Klaus/HOBE, Stephan/MEYN, Karl-Ulrich/RIEDEL, Eibe/SCHÜTZ, Joachim (Hrsg.)
Berlin 1996
(zit.: Delbrück, Frieden als Rechtsordnung)

ders. | „Laws in the Public Interest"- Some Observations on the Foundation and Identification of erga omnes Norms in International Law
in: GÖTZ, Volkmar; SELMER, Peter; WOLFRUM, Rüdiger, Liber amicorum Günther Jaenicke - Zum 85.
Geburtstag, Berlin 1998, S. 17 ff.
(zit.: Delbrück in: FS Jaenicke)

ders. Regionale Zusammenschlüsse und ihre Auswirkungen auf die Souveränität der Staaten
in: PICHT, Georg; EISENBART, Constanze, Frieden und Völkerrecht, Band 27, 1973, S. 457
(zit.: Delbrück, Regionale Zusammenschlüsse)

ders. The Role of the United Nations in Dealing with Global Problems
Indiana Journal of Global Legal Studies 1997, S. 277 ff.

ders. Von der Staatenordnung über die internationale institutionelle Kooperation zur 'supraterritorial or global governance': Wandel des zwischenstaatlichen Völkerrechts zur Rechtsordnung des Menschen und der Völker?
in: BARTOSCH, Ulrich; WAGNER, Jochen, „Weltinnenpolitik": Internationale Tagung anläßlich des 85. Geburtstags von Carl-Friedrich von Weizsäcker, Münster 1998, S. 55 ff.
(zit.: Delbrück in: Bartosch/Wagner, Weltinnenpolitik)

DELFS, Sören Strukturen des europäischen Verwaltungsrechts
DVBl. 1999, S. 87 f.

DICKE, Klaus Erscheinungsformen und Wirkungen von Globalisierung in Struktur und Recht des internationalen Systems auf universaler und regionaler Ebene sowie gegenläufige Renationalisierungstendenzen
in: Berichte der Deutschen Gesellschaft für Völkerrecht, Band 39, Heidelberg 2000, S. 13 ff.
(zit.: Dicke in: Berichte der Deutschen Gesellschaft für Völkerrecht, Band 39)

DOLZER, Rudolf Globalisierung und Wirtschaftsrecht: Ein deutsches Interesse
NJW 2001, S. 2303 f.

DÜRIG, Günter | Öffentliches Interesse
1949

DUPUY, Pierre-Marie | International Law: Torn between Coexistence, Cooperation and Globalization - General Conclusions
European Journal of International Law 9 (1998), S. 278 ff.

EBERT, Werner
NOLL, Werner | Globalisierung - Neue Anforderungen an öffentliche Unternehmen im Standortwettbewerb
Zeitschrift für öffentliche und gemeinwirtschaftliche Unternehmen 1998, S. 21 ff.

ENGEL, Christian | Regionen der EG - Rechtliche Vielfalt und integrationspolitische Rollensuche
Bonn 1993

ENNUSCHAT, Jörg | Die neue Mitteilung der EU-Kommission zu den „Leistungen der Daseinsvorsorge in Europa"
in: Recht der Energiewirtschaft 2001, S. 46 ff.

FABIO, Udo di | Das Recht offener Staaten
Tübingen 1998

FASTENRATH, Ulrich | Kompetenzverteilung im Bereich der auswärtigen Gewalt
München 1986

FECHTNER, Detlef | Die deutschen Länder in der Europäischen Union
Frankfurt am Main 1996

FISCHER, Hans Georg | Europarecht
2. Auflage
München 1997
(zit.: Fischer, Europarecht)

FRAENKEL, Ernst | Die Wissenschaft von der Politik und die Gesellschaft
in: ders., Reformismus und Pluralismus, Hamburg 1973, S. 337

FRENSCH, Rita — Regionale Politikverflechtung und administrative Kooperationsstruktur in Europa
Sankt Augustin 1996

FRENZ, Walter — Dienste von allgemeinem wirtschaftlichem Interesse - Neuerungen durch Art. 16 EG-V
Europarecht 2000, S. 901 ff.
(zit.: Frenz, EuR)

FRIEDRICHS, Jürgen — Globalisierung - Begriff und grundlegende Annahmen
Aus Politik und Zeitgeschichte, B 33-34/1997, S. 3 ff.

FROWEIN, Jochen A. — Konstitutionalisierung des Völkerrechts
in: Berichte der Deutschen Gesellschaft für Völkerrecht, Band 39, S. 427
(zit.: Frowein in: Bericht der Deutschen Gesellschaft für Völkerrecht)

ders. — Das Staatengemeinschaftsinteresse - Problem bei Formulierung und Durchsetzung
in: HAILBRONNER, Kay (Hrsg.), Staat und Völkerrechtsordnung, Festschrift für Karl Döhring, Berlin 1989, S. 219 ff.
(zit.: Frowein in: FS Döhring)

GAGGERMEIER-SCHEUGENPFLUG, Angela — Die verfassungsrechtliche Zulässigkeit der - grenzüber schreitenden kommunalen Zusammenarbeit mit ausländischen Gemeinden
Regensburg 1998

GEIGER, Rudolf — EUV/EGV - Kommentar
3. Auflage
München 2000

GIRSBERGER, Daniel
Entstaatlichung der friedlichen Konfliktregelung zwischen nichtstaatlichen Wirkungseinheiten: Umfang und Grenzen. Das Beispiel der internationalen Wirtschaftsschiedsgerichtsbarkeit in: Berichte der Deutschen Gesellschaft für Völkerrecht, Band 39, S. 231
(zit.: Girsberger, Berichte der Deutschen Gesellschaft für Völkerrecht)

GROM, Ingrid
Regional grenzüberschreitende Zusammenarbeit als Beitrag zur Förderung der europäischen Integration
Berlin 1995

GROß, Bernd
SCHMITT-EGNER, Peter
Europas kooperierende Regionen
Baden-Baden 1994

GROTEFELS, Susan
Gemeinsame grenzüberschreitende Regionalplanung zwischen den Niederlanden und Nordrhein-Westfalen
in: HOPPE, Werner; APPOLD, Wolfgang (Hrsg.), Juristische Möglichkeiten für eine gemeinsame grenzüberschreitende Regionalplanung, Münster 1993, S.7 ff.
(zit.: Grotefels in: Hoppe/Appold)

HABERZETTEL, Manfred
ROTH, Uwe
SCHLÄGER, Wolfgang
Europa im Rathaus - Auswirkungen der europäischen Gesetzgebung auf die Kommunen
Frankfurt am Main 1998

HANEKLAUS, Winfried
Zur Frage einer funktionsgerechten Regionalisierung in einer föderal verfaßten Europäischen Union
DVBl. 1991, S. 295 ff.

HASSELBACH, Kai
Der Ausschuß der Regionen in der Europäischen Union
Köln 1996

HAVERLAND, Markus
Europäische Integration im Spannungsverhältnis von Zentralisierung und Dezentralisierung
Tübingen 1994

HEBERLEIN, Horst
Grenznachbarschaftliche Zusammenarbeit auf kommunaler Basis
DÖV 1996, S. 100 ff.

ders.
Kommunale Außenpolitik als Rechtsproblem
Würzburg 1988
(zit.: Heberlein, Kommunale Außenpolitik)

ders.
Maastricht - ein Erfolg für die kommunale Selbstverwaltung?
DVBl. 1994, S. 1213 ff.

HELD, David
Democracy, the Nation-State and the Global System
in: ders. (Hrsg.), Political Theory Today, Cambridge 1991, S. 197 ff.
(zit.: Held, Democracy)

HELD, Friedrich Wilhelm
Kommunale Außenbeziehungen - Möglichkeiten und Grenzen „kommunaler Außenpolitik"
in: FISCHER, Dieter; FREY, Rainer; PAZIOREK, Peter (Hrsg.), Vom Lokalen zum Globalen - Die Kommunen und ihre Außenbeziehungen innerhalb und außerhalb der EG, Düsseldorf 1990, S. 33 ff
(zit.: Held, Außenbeziehungen)

HELLERMANN, Johannes
Mitgliedstaatliche Daseinsvorsorge im gemeinschaftlichen Binnenmarkt
Der Landkreis 2001, S. 434 ff.

HENNEMANN, Heike
Europäische Strukturpolitik im Lichte der jüngsten EU-Reformen am Beispiel Schleswig-Holstein
Kiel 1998

HERDEGEN, Matthias
Völkerrecht
München 2000

HINGST, Ulla
Auswirkungen der Globalisierung auf das Recht der völkerrechtlichen Verträge
Berlin 2001

HOBE, Stephan — Der kooperationsoffene Verfassungsstaat
Der Staat 1998, S. 521 ff.

ders. — Der offene Verfassungsstaat zwischen Souveränität und Interdependenz
Kiel 1998
(zit.: Hobe, Verfassungsstaat)

ders. — Die Zukunft des Völkerrechts im Zeitalter der Globalisierung
Archiv des Völkerrechts 37 (1999), S. 251

HÖFFE, Otfried — Demokratie im Zeitalter der Globalisierung
München 1999
(zit.: Höffe, Globalisierung)

HRBEK, Rudolf — Die Auswirkungen der EU-Integration auf den Föderalismus in Deutschland
in: KRÄMER, Raimund (Hrsg.), Regionen in der Europäischen Union, Berlin 1998, S. 224 ff.
(zit.: Hrbek in: Krämer)

ders. — Doppelte Politikverflechtung: deutscher Föderalismus und Europäische Integration - Die deutschen Länder im EG-Entscheidungsprozeß
in: THAYSEN, Uwe (Hrsg.), Die deutschen Länder und die Europäischen Gemeinschaften, Baden-Baden 1986, S. 17 ff.
(zit.: Hrbek in: Thaysen)

ders.
WEYAND, Sabine — betrifft: Das Europa der Regionen
München 1994

HUMMER, Waldemar — Internationale nichtstaatliche Organisationen im Zeitalter der Globalisierung
in: Berichte der Deutschen Gesellschaft für Völkerrecht, Band 39 Heidelberg 2000, S. 45 ff.
(zit.: Hummer in: Berichte der Deutschen Gesellschaft für Völkerrecht, Band 39)

IPSEN, Hans-Peter | Europäisches Gemeinschaftsrecht
Tübingen 1972

JACHTENFUCHS, Markus | Entgrenzung und politische Steuerung
in: Kohler-Koch, Beate (Hrsg.), Regieren in entgrenzten Räumen, Politische Vierteljahresschrift, Sonderheft 29, Opladen 1998, S. 236 ff.
(zit.: Jachtenfuchs in: Kohler-Koch)

JANN, Werner | Regieren im Netzwerk der Regionen - Das Beispiel Ostseeregion
in: BÖHRET, Carl; WEWER, Göttrik, Regieren im 21. Jahrhundert - zwischen Globalisierung und Regionalisierung - Festgabe für HARTWICH, Hans-Hermann, Opladen 1993, S. 187 ff.
(zit.: Jann in: Böhret/Wewer)

JANSEN, Günter | Umweltpolitik in der Euregio Maas-Rhein - Ein Vergleich
Aachen 1997

JAYASURIYA, Kansishka | Globalization, Law and the Transformation of Sovereignty: The Emergence of Global Regulatory Governance
Indiana Journal of Global Legal Studies 1999, S. 425 ff.

KADELBACH, Stefan | Zwingendes Völkerrecht
Berlin 1992
(zit.: Kadelbach, Völkerrecht)

ders. | Allgemeines Verwaltungsrecht unter europäischem Einfluß
Tübingen 1999
(zit.: Kadelbach, Allgemeines Verwaltungsrecht)

KAISER, Robert | Von der regionalen zur kontinentalen Integration: EG und NAFTA im Vergleich, Beitrag zur Vortragsreihe „Zukunft der europäischen

Integration“ des Studiengangs Politikwissenschaft an der Universität Bremen
Siegen, 27. Januar 1999

KANT, Immanuel — Der Streit der Fakultäten
in: Kant's gesammelt Schriften (Akademie-Ausgabe), Bd. VII, Berlin 1917, S. 1 ff.
(zit.: Kant, Der Streit der Fakultäten)

ders. — Zum ewigen Frieden
Frankfurt am Main 1946

KAUFMANN, Franz-Xaver — Globalisierung und Gesellschaft
Aus Politik und Zeitgeschichte 1998, Band 18, S. 3 ff.

KEOHANE, Robert O.
HOFFMANN, Stanley — Community Politics and Institutional Change
in: WALLACE, William (Hrsg.), The Dynamics of European Integration, London 1990, S. 276 ff.
(zit.: Keohane/Hoffmann in: Wallace)

KIMMINICH, Otto
HOBE, Stephan — Einführung in das Völkerrecht
Tübingen 2000
(zit.: Kimminich/Hobe, Völkerrecht)

KIRCHHOF, Paul — Der Staat als Organisationsform politischer Herrschaft und rechtlicher Bindung
DVBl 1999, S. 637 ff.

KLAPHAKE, Axel — Europäische und nationale Regionalpolitik für Ostdeutschland
Wiesbaden 2000

KLEFFNER-RIEDEL, Angelika — Regionalausschuß und Subsidiaritätsprinzip
Frankfurt am Main 1993

KNEMEYER, Franz-Ludwig (Hrsg.) — Die lokalen Gebietskörperschaften in der EU
Der Landkreis 1995, S. 501 f.

KÖNIG, Doris — Die Übertragung von Hoheitsrechten im Rahmen des europäischen Einigungsprozesses -

Anwendungsbereich und Schranken des Art. 23 des Grundgesetzes
Berlin 2000

KOHLER-KOCH, Beate — Die Welt regieren ohne Weltregierung
in: BÖHRET, Carl; WEWER, Göttrik, Regieren im 21. Jahrhundert - zwischen Globalisierung und Regionalisierung - Festgabe für HARTWICH, Hans-Hermann, Opladen 1993, S. 109 ff.
(zit.: Kohler-Koch, Weltregierung)

dies. — Effizienz und Demokratie: Probleme des Regierens in entgrenzten Räumen
in: Kohler-Koch, Beate (Hrsg.), Regieren in entgrenzten Räumen, Politische Vierteljahresschrift, Sonderheft 29, 1998, S. 11 ff.
(zit.: Kohler-Koch (Hrsg.))

dies. — Regionen als Handlungseinheiten der europäischen Politik
in: Welttrends e. V. (Hrsg.), Regionen in Westeuropa, Potsdam 1996, S. 7 ff
(zit.: Kohler-Koch, Handlungseinheiten)

KOHLER-KOCH, Beate
EDLER, Jakob — Ideendiskurs und Vergemeinschaftung: Erschließung transnationaler Räume durch europäisches Regieren
in: Kohler-Koch, Beate (Hrsg.), Regieren in entgrenzten Räumen, Politische Vierteljahresschrift, Sonderheft 29, 1998, S. 169 ff.
(zit.: Kohler-Koch/Edler in: Kohler-Koch)

KRÄMER, Raimund — Regionen als internationale Akteure
in: KRÄMER, Raimund (Hrsg.), Regionen in der Europäischen Union, Berlin 1998, S. 11 ff.

KRÄTKE, Stefan
HEEG, Susanne
STEIN, Rolf — Regionen im Umbruch: Probleme der Regionalentwicklung an den Grenzen zwischen Ost und West
Frankfurt am Main 1997

KÜHLING, Jürgen — Verfassungs- und kommunalrechtliche Probleme grenzüberschreitender Wirtschaftsbetätigung der Gemeinden
NJW 2001, S. 177 ff.

KÜNG, Hans — Globalisierung erfordert ein globales Ethos
Zwiener, U./Petzold, K. (Hrsg.)
Jena 2000

KUNST, Hermann
HERZOG, Roman
SCHNEEMELCHER, Wilhelm (Hrsg.) — Evangelisches Staatslexikon
2. Auflage
Stuttgart 1975
(zit.: Evangelisches Staatslexikon)

KUSCHNIK, Michael — Integration in Staatenverbindungen
Berlin 1999

LACKHOFF, Klaus — Deutsches Wirtschaftsverwaltungsrecht und die Grundfreiheiten der Art. 30, 34, 48, 52 und 59 EGV
Baden-Baden 1994

LAMARCHE, Lucie — L'Etat Désétatisé et ses Fonctions Sociales: Eléments de Réflexion
in: CRÉPEAU, François, Mondialisation des Echanges et Fonctions de l'Etat, Brüssel 1997, S. 233 f.
(zit.: Lamarche in: Crépeau)

LANG, Wilfried — Die normative Qualität grenzüberschreitender Regionen - Zum Begriff der Soft Institutions
Archiv des Völkerrechts 27 (1989), S. 253 ff.

LANGE, Niels — Globalisierung und regionaler Nationalismus - Schottland und Quebec im Zeitalter der Denationalisierung
Baden-Baden 2000
(zit.: Lange, Globalisierung)

ders. — Wirtschaft zwischen Regionalismus und europäischer Integration

	in: Welttrends e. V. (Hrsg.), Regionen in Westeuropa, Potsdam 1996, S. 106 ff *(zit.: Lange, Regionalismus)*
LEVRAT, Nicolas	Le Droit applicable aux accords de coopération transfrontalière entre collectivités publiques infra-étatiques Paris 1994
LINK, Werner	Die Neuordnung der Weltpolitik - Grundprobleme globaler Politik an der Schwelle zum 21. Jahrhundert München 1998
LOTT, Thomas	Neue Formen der grenzüberschreitenden Zusammenarbeit: zugleich ein Beitrag zu Art. 24 I 1a GG Frankfurt am Main 1999
MALCHUS, Victor Frhr. von	Strukturen und Arbeitsweisen grenzübergreifender regionaler Kooperationen in Mitteleuropa in: JURCZEK, Peter (Hrsg.), Regionale Entwicklung über Staatsgrenzen, Kronach 1996, S. 23 ff. *(zit.: Malchus in: Jurczek)*
ders.	Partnerschaft an europäischen Grenzen - Integration durch grenzüberschreitende Zusammenarbeit Bonn 1975 *(zit.: Malchus, Partnerschaft)*
MARKS, Gary NIELSEN, François RAY, Leonard SALK, Jane	Competencies, Cracks and Conflicts: Regional Mobilization in the European Union in: MARKS, Gary; SCHARPF, Fritz W.; SCHMITTER Philippe C.; STREEK, Wolfgang, Governance in the European Union, London 1996, S. 40 *(zit.: Marks u. a., Regional Mobilization)*

MAURER, Hartmut — Allgemeines Verwaltungsrecht
13. Auflage
München 2000

McGREW, Anthony — Democracy beyond borders?
in: HELD, David/McGREW, Anthony, The Global Transformations Reader, Cambridge 2000, S. 405 f.
(zit.: McGrew, Democracy)

ders. — Conceptualizing Global Politics
in: ders.; LEWIS, Paul G., Global Politics, Cambridge 1992, S. 1 ff.
(zit.: McGrew, Global Politics)

MESSNER, Dirk (Hrsg.) — Die Zukunft des Staates und der Politik
Bonn 1998

MEYER-BRUNS, Lutz — Weltinnenpolitik - Staatliche Souveränität in der internationalen Gemeinschaft
Kiel 1998

MORASS, Michael — Regionale Interessen auf dem Weg in die Europäische Union
Wien 1994

MÜLLER-GRAFF, Peter-Christian — Europäische Verfassungsrechtspolitik für Wirtschaft und Union
in: MÜLLER-GRAFF, Peter-Christian (Hrsg.), Perspektiven in der Europäischen Union, Heidelberg 1997, S. 183 ff.

NAHAMOWITZ, Peter — Das Europarecht als „teilglobalisiertes" Rechtssystem
in: VOIGT, Rüdiger (Hrsg.), Globalisierung des Rechts, Baden-Baden 1999/2000, S. 141 ff.
(zit.: Nahamowitz in: Voigt)

NIEDOBITEK, Matthias — Das Recht der grenzüberschreitenden Verträge
Tübingen 2001

NUSCHELER, Franz — Globalisierung und Global Governance
in: LUTZ, Dieter S. (Hrsg.), Globalisierung und nationale Souveränität, Festschrift für Wilfried Röhrich, Baden-Baden 2000, S. 301 ff.
(zit.: Nuscheler in: FS Röhrich)

OBERLÄNDER, Stefanie — Aufgabenwahrnehmung im Rahmen der EU durch Vertreter der Länder
Baden-Baden 2000

OEHM, Matthias — Rechtsprobleme Staatsgrenzen überschreitender interkommunaler Zusammenarbeit
Münster 1982

OETER, Stefan — Souveränität und Demokratie als Probleme in der „Verfassungsentwicklung" der Europäischen Union
ZaöRV 1995 (55), S. 663 ff.

OPPERMANN, Thomas — Europarecht
2. Auflage
München 1999

PACHE, Eckhard
SCHORKOPF, Frank — Der Vertrag von Nizza
NJW 2001, S. 1377

PERNICE, Ingolf — Europäische Union: Gefahr oder Chance für den Föderalismus in Deutschland, Österreich und der Schweiz?
DVBl. 1993, S. 909 ff.

PERNTHALER, Peter — Organisationsformen und Verfahren grenzüberschreitender Planung in europäischen Grenzgebieten
in: Festschrift für Friedrich August Freiherr von der Heydte, Um Recht und Freiheit, Zweiter Halbband, KIPP/MAYER/STEINKAMM (Hrsg.), Berlin 1977, S. 1107
(zit.: Pernthaler in: FS v. d. Heydte)

ders. — Verfassungsrechtliche und politische Aspekte der grenzüberschreitenden Zusammenarbeit in Europa

in: BAYERISCHER LANDTAG, Die Landesparlamente im Spannungsfeld zwischen europäischer Integration und europäischem Regionalismus, München 1989, S. 206
(zit.: Pernthaler in: Bayerischer Landtag)

PRUNZEL, Regine — Die Bedeutung der Europäischen Gemeinschaft für die kommunalen Gebietskörperschaften
in: Institut für Entwicklungsforschung im Ländlichen Raum Ober- und Mittelfranken (Hrsg.), Die Gemeinden und Europa, Kronach 1996, S.59 ff

RADBRUCH, Gustav — Politische Schriften aus der Weimarer Zeit I - Demokratie, Sozialdemokratie, Justiz
Heidelberg 1992

RAGAZZI, Maurizio — The concept of international obligations *erga omnes*
Oxford 1997

RAICH, Silvia — Grenzüberschreitende und interregional Zusammenarbeit in einem Europa der Regionen
Baden-Baden 1995

RAISER, Simon — Politische Gestaltung jenseits des Nationalstaates
Berlin 1999

RATTI, Remigio — Die Schweiz und die Veränderung des Europäischen Raumes
in: PERNTHALER, Peter, Außenpolitik der Gliedstaaten und Regionen, Wien 1991, S. 53
(zit.: Ratti in: Pernthaler)

REINICKE, Wolfgang — Global Public Policy - Governing without Government?
Washington 1998

REMMERS, Thomas — Europäische Gemeinschaft und Kompetenzverluste der deutschen Länder
Frankfurt am Main 1992

RIEDEL, Eibe

International Environmental Law - A Law to Serve the Public Interest?
in: DELBRÜCK, Jost, New Trends in International Lawmaking - International 'Legislation' in the Public Interest, Berlin 1997, S. 61 ff.
(zit.: Riedel in: Delbrück(Hrsg.) New Trends)

ROBEJSEK, Peter

Globalisierung - Eine kritische Untersuchung der Tragfähigkeit eines populären Konzepts
in: LUTZ, Dieter S. (Hrsg.), Globalisierung und nationale Souveränität, Festschrift für Wilfried Röhrich, Baden-Baden 2000, S. 61 ff.
(zit.: Robejsek in: FS Röhrich)

RÖHL, Hans Christian

Die Beteiligung der Bundesrepublik Deutschland an der Rechtsetzung im Ministerrat der Europäischen Union
Europarecht 1994, S. 409 ff.

ROWE, Gerard C.

Globale und globalisierende Umwelt - Umwelt und globalisierendes Recht
in: VOIGT, Rüdiger (Hrsg.), Globalisierung des Rechts, Baden-Baden 1999/2000, S. 249 ff.
(zit.: Rowe in: Voigt)

RUDOLF, Walter

Bundesstaat und Völkerrecht
Archiv des Völkerrechts 27 (1989), S. 1 ff.

SASSEN, Saskia

Zur Einbettung des Globalisierungsprozesses: Der Nationalstaat vor neuen Aufgaben
Berliner Journal für Soziologie 1998, S. 345

dies.

Losing Control? - Sovereignty in an age of Globalization
New York 1995
(zit.: Sassen, Losing Control)

SCHÄFER, Thomas

Die deutsche kommunale Selbstverwaltung in der Europäischen Union
Stuttgart 1998

SCHIRM, Stefan A. — Transnationale Globalisierung und regionale Kooperation
Zeitschrift für Internationale Beziehungen 1997, 69 ff.

ders. — Globale Märkte, nationale Politik und regionale Kooperation in Europa und den Amerikas
München 1999
(zit.: Schirm, Globale Märkte)

SCHLÖGEL, Birgit — Grenzüberschreitende, interkommunale Zusammenarbeit: Voraussetzungen und Rechtsgrundlagen sowie Beispiel in der Abwasserbeseitigung, Energie- und Wasserversorgung und im Nahverkehr
Berlin 1982

SCHMAHL, Stefanie — Europäisierung der kommunale Selbstverwaltung
DÖV 1999, 852 ff.

SCHMITT-EGNER, Peter — „Grenzüberschreitende Zusammenarbeit" in Europa als Gegenstand wissenschaftlicher Forschung und Strategie transnationaler Praxis
in: BRUNN, Gerhard; SCHMITT-EGNER, Peter (Hrsg.), Grenzüberschreitende Zusammenarbeit in Europa, Baden-Baden 1998, S. 27 ff.

SCHMIDT-MEINECKE, Stefan — Bundesländer und Europäische Gemeinschaft – Entwicklung und Stand der Länderbeteiligung im Europäischen Einigungsprozeß
Speyer 1987

SCHOCH, Jörg — Rechtliche Aspekte grenzüberschreitender Zusammenarbeit
Bern 1997

SCHOLTE, Jan Aart — The Globalization of World Politics
in: BAYLIS, John/SMITH, Steve, The Globalization of World Politics, Oxford 1997, S. 13 ff.

SCHULTZE, Claus J. — Die deutschen Kommunen in der Europäischen Union: Europa-Betroffenheit und Interessenwahrnehmung
Baden-Baden 1997

SCHÜTT-WETSCHKY, Eberhard — Interessenverbände und Staat
Darmstadt 1997

SCHWANENFLÜGEL, Mathias von — Entwicklungszusammenarbeit als Aufgabe der Gemeinden und Kreise
Berlin 1993

SEIDL-HOHENVELDERN, Ignaz
STEIN, Torsten — Völkerrecht
10. Auflage
Köln 2000

SIMMA, Bruno
PAULUS, Andreas L. — The 'International Community': Facing the Challenge of Globalization
European Journal of International Law 1998, S. 266 ff.

SINEWE, Werner — Von der internationalen zur transnationalen Politik
Frankfurt am Main 1998

SNYDER, Francis — Governing Economic Globalisation: Global Legal Pluralism and European Law
European Law Journal 1999, S. 334 ff.

SÖDERLUND, Sari — Developing Networks in the Baltic Sea Economic Region
in: WELLMANN, Christian(Hrsg.), From Town to Town: Local Authorities as Transnational Actors
Hamburg 1998, S. 69 f.

SPEISER, Béatrice — Der grenzüberschreitende Regionalismus am Beispiel der oberrheinischen Kooperation
Basel 1993

STEIGER, Reinhard — Entwicklungen des Rechts der natürlichen Lebenswelt
NuR 1995, S. 437 ff.

STEINER, Henry J.
VAGTS, Detlev F. — Transnational Legal Problems - Materials and Text
2. Auflage
New York 1976

STERN, Klaus — Staatsrecht
Band III/2
München 1994
(zit.: Stern, Staatsrecht)

STRASSOLDO, Raimondo — Cross-Border Cooperation from the perspective of the ARGE Alpe-Adria. Empirical Findings
in: BRUNN, Gerhard; SCHMITT-EGNER, Peter (Hrsg.), Grenzüberschreitende Zusammenarbeit in Europa, Baden-Baden 1998, S. 172 ff.

STREINZ, Rudolf — Europarecht
5. Auflage
Heidelberg 2001

STUDENT, Thomas — Regionale Kooperation zwischen Integration und Konkurrenz
Baden-Baden 2000

SUR, Serge — The State between Fragmentation and Globalization
European Journal of International Law 1997, S. 421 ff.

TANZI, Vito — The Demise of the Nation State?
in: SIEBERT, Horst, Globalization and Labour, Tübingen 1999, S. 293 ff.

TEUBNER, Gunther — Global Law without a state
Aldershot 1997

THEISSEN, Robert — Der Ausschuß der Regionen (Artikel 198 a - c EG-Vertrag)
Berlin 1996

THIEMEYER, Guido — Supranationalität als Novum in der Geschichte der internationalen Politik der fünfziger Jahre
Journal of European Integration History 1998, S. 5 ff.

TIETJE, Christian — Internationalisiertes Verwaltungshandeln
Berlin 2001

TOMUSCHAT, Christian (Hrsg.) — Der Ausschuß der Regionen
Bonn 1995
(zit.: Tomuschat, AdR)

ders. — Das Endziel der europäischen Integration: Maastricht ad infinitum
in: NETTESHEIM, Martin/SCHIERA, Pierangelo (Hrsg.), Der integrierte Staat, Berlin 1999, S. 143 ff.
(zit.: Tomuschat in: Nettesheim/Schiera)

ders. — Die internationale Gemeinschaft
Archiv des Völkerrechts 33 (1995), S. 1

UERPMANN, Robert — Das öffentliche Interesse: seine Bedeutung als Tatbestandsmerkmal und als dogmatischer Begriff
Tübingen 1999

UHRIG, Stephanie — Die Schranken des Grundgesetzes für die europäische Integration - Grenzen der Übertragung von Hoheitsrechten nach dem Grundgesetz am Beispiel des Vertrages von Maastricht
Berlin 2000

UNRUH, Georg Christoph von — EUREGIO – Programm und Realität einer grenzüberschreitenden Kooperation
in: DELBRÜCK, Jost; IPSEN, Knut; RAUSCHNING, Dietrich (Hrsg.), Recht im

Dienst des Friedens, Festschrift für Eberhard Menzel, Berlin 1975, S. 607 ff.

VESA, Unto — What is Old, What is New in the Transnational Contacts of Local Authorities?
in: WELLMANN, Christian(Hrsg.), From Town to Town: Local Authorities as Transnational Actors
Hamburg 1998, S. 51 f.
(zit.: Vesa in : Wellmann)

VITZTHUM, Wolfgang Graf (Hrsg.) — Völkerrecht
Berlin 1997
(zit: Vitzthum in: ders. (Hrsg.), Völkerrecht)

VOGEL, Klaus — Die Verfassungsentscheidung des Grundgesetzes für eine internationale Zusammenarbeit
Tübingen 1964

VOIGT, Rüdiger (Hrsg.) — Globalisierung des Rechts - Entsteht eine „dritte Rechtsordnung"? in: Globalisierung des Rechts,
Baden-Baden 1999/2000, S. 13 ff.
(zit.: Voigt, Globalisierung des Rechts)

ders. — Ende der Innenpolitik? Politik und Recht im Zeichen der Globalisierung
Aus Politik und Zeitgeschichte, 1998, Band 29-30, S. 1 ff.

VOß, Dirk-Hermann — Regionen und Regionalismus im Recht der Mitgliedstaaten der Europäischen Gemeinschaft
Frankfurt am Main 1989

WATERS, Malcolm — Globalization
London, New York 1995

WALLACE, Helen — The Institutions of the EU
in: dies./WALLACE, William, Policy-Making in the European Union, 3. Auflage, Oxford 1996, S. 37 ff.

WEIZSÄCKER, Carl Christian von — Logik der Globalisierung
Göttingen 1999

WEIZSÄCKER, Carl-Friedrich von — Bedingungen des Friedens
Göttingen 1963

WESSELS, Wolfgang — Die Öffnung des Staates - Modelle und Wirklichkeit grenzüberschreitender Verwaltungspraxis 1960-1995
Opladen 2000

WIEDMANN, Thomas — Idee und Gestalt der Region in Europa
Baden-Baden 1996

WILDHABER, Luzius — Multinationale Unternehmen und Völkerrecht
in: Internationalrechtliche Probleme multinationaler Korporationen, Berichte der Deutschen Gesellschaft für Völkerrecht Band 18, 1987, S. 7 ff.
(zit.: Wildhaber, Berichte der Deutschen Gesellschaft für Völkerrecht, Band 18)

WINKELMANN, Ingo — Die Bundesregierung als Sachwalter von Länderrechten
DÖV 1996, S. 1 ff.

WOHLTMANN, Matthias — Europäisches Konzept zur Daseinsvorsorge nötig
Der Landkreis 2001, S. 430 ff.

WOLF, Klaus Dieter — Die neue Staatsräson - Zwischenstaatliche Kooperation als Demokratieproblem der Weltgesellschaft
Baden-Baden 2000
(zit.: Wolf, Staatsräson)

ders. — Was sind „nationale Interessen“?
in: CALLIEß, Jörg; MOLTMANN, Bernhart, Die Zukunft der Außenpolitik - Deutsche Interesse in den internationalen Beziehungen, Loccum 1995, S. 248 ff.
(zit.: Wolf, Nationale Interessen)

ZIMMERMANN-WIENHUES, Sigrid von — Kommunale Selbstverwaltung in einer Europäischen Union
Berlin 1997

ZÜRN, Michael — Regieren jenseits des Nationalstaates
Frankfurt am Main 1998
(zit.: Zürn, Regieren)

ders. — „Positives Regieren" jenseits des Nationalstaates
Zeitschrift für Internationale Beziehungen 1997, S. 41f.

ders.
WOLF, Dieter — European Law and International Regimes: The Features of Law Beyond the Nation State
European Law Journal 1999, S. 272 ff.

FSC
www.fsc.org
MIX
Papier | Fördert gute Waldnutzung
FSC® C083411

Kolibri 360 GmbH
Ferdinand-Jühlke-Straße 7
99095 Erfurt, Deutschland
produktsicherheit@kolibri360.de

Druck:
CPI Druckdienstleistungen GmbH
im Auftrag der
Kolibri 360 GmbH
Ferdinand-Jühlke-Str. 7
99095 Erfurt